Yoga für Sportler

Aladar Kogler

Yoga für Sportler

Urania Verlags AG

Widmung

Dieses Buch ist Selva Raja Yesudian gewidmet, dessen Werk *Sport und Yoga* in den 40er Jahren in Ungarn erschien und meine erste Berührung mit dem Yoga bedeutete, ein Samen, der auf fruchtbaren Boden fiel. Ebenso Swami Rama, dem spirituellen Führer und Gründer des Himalaya Instituts, dessen Leben, Wissen und Werk mir eine ständige Quelle der Inspiration sind. Ferner auch Maharishi Mahesh Yogi, dem Begründer der Transzendentalen Meditation.

1. Auflage 1996: 1.-6. Tausend

ISBN 3-908645-12-3

Titel der Originalausgabe: «Yoga for Every Athlete. Secrets of an Olympic Coach», Llewellyn Publications St. Paul, Minnesota, U.S.A.

Übersetzt aus dem Englischen von Ralph Tegtmeier
Umschlaggestaltung: Kreativ Design, Wiesbaden
Satz: GBS, CH-3250 Lyss
Printed in Germany

Inhalt

Vorwort

Es war vieles, was zur Entstehung dieses Buches führte. Vor allem anderen war meine Erfahrung als Jugendlicher und meine Sportkarriere im Osten Europas während der 50er Jahre dabei ausschlaggebend.

Ich wuchs im nördlichen Teil Ungarns auf. Nach dem Zweiten Weltkrieg wurde dieses Gebiet von slowakischen Kommunisten besetzt und von der kommunistischen Slowakei annektiert.

Meine Eltern wurden zu ungarischen Aristokraten erklärt – zu «Kapitalisten» und «Klassenfeinden».

Das alles mag Ihnen nicht allzuviel sagen, werter Leser. Doch jene, die damals dort lebten, wissen, daß dies die größten «Sünden» waren, die man jemals hätte begehen können.

Der gesamte Besitz meiner Eltern wurde verstaatlicht, und unsere persönlichen Habseligkeiten wurden beschlagnahmt. Unsere Familie wurde in ein kleines Dorf ins Exil geschickt, wo es weder Elektrizität noch Fernsprechverbindungen gab. Es wurde uns gestattet, pro Person 120 Pfund an persönlichen Gegenständen mitzunehmen.

Als mein Bruder 1949 im Alter von 17 Jahren in den Westen floh, wurde ich von meiner Oberschule geworfen. Später starb mein Vater an einem Herzanfall, und meine Mutter erlitt eine Lähmung der rechten Gesichtshälfte.

Ich war jetzt 13 und fühlte mich hilflos, frustriert und verzweifelt.

Um mich selbst zu heilen und mit der Situation irgendwie fertig zu werden, suchte ich nach Yoga-Büchern und las sie. Damals waren sie im Ostblock verboten. Mit großem Ernst und Fleiß studierte und praktizierte ich den Yoga. Ich erfuhr, daß der Yogi die Macht, zu vollkommener Harmonie zu gelangen – innerer wie äußerer, körperlicher wie geistiger – aus seinem Innern schöpft.

Ich erfuhr auch einiges über die bemerkenswerten Fähigkeiten der Yogis. Die konnten allerlei ungewöhnliche und interessante Dinge. Auch diese stellten sie her, indem sie ihre eigene, innere Kraft bemühten.

So wurde mir klar, daß das einzige, was mich heilen und mir das Überleben sichern konnte, in meinem Innern selbst liegen mußte.

Ich lernte, meinen Körper und meinen Geist zu beobachten. Ich lernte, meinen Körper zu beherrschen. Ich lernte, die Bewegung meiner Lungen auszusteuern – meine Atmung. Ich beobachtete, wie meine Gedanken und Stimmungen meinen Körper beeinflußten. Ich erfuhr von der Einheit von Körper und Seele. Ich erfuhr von der Wichtigkeit bewußter Atmung und lernte, durch das kontrollierte Atmen meinen Geist zu besänftigen und meine Geisteszustände wie Emotionen zu beeinflusssen. Ich lernte, meine inneren Ressourcen (die einzigen, auf die ich mich verlassen konnte) als solche zu identifizieren. Ich lernte Selbstbeherrschung.

Die Lehren, die ich aus dem Yoga zog, wandte ich nicht nur auf die Selbstheilung, sondern auch auf meine sportlichen Vorbereitungen an. Die Techniken, die ich mir erwarb, verliehen mir einen Wettbewerbsvorteil und verhalfen mir dazu, in meiner Sportdisziplin bis an die Spitze zu gelangen.

Da man mich für einen außergewöhnlich begabten jungen Athleten hielt, setzte ich alle meine Hoffnungen und mein Streben in den Sport. Ich hoffte, als Spitzensportler zu überleben, meine Ausbildung fortsetzen zu können, Weltmeister zu werden, um dann eines Tages in die freie Welt fliehen zu können.

Doch der letzte «Sargnagel» meiner Hoffnungen wurde schließlich eingeschlagen, als ich erfuhr, daß man mir nicht die Teilnahme an internationalen Wettbewerben im Ausland erlauben würde. Ich blieb von solchen Wettkämpfen ausgeschlossen, weil mein Bruder in den Westen geflohen war. Die slowakische Polizei teilte mir mit, daß mein jüngerer Bruder und meine Mutter die Konsequenzen zu tragen haben würden, sollte ich jemals zu fliehen versuchen. Ihre Drohungen setzten meiner Athletenkarriere ein Ende – wie auch meinen Hoffnungen.

Und wieder war es der Yoga, der mich dazu beflügelte, eine andere Richtung einzuschlagen und Kontrolle zu bewahren. Also widmete ich mich dem Studium des Trainings und der Ausbildung. Ich war entschlossen, Weltmeister zu trainieren (etwas, das ich ja selbst hatte werden wollen) und Psychologie zu studieren. Ich begann den Yoga als eine uralte Form der Selbsterkenntnis und -beherrschung zu begreifen und war mir sicher, daß ich ihn beim wissenschaftlichen Studium menschlicher Leistungsfähigkeit würde gebrauchen können.

Schließlich machte ich meinen Doktor der Philosophie, wurde Trainer und Psychologe und widmete mich in beträchtlichem Umfang der Forschung.

Zudem wurde ich Trainer der tschechischen Fechternationalmannschaft und Fechttrainer des tschechischen Olympia-Teams, wo ich Fechter in Weltklasseformat hervorbrachte.

Im Jahre 1981, nach der Olympiade in Moskau, floh ich in die Vereinigten Staaten. Hier wurde ich schon bald Trainer der amerikanischen Nationalmannschaft, des Panamerika-Teams und der Olympiamannschaft. All diese persönlichen und beruflichen Erfahrungen sind in das vorliegende Buch eingeflossen.

Von großer Bedeutung für die Entstehung dieses Buchs waren auch meine Athleten. Ich habe als Trainer wie als Psychologe Athleten vom Anfängerstadium (9-10 Jahre) bis zur Weltmeisterschaft begleitet. In den vergangenen 30 Jahren habe ich viel von ihnen gelernt. Ihre Erfolge – sowohl hier als auch in Osteuropa – haben mich (und sie) in meinem starken Glauben in die Wirksamkeit yogischer Selbstbeherrschung immer wieder bestärkt.

In den letzten 10 Jahren habe ich in den Vereinigten Staaten 18 nationale Fechtmeister hervorgebracht; 12 individuelle NCAA-Fechtmeister in verschiedenen Waffendisziplinen; mehrere Olympia-Teilnehmer an den Olympischen Spielen in Los Angeles, Seoul und Barcelona; panamerikanische Goldmedaillen-Gewinner; mehrere Worldcup-Finalisten; Finalisten bei den Universitäts-Weltmeisterschaften und den Panamerikanischen Meisterschaften; und ich habe 5 NCAA-Meisterschaftsmannschaften trainiert.

Es ist keine Übertreibung, wenn ich behaupte, daß die auf Techniken des Yoga beruhende mentale Vorbereitung meiner Athleten mir einen zusätzlichen Vorteil verschafft hat, weshalb wir erfolgreich mit Ländern und Trainern in den Wettbewerb treten konnten, die über gewaltig überlegenere Trainingsbedingungen geboten. Mein frühes Wissen um die Rolle der Selbstbeherrschung (die zu entwickeln ich selbst gezwungen war, ohne sie schon gleich zu begreifen) verlieh mir diesen deutlichen Vorteil.

Ich bin der Überzeugung, daß meine Leistungen als Trainer/Psychologe zu 60-70 Prozent auf meiner natürlichen Begabung beruhen, die restlichen 30-40 Prozent aber der Yoga-Vorbereitung und -selbstaussteuerung zu verdanken sind. Ich bin felsenfest davon überzeugt, daß die Selbstbeherrschungstechniken des Yoga mir das Leben und die Karriere gerettet haben. Ich habe sie erlernt, sie unterrichtet und schließlich ein weiteres Mal erlernt, nämlich durch die vielen Athleten, mit denen ich gearbeitet habe.

Aladar Kogler, Ph.D.

Einführung: Ein Yoga-Programm für die tägliche Praxis

Dieses Buch bietet Sportlern einen ganzheitlichen Trainingsansatz, der Körper und Geist durch den Yoga miteinander vereint. Viele Yoga-Übungen und -techniken werden hier als Mittel zur Herstellung einer festeren Synthese von Körper und Geist dargeboten wie auch zur Herstellung einer gesteigerten Verjüngungskraft des Körpers. Ich möchte Ihnen anempfehlen, erst das gesamte Buch zu lesen, bevor Sie mit den Übungen beginnen.

Das sportliche Training verlangt einen ganzheitlichen Ansatz. Der Mensch ist eine psychosomatische Einheit. Es gibt keine Trennung zwischen Körper und Geist. Der Geist beeinflußt den Körper und umgekehrt. Sportler bilden darin keine

Abb. 1: Der ganzheitliche Trainingsansatz

Ausnahme. Will man Spitzenleistungen im Wettbewerb erzielen, bedarf es ebensosehr des ganzheitlichen Ansatzes wie zur Erlangung eines gesteigerten Wohlbefindens und einer verfestigten Einheit von Körper, Geist und Seele. Wie die Abb. 1 veranschaulicht, stellen körperliche, technische, taktische, theoretische und psychologische Vorbereitung und Regeneration (Erholung) untrennbare Einheiten dar.

Yoga-Übungen und aus dem Yoga abgeleitete Techniken beeinflussen indirekt die technische wie taktische Vorbereitung. Darüber hinaus haben Yoga-Übungen und -techniken auch einen deutlichen, direkten Einfluß auf die körperliche, psychologische und theroretische Vorbereitung sowie auf den Prozeß der Kräfteregeneration (Abb. 2).

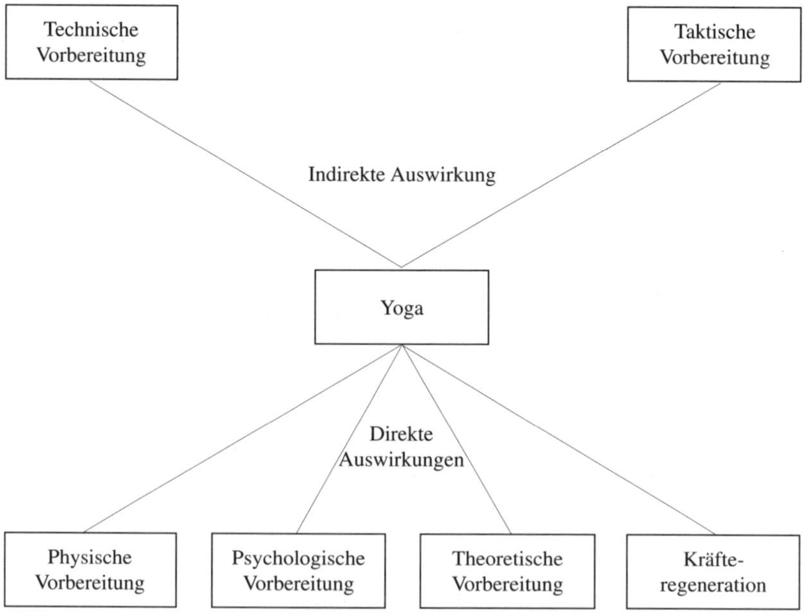

Abb. 2: Die Auswirkungen des Yoga auf die sportliche Vorbereitung

Yoga Asanas können zum Aufwärmen und Abkühlen eingesetzt werden, zur Wiederherstellung der Kräfte, zum Ausgleich für unausgewogene Muskelbelastungen, zur Vereinigung von Geist und Körper, zur Aktivierung oder Deaktivierung des Körpers sowie als zusätzliche, begleitende Übungen (Abb. 3).

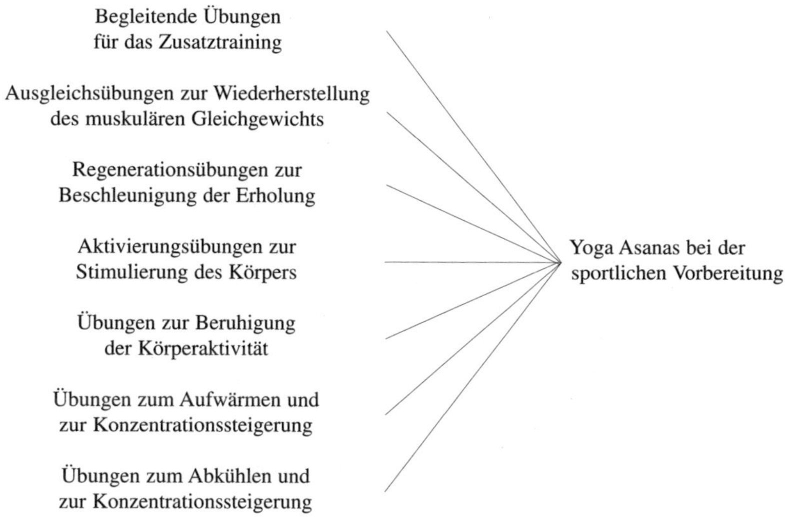

Abb. 3: Yoga Asanas in der sportlichen Vorbereitung

Die psychologische Vorbereitung läßt sich in zwei Kategorien gliedern: die allgemeine und die spezifische. Bei der allgemeinen psychologischen Vorbereitung geht es darum, grundlegende geistige Fertigkeiten zu entwickeln wie Zielsetzung, Entspannungstechniken, Konzentration und Visualisation (ebenfalls nützlich für Nichtsportler, die ein allgemeines Wohlbefinden und eine vertiefte Vereinigung von Körper, Geist und Seele herstellen möchten). (Abb. 4)

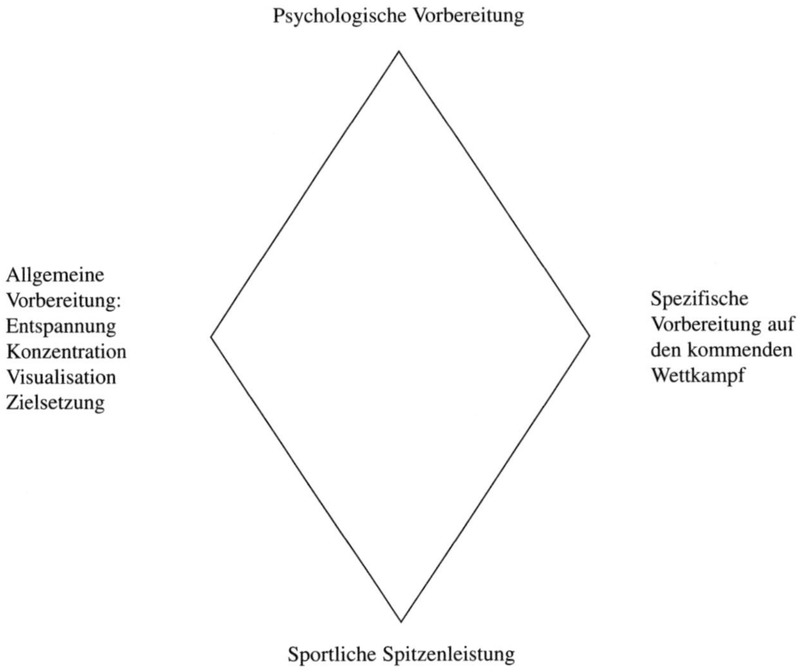

Abb. 4: Die Aufgaben der psychologischen Vorbereitung

Die spezifische psychologische Vorbereitung macht den Sportler für den unmittelbar bevorstehenden Wettkampf tauglich. Ziel aller psychologischen Vorbereitung ist die Selbstbemeisterung: die Beherrschung des Gefühlslebens und des Geistes. Dieses Ziel wird in mehreren Stufen erreicht. (Vgl. Abb. 5)

Will man Körper und Geist beherrschen lernen, muß man sie zunächst verstehen. Das Wissen um das Selbst wird erlangt durch Selbst-Studium und Selbstbeobachtung. Sie müssen lernen, auf Ihren Körper zu lauschen, Ihre eigene Körpersprache zu verstehen und zu begreifen, wie Ihr Geist funktioniert.

Abb. 5: Yoga zur Selbstbemeisterung

Zu den erforderlichen Übungen für die tägliche Praxis gehören (Abb. 5):

Stufe 1: Körperbewußtsein (Kontrolle)

- Regelmäßiges Stillsitzen (Ruhigstellung des Körpers)
- Kurze Reihe von Yoga Asanas

Stufe 2: Atembewußtsein (Kontrolle)

- Zwerchfell (Unterbauch) Atmung
  Natürliche, tiefe, geschmeidige, gleichmäßig-rhythmische Atmung
- Vollständige Yoga-Atmung

- Abwechselnde Nasenloch-Atmung
- Der «Doppelte-R-Atem» (s. S. 46)

Stufe 3: Aufmerksamkeit/Zentriertheit

- Bündelung der Atembewußtheit
- Praktizieren von Yoga Asanas bei voller Aufmerksamkeit
- Praktizieren täglicher Aktivitäten bei voller Aufmerksamkeit

Stufe 4: Konzentration

Die vier erforderlichen Grundschritte zur Selbstbemeisterung sind: Körperbewußtsein (Körperbeherrschung), Atembewußtsein (Atembeherrschung); Aufmerksamkeit/Zentriertheit (Selbstdisziplin) sowie Konzentration. Durch diese Stufen und Übungen werden Sie lernen, auf Ihren Körper zu hören, werden Sie mit Ihrer Körpersprache vertraut und begreifen Sie, nach welchen Gesetzmäßigkeiten Ihr Geist arbeitet. Sie werden dadurch Körperbewußtsein lernen, wie man den Körper beherrscht und beruhigt; ebenso Atembewußtsein und -kontrolle. Sie werden erfahren, wie Sie Ihren Geist beherrschen. Sie werden die erstaunlichen Vorzüge des Yoga kennenlernen, die daraus erwachsen, daß Sie sich selbst erfahren, wie auch aus dem Wissen darum, daß Sie die Fähigkeit haben, Ihre autonomen oder unbewußten Körperfunktionen zu kontrollieren.

Vielleicht schreckt Sie die Vorstellung ab, so viele verschiedene Übungen praktizieren zu sollen, und vielleicht sorgen Sie sich darum, daß Sie diesen Zeitaufwand nicht in Ihren ohnehin schon übervollen Terminkalender einbauen können. Sie dürfen jedoch versichert sein, daß Körperbewußtsein, Atembewußtsein, Aufmerksamkeit/Zentriertheit und Konzentration sowie Entspannung zu einem integralen Bestandteil

Ihrer üblichen Aufwärm- und Abkühlungs-Übungen werden (mehr dazu im Anhang F). Sie werden die Feststellung machen, daß Sie binnen weniger Minuten Ihrer üblichen Aufwärmübungen gleich mehrere Aufgaben auf einmal bewältigen: Entspannung, Konzentration, zentrierte Aufmerksamkeit, Streckung, körperliches und geistiges Aufwärmen sowie Körper- und Atembewußtsein. Einer der bemerkenswerten Vorteile des Yoga besteht ja gerade darin, daß sich gleich mehrere Trainingsziele auf einmal damit verwirklichen lassen, weil er eben Körper und Geist miteinander vereint.

Die vier Grundstufen (Übungen) hängen miteinander zusammen. Das Körperbewußtsein erleichtert das Atembewußtsein und umgekehrt. Auf ähnliche Weise fördern beide die Aufmerksamkeitszentrierung, während diese wiederum dem Körper- und dem Atembewußtsein zuträglich ist und mit diesen gemeinsam zur Konzentration führt. Die Ausübung jeder

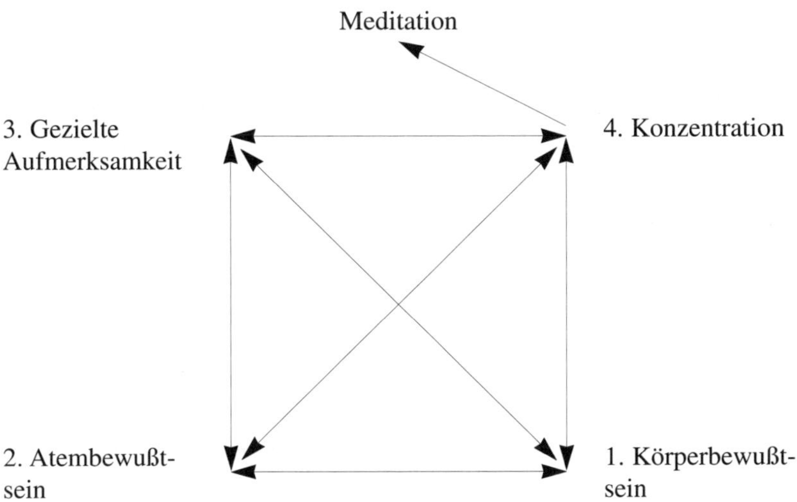

Abb. 6: Das Zusammenwirken der Grundschritte

einzelnen Stufe erleichtert erheblich den Fortschritt bei den anderen. (Abb. 6)

Nachdem Sie die vier Grundstufen (Übungen) bemeistert haben, sollten Sie mit der Praxis der Meditation und des Autogenen Trainings beginnen (Abb. 5). Die beschriebenen Techniken, die Meditation und das Autogene Training verfolgen dasselbe Ziel: Ihr Potential zu erhöhen, das Erlernen der autonomen Kontrolle durch passive Konzentration, die Wiederherstellung und Beibehaltung des körperlichen und geistigen Gleichgewichts sowie die Fertigkeit, innere Reaktionen zu modifizieren – kurzum, die Synthese von Geist und Körper.

Indem Sie das Programm an Ihre persönlichen Gegebenheiten anpassen und sich jene Übungen aussuchen, die Ihnen am meisten Freude machen, stellen Sie sicher, daß Sie diese sehr viel wahrscheinlicher mit Fleiß und Liebe üben werden. Einer der Hauptgründe, weshalb die meisten Sportler unter den ihnen angebotenen Techniken am liebsten den Yoga aussuchen, liegt darin, daß dieser die angenehmsten Empfindungen herbeiführt. Yoga-Übungen wirken immer verjüngend und erfrischend auf den Körper. Wenn Sie Ihr Übungsprogramm fortsetzen, werden Sie sowohl Ihre sportliche Leistung als auch Ihre allgemeine Lebensqualität steigern.

Im Anhang F können Sie Beispiele dafür finden, wie meine Studenten den Yoga in ihren täglichen Trainingsplan integriert haben.

Sie werden die Feststellung machen, daß das Erlernen und Ausüben des Yoga ganz leicht ist, daß es sich gut anfühlt und daß Sie, weil er den Geist wie den Körper beeinflußt, gleich mehrere Trainingsaufgaben in einem bewältigen können, was wiederum zu einer optimierten Nutzung der zur Verfügung stehenden Trainingszeit führt. Und Sie werden merken, daß Sie nur zehn Minuten täglich zu praktizieren brauchen, um

Körper und Geist miteinander zu vereinen und die entsprechenden Vorteile daraus zu ziehen.

Eine etwas größere Herausforderung stellt da schon die systematische, tägliche Praxis dar, die verbindliche Entscheidung für die eigene Zielsetzung und sich selbst – nicht nur was die sportlichen Ziele angeht, sondern auch was das körperliche, geistige und spirituelle Fortkommen und allgemeine Wohlbefinden betrifft. Der Yoga und das in diesem Buch dargebotene Programm werden Ihnen dabei behilflich sein, diese Ziele leichter und effizienter zu erreichen.

Wenn Ihr Hauptziel nicht die sportliche Spitzenleistung ist, sondern eher das allgemeine körperliche, geistige und seelische Wohlergehen, würde ich empfehlen, mehr Zeit auf die Praxis von Yoga Asanas und Atemübungen zu verwenden. Zu einem derartigen Programm könnten beispielsweise 1-2 Stunden täglicher Yogapraxis einschließlich Meditation gehören.

Es kann zwar nützlich sein, Yoga Asanas mit Formen des Aerobic oder «westlicher» Übungen wie Laufen, Schwimmen, Gehen, Dauerlauf, Radfahren usw. zu verbinden, doch ist es ebenso möglich, einige Yoga Asanas für ein Aerobic-Programm zu verwenden.

TEIL I

YOGA UND SPORTLICHES TRAINING

1. Was ist Yoga?

Yoga ist die älteste bekannte Wissenschaft der Selbstverwirklichung. Er bedeutet geistige, körperliche und seelische Kontrolle. Er wurde vor Jahrtausenden in Indien entwickelt und bedeutet in wörtlicher Übersetzung «Vereinigung» – die Vereinigung des individuellen Selbst mit dem universellen Selbst. Diese Vereinigung wird durch die Praxis und Bemeisterung spezieller Körperhaltungen, Asanas genannt, erzielt und durch Atemübungen, Pranayama genannt, sowie durch Meditation – also durch den Pfad des sogenannten Raja Yoga und seiner Unterabteilung, das Hatha Yoga. Es gibt zahlreiche Geschichten, die von den beachtlichen Fertigkeiten der Yogis künden, also jener, die die Disziplinen des Yoga bemeistert haben. Schon vor über 200 Jahren begannen britische Ärzte damit, bestimmte Inder zu studieren, die einige sehr außergewöhnliche und interessante Dinge zustande brachten. Diese Leute, Yogis genannt, verfügten offenbar über phänomenale Fertigkeiten der Selbstaussteuerung von Geist und Körper.

Im Zuge einer zu Berühmtheit gelangten Reihe wissenschaftlicher Experimente an der Menninger Klinik in Topeka, Kansas, führte Swami Rama, ein spiritueller Führer aus dem Himalaja, im Jahre 1970 eine bemerkenswerte Kontrolle über die unwillkürlichen Körperfunktionen vor, die man bis dahin für unmöglich gehalten hatte. Elmar E. und Alyce M. Green sowie E. Dale Walters berichteten, daß Swami Rama zwei etwa 5 Zentimeter voneinander entfernte Stellen auf seiner rechten Handfläche dazu brachte, gegenläufige Temperaturveränderungen (in einem Tempo von ungefähr vier Grad Fahrenheit = ca. zwei Grad Celsius pro Minute) herbeizuführen, bis die Temperaturdifferenz beider Flächen etwa zehn Grad Fahrenheit betrug. So war eine Seite seiner Handfläche von Wärme gerötet, die andere dagegen aschfahl vor Kälte.

In einem weiteren Experiment steigerte Swami Rama seinen Herzschlag willentlich von 70 auf 300 Schläge pro Minute. Sein Herzschlag verwandelte sich in ein Flattern, das das Blut nicht mehr auf normale, rhythmische Weise transportierte. Er war außerdem in der Lage, seinen Herzschlag mindestens 17 Sekunden lang anzuhalten. Ferner führte Swami Rama die Fähigkeit vor, Theta-Wellen zu produzieren – Gehirnwellen mit der Frequenz 4-7 Hertz, wie sie während der tiefen Meditation oder der Trance auftreten. Innerhalb einer fünfminütigen Testphase produzierte er 75% der Zeit Theta-Wellen. Auch Delta-Wellen (deren Frequenz 0,5-3 Hertz beträgt und die meistens im Tiefschlaf auftreten) konnte er bewußt herstellen. (Normalerweise bewegt sich die Hirnaktivität im Frequenzbereich 14-28 Hertz, was man auch als Beta-Wellen bezeichnet.) Letzteres tat er während 25 Minuten. Nachdem er sich wieder aus seinem Zustand geholt hatte, konnte er wortwörtlich sämtliche Erklärungen der Experimentbeobachter wiedergeben, die diese alle fünf Minuten von sich gegeben haben, während er selbst sich im Delta-Zustand befand. Bis dahin hatte man geglaubt, daß sich Delta-Wellen nur im Schlafzustand erzeugen ließen.

In ihrem Werk *Biofeedback for Mind/Body Self Regulation, Healing and Creativity* (Plenum Press 1979) bemerken die Wissenschaftler: «Die Bedeutsamkeit von Swami Ramas Vorführungen liegt nicht im Inhalt dieser Vorführungen selbst, sondern in den Konsequenzen, die sich aus diesen ergeben.» Sportler haben im allgemeinen nicht vor, zu trainieren, ihren Herzschlag zu unterbrechen oder ähnliche Dinge zu vollbringen wie Swami Rama, doch ist schon die reine Tatsache, daß derlei möglich ist, für den Wissenschaftler von allergrößter Bedeutung. Wenn alle Sportler sich der Tatsache bewußt würden, daß der Körper auf selbsterzeugte psychologische Informationen reagiert, daß sich Herzschlag, Blutkreislauf und andere Körperprozesse durch den Willen steuern lassen, würde es auch deutlich werden, daß jeder Athlet seine eigene geistige und körperliche Vorbereitung entsprechend beeinflussen könnte. Um so leichter würden Sportler dann auch erkennen, daß der Druck, die Wichtigkeit des Wettkampfs, die äußeren Bedingungen usw. nicht das eigentliche Problem darstellen, sondern vielmehr ihre eigenen Reaktionen darauf; diese Reaktionen aber sind zu einem signifikanten Teil steuerbar.

Es muß hier ausdrücklich betont werden, daß der Yogi seine Fähigkeit, diese vollkommene körperliche und geistige, innere Harmonie herzustellen, wie auch die Harmonie der ihn umgebenden Umwelt, aus dem Innern schöpft.

Ein tiefergehendes Studium des Yoga legt zutage, daß das absolute Gleichgewicht und die bewußte Kontrolle der Emotionen stets sein eigentliches Anliegen sind. Wenn wir das Grundprinzip oder den Urgrund des Yoga bestimmen wollen, dürfen wir sie darin sehen, daß es ihm um gesteigerte Konzentration und Bewußtheit geht.

Die Frage lautet nur: Wodurch erreicht der Yogi diese Kontrolle? Für den Sportler ist es wichtig zu begreifen, wie sich diese uralte Wissenschaft der Selbstverwirklichung dazu nutzen läßt, die sportliche Leistung und das Training zu verbessern und körperliche wie geistige Kontrolle herzustellen.

Studien an Yogis, die eine außergewöhnliche Beherrschung des Geistes und des Körpers vorzuführen imstande waren, sowie die Erforschung der Mechanismen willkürlicher, autonomer Aussteuerung weisen darauf hin, daß die Körperbeherrschung durch passive Konzentration und nicht durch aktives Bestreben hergestellt wird und daß der wichtigste Teil dieser Beherrschung der Prozeß selbst und die Aufmerksamkeit sind, die man ihm widmet – also nicht das Ergebnis oder das Ziel. Dies gilt für sämtliche körperlichen, emotionalen und geistigen Aktivitäten.

Der Yoga hilft uns dabei, durch passive Konzentration autonome Kontrolle herzustellen.

Auf den folgenden Seiten werde ich die bekanntesten Übungen aus dem Hatha und dem Raja Yoga besprechen. Im Anschluß werde ich aufgrund meiner Erfahrung mit vielen Athleten der unterschiedlichsten Sportdisziplinen und Leistungsklassen Vorschläge machen, wie auch Sie Ihre sportliche Leistung und Ihr Wohlbefinden durch Yoga steigern können.

Dieses Buch hat es sich zum Ziel gesetzt, Ihnen dabei behilflich zu sein, den Yoga sowohl bei Ihrer sportlichen Vorbereitung wie auch im Alltagsleben gewinnbringend zu nutzen.

2. Hatha und Raja Yoga: Zwei Wege des Trainings

Die beiden verbreitetsten Yoga-Systeme sind der Hatha Yoga (körperliche Praxis) und der Raja Yoga (geistige Praxis). Im allgemeinen werden diese Yoga-Formen im Westen praktiziert, um einen gesunden und geschmeidigen Körper zu entwickeln, die allgemeine Gesundheit zu fördern und zur Selbstbeherrschung und zum inneren Frieden zu gelangen.

Der Hatha Yoga setzt sich aus körperlichen Übungen zusammen. Er besteht aus Asanas (Körperstellungen), Pranayama (Atemübungen), Entspannungs-und Reinigungstechniken. Es gibt zwar viele verschiedene Stile des Hatha Yoga, doch alle arbeiten sie mit denselben Grundstellungen oder Asanas sowie Atemübungen.

Raja Yoga

Beim Raja Yoga handelt es sich um ein ebenso praktisch orientiertes System wie beim Hatha Yoga. Seine Zielsetzung ist es allerdings, die Aktivität des Nervensystems zu beobachten, zu bestimmen und zu beherrschen. Der Raja Yoga ist eine uralte Technik mit vielen Zweigen und Unterdisziplinen.

Die Yoga-Aphorismen des Patanjali (der ersten schriftlichen Zusammenfassung des Yoga aus dem 2. Jahrhundert nach Christus) schildern das System des Yoga in achtfacher Abstufung:

1. *Yama:* moralische, ethische und gesundheitliche Richtlinien
2. *Niyama:* Regeln, die positive Qualitäten wie Reinheit und Zufriedenheit fördern

3. *Asanas:* Körperstellungen, Übungen zur Konzentrationserleichterung
4. *Pranayama:* Atemübungen, Atembeherrschung
5. *Pratyahara:* Beherrschung der Sinne, Sinnesentzug. Der Geist zieht sich aus der Außenwelt zurück, vom Objekt der Sinne selbst. Als letzte Vorbereitung auf die Meditation befassen sich die geschilderten Stufen mit dem Körper und den Sinnen. Man bezeichnet sie als die grundlegende äußere Vorbereitung – Bahiranga. (Hatha Yoga)
6. *Dharana:* Konzentration auf einen Gegenstand, eine Idee
7. *Dhyana:* Meditation, beständige Konzentration auf einen Gegenstand oder eine Idee
8. *Samadhi:* ein Zustand des Über-Bewußtseins. Das individuelle Selbst vereint sich mit dem universalen Selbst. (Die drei letzten Stufen bilden die höhere, innere Vorbereitung – Antaranga, zum Raja Yoga gehörig)

Oberstes Ziel im Yoga ist das Erlangen von Samadhi. In diesem Zustand kann die gewünschte Erfahrung des Friedens und des Glücks erlangt werden.

Die Techniken des Raja Yoga helfen Ihnen dabei, autonome Kontrolle durch passive Aufmerksamkeit auf eine gründlichere Weise herzustellen.

Während der Meditation werden Autogenes Training, passive Aufmerksamkeit optimiert. In der Meditation lernt man eine zentrierte passive Aufmerksamkeit ohne Anstrengung, ohne Erwartungshaltung. Meditationspraktiken konzentrieren sich nicht auf das Ergebnis. Viel wichtiger ist hierbei die Beobachtung des Prozesses selbst.

Die Techniken des Raja Yoga sollen in späteren Kapiteln noch zur Sprache kommen: Konzentration, Meditation und Autogenes Training.

Hatha Yoga

Bei Asanas handelt es sich zum überwiegenden Teil um statische Körperhaltungen, die langsam und ohne jede Gewalt ausgeführt werden sollten. Sie werden Schritt um Schritt und auf der Grundlage regelmäßiger Praxis erlernt. Die Stellungen helfen bei der Erlangung autonomer Kontrolle durch passive Aufmerksamkeit. Wie Pepper in *Mind/Body Integration* (Plenum Press 1979) formuliert: «Bei Asanas fesselt das Strecken unsere passive Aufmerksamkeit. Asanas sind körperliche Aufmerksamkeitserreger, die die passive Aufmerksamkeit in einen bestimmten Bereich lenken.»

Durch Asanas lassen sich Körpermuskeln trainieren und in Kondition halten. Sie können auch dafür verwendet werden, um bestimmte Muskelgruppen gezielt zu fördern. Ihre Wirkungen lassen sich in bestimmte Bereiche lenken (Muskelgruppen oder Organe).

Der Einfluß von Asanas auf die Organfunktionen ist ein ziemlich kompliziertes Gebiet. So wird beispielsweise bei den Umkehrstellungen die Schwerkraft dazu benutzt, den Blutkreislauf zu verbessern und die Ausrichtung der Organe zu fördern. Die Funktionen und Aktivitäten der Organe werden auf folgende Weisen durch Asanas beeinflußt:

- Verstärkung des Drucks innerhalb der Körperhöhlungen
- Veränderung des Herzgefäßdrucks und dadurch Förderung des Kreislaufs
- Förderung der Peristaltik und damit der Verdauung
- Gezielte Druckherstellung in bestimmten Blutgefäßen zur Regulierung des Kreislaufs
- Stimulierung oder Dämpfung der Aktivität endokriner Drüsen

- Physische Stimulierung spezifischer, autonomer Nervenzentren, um das autonome Nervensystem zu tonisieren d.h. zu kräftigen usw.

Asanas sind wirkungsvoll, wenn es darum geht, eine gesunde Körperhaltung zu entwickeln und die Geschmeidigkeit von Gelenken und Wirbelsäule zu erhöhen. Sie wirken sich förderlich auf Kraft, Durchhaltevermögen und Entspannungsfähigkeit aus und unterstützen die Konzentration. Die Asanas bieten eine Feineinstellung für das Nerven- und Drüsensystem. Sie stimulieren und massieren den Verdauungstrakt, die Herzgefäße, die Atmungs- und Ausscheidungsorgane. Asanas wirken sich unmittelbar auf die inneren Organe aus, vor allem auf die endokrinen Drüsen, wodurch sie den Stoffwechsel des Organismus beeinflussen und auf seine Selbsterneuerungskräfte im allgemeinen einwirken.

Die wichtigste Eigenschaft der Asanas ist ihr statisches Wesen. Wären diese Posituren dynamisch, bliebe es unmöglich, jenen Grad der Konzentration und Atemkontrolle herzustellen, der sich nur in einer statischen Körperhaltung bewältigen läßt.

Zu den Grundprinzipien des Hatha Yoga gehört die Auffassung, daß es eine enge Verbindung und Beziehung zwischen der Körperstellung, die durch Bewegung aktiviert wird (körperliche Aktivierung), sowie dem Prozeß seelischer Aktivierung gibt. Seelische Aktivierung meint hier Konzentration, bewußte Partizipation an dem Prozeß und den Wirkungen der Körperstellung in jeder Phase, einschließlich jener der Entspannung.

Bei Yoga-Übungen ist das Prinzip der ideomotorischen Reaktion von Bedeutung. Die ideomotorische Reaktion basiert auf der Tatsache, daß eine Idee oder ein geistiges Bild indirekt die Funktion der Organe, Drüsen usw. beeinflussen kann. Dies wird durch den von den Asanas ausgeübten Zug, die Drehungen und den Druck auf die Nervenleitbahnen und -zentren des Körpers verstärkt.

Typisch für Yoga-Übungen im allgemeinen ist auch die langsame, fließende, harmonische und kontrollierte Bewegung sowie die Koordination von Bewegung und Atmung, Konzentration und Körperbewußtsein.

Hauptziel des Hatha Yoga ist die Erleichterung von Konzentration und Meditation; mit anderen Worten, es geht ihm um das Erreichen der Endstufe des Yoga: der Samadhi.

Normale Bewegungen werden in der Regel mechanisch ausgeführt. Oft sieht man Sportler, die gerade Streckübungen machen und sich gleichzeitig mit einem Mannschaftskameraden unterhalten. Hier fehlt es an Bewegungskontrolle und Rückkopplung durch Innenschau. Die Übungen (auch: Streckübungen) des Yoga gehen anders vor. Hier bedarf es der Konzentration, der Innenschau, des Erfahrens und Spürens der Muskeln – kurzum, der Befassung mit den Eigenreizen.

Bei der Ausführung einer Yoga-Stellung werden die Muskeln langsam und gemächlich in die Endposition gestreckt. Ist diese eingenommen, entspannt man sich, während man die Stellung hält und sich passiv auf den Schwerpunkt der jeweiligen Positur konzentriert. Schließlich begibt sich der Praktizierende wieder langsam in die Ausgangsposition zurück und beobachtet während der Entspannungsphase die ausgeführte Positur. Jede Yoga-Stellung besitzt ihren eigenen Schwerpunkt. Solche Schwerpunkte können sein:

- Ein Muskel, ein Bindegewebe, ein Gelenk (physiologischer Effekt)
- Ein lebenswichtiges neurovegetatives Zentrum (Chakra) im Körper (Drüseneffekt auf den Organismus als Ganzes)

- Der Prozeß der Entspannung, der Aktivierung, Deaktivierung (psychologischer Effekt)
- Ideen, Bilder, die mit dem jeweiligen Asana assoziiert werden (spiritueller Aspekt des Asana, spiritueller Effekt)

Jede Yoga-Stellung kennt vier Phasen:

1. Kontrollierte, flüssige und langsame Bewegung beim Einnehmen der Endstellung und bei der Rückkehr in die Ausgangsposition (dynamische Phase). Der dynamische oder körperliche Teil der Stellung (Technik) ermöglicht das richtige Verständnis für und die Erinnerung an die Stellung.
2. Koordination der Bewegungen mit der Atmung (Atemkontrolle). Bewußtes, kontrolliertes Atmen fördert vereinte und harmonische Aktivität sämtlicher Organe.
3. Passive Konzentration auf den Schwerpunkt der Stellung. Entspannt und bewegungslos (statische Phase).
4. Beobachtung und Konzentration auf Wahrnehmungen und Empfindungen des eigenen Organismus. Dies ermöglicht eine hochgradige Entwicklung der Selbstkenntnis als Mittel der Selbstkontrolle, was wiederum den Effekt der Stellung steigert.

Folglich muß man sich während der dynamischen Phase auf folgendes konzentrieren:

- Fließende, harmonische, langsame und kontrollierte Bewegungen (Ausführen der Stellung, korrekte Technik).
- Entspannung (Entspannung wird vor, während und nach der Stellung eingesetzt). Diese hat spezifische therapeutische Auswirkungen auf Körper und Geist. Sie ermöglicht

die flüssige Koordination von Stellungen, was wiederum den therapeutischen Effekt steigert.

- Kontrollierte Atmung.

In der statischen Phase dagegen auf den:

- Schwerpunkt der Stellung (entspannt und bewegungslos).

In jeder Yoga-Stellung werden diese Phasen gleichzeitig und miteinander abgestimmt manifestiert. Sie sind miteinander verwandt und voneinander abhängig.

Die «vollkommene Stellung» herzustellen bedeutet nicht etwa die «totale Streckung» herzustellen oder eine «akrobatische» Position einzunehmen, sondern vielmehr nur, daß alle vier Teile miteinander in Harmonie sind. Daher ist es erforderlich, sich zuerst auf die dynamische Phase zu konzentrieren, um die Stellung oder die kontrollierte Bewegung zu meistern. Später sollte sich die Aufmerksamkeit auf die Atmung und Entspannung richten, danach auf die Konzentration als den Schwerpunkt der Übung und schließlich auf die Innenschau. Nun sollte die Synchronisation aller vier Phasen in den Mittelpunkt gestellt werden.

Leitfaden für die Praxis der Yoga Asanas

Es wurde bereits erwähnt, daß erlernte Bewegungen mechanisch ausgeführt werden. Sportler können sich unterhalten, während sie gerade Streckübungen machen oder joggen, die Yoga-Praxis dagegen ist anders.

Wenn Sie mit einer Stellung beginnen, sollten Sie dabei auf den Körper achten. Gönnen Sie allen Muskeln die Entspannung. Achten Sie darauf, wie es sich anfühlt, wenn Ihr Körper teilweise den Boden berührt. Schließen Sie die Augen und visualisieren Sie die Stellung, die Sie einnehmen wollen (mentale «Feinabstimmung»). Nehmen Sie die Stellung langsam, geschmeidig, mit vollem Bewußtsein ein, und konzentrieren Sie sich dabei immer nur auf die Gegenwart. Sollte Ihr Geist abschweifen, führen Sie ihn sanft zurück.

Es werden auch autosuggestive Wortformeln und geistige Bilder dazu eingesetzt, den Körper zu beeinflussen. Mit ihrer Hilfe können Sie den biologischen Effekt des Asana auf die Funktion Ihrer Muskeln und Organe verstärken. Wiederholen Sie beispielsweise langsam im Geiste in einem monotonen Tempo die autogene Wortformel: *Die Rückenmuskeln und/oder Lendenmuskeln strecken sich.* Bei der Rumpfbeuge wird dieses Strecken verstärkt. Nach regelmäßiger Praxis und Wiederholung solcher autosuggestiven Formeln werden sich im Körper die entsprechenden Muskelreaktionen zeigen. Wiederholt man beispielsweise langsam im Geist immer wieder «*meine Arme sind entspannt*», so werden sich diese Muskeln nach einer Weile (regelmäßiger Praxis) tatsächlich entspannen.

Der Gebrauch autogener Formeln

- Wiederholen Sie die Formeln auf monotone Weise langsam im Geist. Machen Sie nach jeder Formel eine Pause und wiederholen Sie den Satz mehrmals.
- Konzentrieren Sie sich auf den Schwerpunkt des Asana und achten Sie darauf, daß die Wiederholung der autogenen Formel in vollkommener Harmonie geschieht.
- Die autogenen Formeln sollten den Effekt des jeweiligen Asana verstärken, ebenso die biologische Wirkung des Asa-

na auf bestimmte Körperpartien oder Organe, auf die die Konzentration sich richtet.

- Jedes Yoga Asana sollte mit totaler Konzentration und unter Verwendung autogener Formeln ausgeführt werden.

Versuchen Sie nie, eine Yoga-Stellung mit Gewalt zu erzwingen. Akzeptieren Sie vielmehr Ihre Geschmeidigkeit, Ihren Gleichgewichtssinn, Ihre Kraft usw., so wie sie gerade sind. Lauschen Sie beim Strecken und Ausbalancieren auf Ihren Körper. Seien Sie sich Ihrer Empfindungen bewußt. Übertreiben Sie es nicht. Gehen Sie nicht leistungsbezogen vor und versuchen Sie nicht herauszufinden, wie «weit» Sie sich strecken können oder wie lange Sie die statische Phase durchhalten usw. Beobachten Sie und lernen Sie Ihre eigenen Grenzen kennen. Achten Sie auf die Empfindungen, die die Yoga-Stellung in den verschiedenen Körperpartien auslöst. Haben Sie die Endstellung erreicht, halten Sie diese, ohne sich zu bewegen. Halten Sie jede Stellung lange genug, um sich darauf einzuschwingen und zu entspannen. Achten Sie alle Zeit auf Ihre Atmung. Spüren Sie, wie Ihr Bauch sich hebt und senkt.

Im allgemeinen sollten Sie beim Zusammenziehen des Bauchs und des Vorderkörpers ausatmen, um mit dem Zusammenziehen der Rückenpartie wieder einzuatmen. Wenn Sie also den Oberkörper vorbeugen, atmen Sie aus, wenn Sie sich zurücklehnen, atmen Sie wieder ein. Beim Ausführen dieser Stellung sollten Sie regelmäßig ein- und ausatmen und spüren, wie Ihr Bauch sich bewegt.

Horchen Sie auf Ihren Körper und Ihre Intuition, um festzustellen, wie weit oder wie lange Sie sich strecken sollten oder wie lange die Stellung gehalten werden kann. Beherzigen Sie Ihre Grenzen und verfallen Sie nicht in verkrampftes Leistungsdenken.

Um Ihnen ein Beispiel zu geben, will ich jetzt einmal die Ausführung der Rumpfbeuge (Padhastasana) beschreiben.

Die Rumpfbeuge
Padhastasana

Stellen Sie sich entspannt auf, die Füße aneinander, den Oberkörper gerade und die Arme seitlich herabhängend.

Entspannen Sie sämtliche Muskeln. Schließen Sie die Augen. Seien Sie sich Ihres Körpers bewußt. Spüren Sie den Kontakt, den Ihre Füße mit dem Boden schließen.

Visualisieren Sie die Stellung, in die Sie sich gleich begeben werden. Dies ist eine Form mentalen Einschwingens.

Atmen Sie ein, um beim langsamen Vorbeugen wieder auszuatmen. Neigen Sie zuerst den Kopf und führen Sie die Beugung nach und nach durch die gesamte Wirbelsäule. Die Bewegung sollte gemächlich und entspannt erfolgen. Vom Ausgangspunkt bis zur Endstellung sollte es eine einzige langsame, fließende, kontinuierliche und bewußte Bewegung sein. Führen Sie die Hände bis zu jenem Punkt an den Beinen oder Füßen, den Sie mühelos erreichen können, ohne sich zu überdehnen.

Erzwingen Sie die Streckung nicht. Beugen Sie vielmehr ohne jede Anstrengung Kopf und Rückgrat nach vorn. Lassen Sie einfach nur zu, daß sich Ihr Körper beugt und die Muskeln strecken. Halten Sie Arme, Schultern, Nacken und Kopf entspannt und locker. Die Beine bleiben gerade, aber die Knie werden dabei nicht durchgedrückt.

Umfassen Sie ohne Anstrengung die Fußknöchel oder Beine und senken Sie den Kopf auf die Knie.

Erzwingen und forcieren Sie die Beugung nicht! Akzeptieren Sie vielmehr Ihre Geschmeidigkeit so, wie sie zur Zeit ist. Hören Sie auf Ihren Körper, respektieren Sie Ihre eigenen Grenzen.

Führen Sie alles bei vollem Bewußtsein und voller Konzentration durch, von Augenblick zu Augenblick.

Achten Sie auf die Empfindungen und Gefühle, die die Stellung in verschiedenen Körperpartien auslöst, vor allem im Bereich des Rückens und der Beine.

Nachdem Sie sich so weit vorgebeugt haben, wie es noch geht, ohne unbequem zu werden, halten Sie die Stellung bewegungslos, um sich darauf einzuschwingen. Dies bezeichnet man als «statische Position». Atmen Sie langsam und regelmäßig, achten Sie dabei auf die Bewegung Ihres Unterbauchs.

Nun konzentrieren Sie sich auf den Schwerpunkt dieser Stellung, der je nach Zielsetzung einer der folgenden sein kann:

- Die Kniesehnen und/oder Rückenmuskulatur (physiologischer Aspekt der Yoga-Stellung). Wiederholen Sie im Geiste die autogene Formel: «*Meine Kniesehnen strecken sich*», «*Meine Rückenmuskeln strecken sich*».
- Das erste oder Muladhara Chakra am Wirbelsäulenansatz. Dabei richten Sie die Aufmerksamkeit auf den Wirbelsäulenansatz oder visualisieren das Symbol des Muladhara Chakra: ein Dreieck innerhalb eines Vierecks (Drüsenaspekt der Yoga-Stellung). Wiederholen Sie die autogene Formel: «*Meine Energie sammelt sich.*»
- Der psychologische Aspekt der Yoga-Stellung, also die Konzentration (Einstimmung) auf den Prozeß der Entspannung oder die Aktivierung. Wiederholen Sie im Geiste die autogene Formel: «*Meine Muskeln entspannen sich*», «*Ich bin völlig entspannt*».
- Der spirituelle Aspekt der Yoga-Stellung. Jede Yoga-Stellung kann mit einem Symbol, einem Bild oder einer Idee

verbunden werden. Beispielsweise können Sie sich auf die Idee der Demut konzentrieren.

Nachdem Sie den Stellungsschwerpunkt ausgewählt haben, entspannen Sie sich einfach innerhalb der Stellung. Schwingen Sie sich auf den Körper ein und achten Sie bewußt auf Ihre Gefühle und Empfindungen.

Nun atmen Sie ein und kehren dabei in die Ausgangsstellung zurück. Erheben Sie sich langsam, Wirbel um Wirbel. Werden Sie sich der Veränderungen Ihrer Körperhaltung bewußt und spüren Sie diese in der Wirbelsäule, während Sie sich langsam wieder aufrichten. Spüren Sie auch Ihren Körper und die Muskeln. Entspannen Sie sich. Eine Yoga-Stellung auszuführen ist wie Meditation: Es ist eher ein geistiger als ein körperlicher Akt.

Die Entspannung spielt bei der Praxis der Yoga-Stellungen eine große Rolle. Entspannen Sie sich vor, während und nach der Durchführung einer Stellung. Behalten Sie stets das Wesen und die Eigenart der Yoga-Stellungen im Auge. Lernen und praktizieren Sie die oben beschriebene «Rumpfbeuge». Sie werden später noch darauf zurückkommen. Wir werden später auch noch darauf eingehen, welches Yoga Asana wann zu praktizieren ist.

Pranayama

Die Atmung steht auf eine besondere Weise in Verbindung mit den Körperfunktionen. Dies ist eine der Grundlagen für die yogische Kontrolle der unwillkürlichen Körperfunktionen. Durch Schulung des Willens und regelmäßiges Durchführen von Atemübungen, Pranayama genannt, versetzen Yogis sich in die Lage, Organaktivitäten auszusteuern, die normalerweise allein dem autonomen Nervensystem unterliegen.

Der Atmungsprozeß weist eine besondere Beziehung zu wichtigen Körperfunktionen auf. Daher lassen diese sich am einfachsten durch Atemkontrolle beherrschen.

Das Endziel der meisten yogischen Atemübungen besteht darin, den geistigen Zustand durch positive Beeinflussung des Nervensystems zu regulieren. Yoga-Atemtechniken erleichtern Konzentration und Meditation. Durch die Yoga-Atmung erlangen Sie bewußte Kontrolle über die unbewußten Aktivitäten des willkürlichen Nervensystems.

Zwischen Atmung und Emotionen besteht ein sehr enger Zusammenhang. Wahrscheinlich haben Sie dies selbst schon beobachtet, man weiß schon seit Urzeiten davon. «Ist der Atem still, ist der Geist es auch.» Dieses grundlegende Yoga-Konzept lehrt uns, daß wir mit Hilfe der Atmung das gesamte Nervensystem entweder beruhigen oder anregen können. Wird die Atmung unregelmäßig und unstet, gilt dies auch für die Gemütsverfassung. Ist der Atem dagegen ruhig und stet, so ist der Geist es auch.

Die Atmung beeinflußt unmittelbar die geistige und körperliche Verfassung. Wenn Sie tief durchatmen und beim Ausatmen stumm mitzählen, werden Sie spüren, wie Sie sich entspannen. Versuchen Sie nun einmal, unregelmäßig und hastig zu atmen, und schon empfinden Sie einige Beklemmung. Werden Sie überrascht oder mit einer Schreckensnachricht konfrontiert, löst dies eine abgehackte Atmung aus und verstärkt dadurch das Gefühl der Bangigkeit oder Angespanntheit.

«Die Atmung ist die Leine, die den Drachen steuert.» Nach der Lehre des Yoga ist alles Leben Atem. Der Flugdrachen steht für den Geist, der Atem für die Leine. So wie sich der Atem bewegt, bewegt sich auch der Geist, genau wie bei

Leine und Drachen. Geht die Atmung lang, langsam und geschmeidig, kehrt im Geist Frieden ein.

Durch Konzentration und Atemübungen sind Yogis dazu in der Lage, Körperfunktionen zu beherrschen, die wir gemeinhin für nicht beherrschbar halten. Die Atemlehre des Yoga umfaßt das gesamte Atmungssystem. Der Yoga-Atem ist langsamer als der gewöhnliche, weil die Lungen mit jedem Atemzug vollständig gefüllt werden. Zum Yoga-Atem gehören alle drei Methoden des Atmens gemeinsam: Untere (Unterbauch-) Atmung, mittlere (Rippen-) Atmung und hohe (Schlüsselbein-) Atmung.

Jede Phase des Yoga-Atems ist wichtig und hat besondere Auswirkungen auf den Geist. Man unterteilt den Yoga-Atem in folgende vier Phasen:

1. Einatmen
2. Anhalten des Atems
3. Ausatmen
4. Anhalten der Atmung nach dem Ausatmen

Wie bereits erwähnt, beeinflußt jede Phase des Yoga-Atems die geistige Gemütsverfassung auf eigene Weise. Das Ausatmen selbst hat eine beruhigende (parasympathische) Wirkung. Folgt dem Einatmen ein in die Länge gezogenes, gemächliches Ausatmen, erzeugt dies die Empfindung von Ruhe und beschwichtigt geistige Aufgewühltheit.

Wird das Ausatmen in die Länge gezogen, verstärkt dies die Reaktion eines spezifischen Nervs, nämlich des Vagus.

Die Fasern des Vagusnervs sind mit den Lungen und den anderen Atemwerkzeugen verbunden. Wenn man also ganz langsam und gemächlich ausatmet, wird dadurch das parasympathische Nervensystem aktiviert und der Körper beruhigt, das gleiche gilt für den Geist. Kehrt man diesen Prozeß um und betont dagegen das Einatmen, hat dies auf den Körper einen mobilisierenden Effekt.

Die Atmung läßt sich auch für die Konzentration nutzen. Wahrscheinlich ist Ihnen schon einmal aufgefallen, daß Sie dazu neigen, die Luft etwas anzuhalten, sobald Sie sich intensiv auf irgend etwas konzentrieren. Hält man den Atem an, zentriert dies den Geist («Einspitzigkeit»). Geht der Atem dagegen unregelmäßig, wird der Geist fahrig und zerrissen.

Ein geschmeidiges, rhythmisches, harmonisches Atmen – zusammen mit zentrierter Aufmerksamkeit – kann Ihnen zu einem viel höheren Konzentrationsniveau verhelfen. Eine der möglichen Erklärungen für diesen Effekt mag darin bestehen, daß sich das Atemzentrum in jenem Teil des Gehirns befindet, wo auch alle anderen lebenswichtigen Zentren angesiedelt sind. Die Zentren, die den Muskeltonus steuern, den Herzschlag, den Blutkreislauf und die Konzentration, befinden sich alle im hinteren Hirnbereich. Unterschiedliche Atmung kann diese anderen Zentren beeinflussen und damit auch die Konzentration sowie die anderen Funktionen des Nervensystems.

Das Erlernen der Yoga-Atmung

Die folgenden Übungen sollten in der hier empfohlenen Reihenfolge angegangen werden. Als erstes ist die Unterbauchatmung zu erlernen. Danach kommt die Technik des Atembewußtseins an die Reihe (tiefe, natürliche, geschmeidige, rhythmische Zwerchfellatmung). Dann ist die Nasenlochatmung zu bemeistern. Diese erwähnten Atemübungen lassen sich anhand der Beschreibungen umsetzen und bedürfen keines Lehrers; sie genügen vollauf, um Ihnen beim Erreichen Ihrer Ziele behilflich zu sein. Beachten Sie aber bitte, daß fortgeschrittenere Pranayama-Übungen schädliche Wirkungen zeitigen können, wenn sie nicht ordnungsgerecht ausgeführt werden. Falls Sie an fortgeschritteneren Atemtechniken interessiert sind, sollten Sie einen qualifizierten Lehrer aufsuchen. Denn diese Übungen lassen sich nicht aus Büchern lernen.

Die Unterbauchatmung

Nehmen Sie in einer bequemen Stellung Platz. Atmen Sie langsam und gleichmäßig aus und spannen Sie dabei die Unterbauchmuskeln an. Der Magen bewegt sich beim Ausatmen einwärts. Nun entspannen Sie den Unterbauch und atmen langsam und geschmeidig dabei ein. Beim Einatmen bewegt sich der Magen nach außen und preßt die Unterbauchmuskulatur nach vorn, das Kreuz krümmt sich leicht.

Nun Atmen Sie wieder aus. Durch das Anspannen der Unterbauchmuskulatur bewegt sich der Magen nach innen und flacht das Kreuz etwas ab. Wiederholen Sie diesen Vorgang mehrere Male. Atmen Sie gleichmäßig und geschmeidig durch die Nase.

Legen Sie nun die Hände auf den Magen und spüren Sie selbst, wie er sich beim Atmen nach innen und außen bewegt. Das wird Ihnen dabei helfen, die richtige Technik zu erlernen. Es ist außerordentlich wichtig, die Unterbauchatmung zu üben, damit Sie von dieser zur Zwerchfellatmung übergehen können, um auch dabei gleichmäßig und tief zu atmen. Außerdem hilft Ihnen diese Technik dabei, die Unterbauchmuskulatur zu entspannen, wenn diese sich bei Streß verkrampfen sollte. Die Unterbauchatmung ist der wichtigste Teil des vollständigen Yoga-Atems, den Sie hier lernen werden. Praktizieren Sie die Zwerchfellatmung zweimal täglich jeweils 5-10 Minuten, um sie zu bemeistern.*

Atembewußtsein

Sie sitzen still und bequem, entspannen alle Muskeln. Nun richten Sie die Aufmerksamkeit auf die Atmung. Visualisieren Sie den Atemstrom und folgen Sie ihm im Geiste. Er sollte natürlich, tief, geschmeidig, rhythmisch und zwerchfellgesteuert verlaufen, ohne Lärm, Pausen und Anhalten des Atems.

Folgen Sie mental einfach dem Fluß Ihres geschmeidigen Atmens. Die Phase des Einatmens sollte gleich lang wie die des Ausatmens sein. Halten Sie zwischen Ein- und Ausatmen nicht die Luft an, machen Sie keine Pausen. Forcieren Sie die Atmung aber auch nicht, sorgen Sie dafür, daß sie stumm und geräuschlos ist. Swami Rama empfiehlt dabei zu visualisieren, wie Sie vom Wirbelsäulenansatz bis zum Scheitel hinauf einatmen, beim Ausatmen visualisieren Sie dafür, wie der Atem den Scheitel verläßt und durch die Wirbelsäule hinabströmt, wiederum geschmeidig und gleichmäßig.

Achten Sie darauf, wie Ihr Bauch sich ein- und auswärts bewegt und wie die Luft durch die Nasenlöcher einströmt und sie wieder verläßt.

Praktizieren Sie zweimal täglich 10-15 Minuten lang Atembewußtsein. Das können Sie im Sitzen oder auch im Gehen tun. Nachdem Sie dies einen Monat lang getan haben, können

* Üben Sie die Unterbauchatmung bei flacher Bodenlage. Legen Sie ein schweres Buch auf den Magen, um die Zwerchfellmuskulatur zu kräftigen. Einen ähnlichen Effekt erzielen Sie, indem Sie sich auf den Bauch legen, die Stirn auf die Unterarme gelegt. In diesem Fall bietet Ihnen der Boden den erforderlichen Widerstand.

Sie die Phase des Ausatmens auf die doppelte Länge des Einatmens ausdehnen. Wenn Sie also beim Einatmen bis sechs Zählen, atmen Sie bis zwölf aus usw.

Der vollständige Yoga-Atem

Wie bereits erwähnt, kennt der Yoga drei Formen der Atmung: Die tiefe (Unterbauchatmung), die mittlere (Rippenkäfigatmung) und die hohe (Schlüsselbeinatmung). Aus physiologischer Sicht ist die vollständige Atmung die wirksamste, weil sie die Effekte aller drei Atmungsarten in sich vereint.

Um mit der vollständigen Yoga-Atmung zu beginnen, nehmen Sie eine bequeme Sitzstellung ein. Es wird stets durch die Nase geatmet. Atmen Sie tief aus, wie bei der Unterbauchatmung bereits beschrieben. Nun dehnen Sie den Unterbauch, indem Sie seine Muskulatur vorwärts schieben, und atmen Sie langsam und ruhig ein. Fast mühelos strömt die Luft somit in die tieferen Lungenpartien. Krümmen Sie leicht das Kreuz. (Diese ist die tiefe Unterbauch- oder Zwerchfellatmung, die Sie bereits erlernt haben.) Sie atmen langsam, geschmeidig und ruhig ein und ziehen dabei den leicht gewölbten Unterbauch oder Magen wieder ein, bis er sich fest und gespannt anfühlt. Gleichzeitig breiten Sie Ihre Rippen und Ihren Rippenkäfig vorwärts und seitlich aus. (Dies ist die mittlere oder Rippenkäfigatmung.)

Setzen Sie das langsame Einatmen fort. Wölben Sie dabei den Brustkorb und füllen Sie auch die oberen Lungenpartien mit Luft. (Dies ist die hohe oder Schlüsselbeinatmung.) Spüren Sie, wie die Atemluft hinten auf Ihre Kehle trifft, und lauschen Sie dem dampfgleichen Geräusch beim Ein- und Ausatmen. Nun atmen Sie langsam, geschmeidig und ruhig aus.

Senken Sie dabei die Schultern, ziehen Sie die Brustpartie ein und führen Sie den Magen nach innen.

Sie sollten den vollständigen Yoga-Atem einige Wochen üben, bis Sie ihn gemeistert haben. Zur besseren Kontrolle der Atmung und zur Erlangung größerer Geschmeidigkeit empfiehlt A. Christensen, dabei Ohrpfropfen zu tragen. Sie werden dadurch Gleichmäßigkeit und Geschmeidigkeit Ihrer Atmung steigern und auch die Konzentration verstärken.

Nachdem Sie den vollständigen Yoga-Atem gelernt haben, können Sie ihn jederzeit und überall ausführen, um den Geist zu beruhigen und den Streß zu bekämpfen.

Die abwechselnde Nasenlochatmung

Nehmen Sie eine ruhige, feste Sitzstellung ein. Entspannen Sie alle Muskeln. Lassen Sie den Körper zur Ruhe kommen.

Legen Sie nun die Spitze des rechten Daumens an das rechte Nasenloch. Legen Sie Zeige- und Mittelfinger zusammen auf die Stirn. Die Spitze des Ringfingers ruht am linken Nasenloch. Atmen Sie nun tief durch beide Nasenlöcher aus.

Nun schließen Sie die rechte Nüster, indem Sie sanft den Daumen dagegen drücken. Lassen Sie das linke Nasenloch aber frei. Nun atmen Sie ein, es sollte ein geschmeidiger, tiefer, vollständiger Yoga-Atem sein, und zwar durch das linke Nasenloch. Jetzt schließen Sie mit dem Ringfinger sanft die linke Nüster und heben den Daumen von der rechten, um sie freizugeben und langsam und gleichmäßig durch diese auszuatmen. Jetzt atmen Sie wieder durch das rechte Nasenloch ein. Schließen Sie das rechte Nasenloch sanft mit dem Daumen. Heben Sie wieder den Ringfinger und atmen Sie durch das linke Nasenloch aus. Nun fahren Sie fort, wie beschrieben, immer abwechselnd. Die Atmung sollte gleichmäßig und zwerchfellgesteuert sein, die beiden Phasen des Ein- und des Ausatmens sind gleich lang. Mit jeder Rückkehr an den Ausgangspunkt (das Einatmen durch das linke Nasenloch) haben Sie eine Runde abwechselnder Nasenlochatmung beendet.

Üben Sie dies zweimal täglich für 6-8 Wochen, jeweils zehn Runden lang.

Die abwechselnde Nasenlochatmung wird zur Vorbereitung für die Meditation verwendet, weil sie den Geist beruhigt und einen stabilen Gemütszustand herstellt, wie er für die Meditation besonders gut geeignet ist.

Der Regenerations- und Relaxions-Atem (sogenannter «Doppel-R-Atem»)

Führen Sie eine tiefe, ruhige, vollständige Yoga-Atmung durch und visualisieren Sie dabei, wie Sie sich aufladen, Ihre Energie oder Ihr Prana verdichten.

Nun atmen Sie langsam aus. Dabei visualisieren Sie, wie Sie die Verspannungen in der Muskulatur des Gesichts, des Nackens, der Schultern, des Rumpfs, der Ober- und der Unterschenkel loslassen, und zwar in der hier geschilderten Reihenfolge.

Visualisieren Sie, daß Sie gleichzeitig mit der Auflösung der Muskelverspannung negative Emotionen und Gedanken loslassen.

Setzen Sie die «Doppel-R-Atmung» immer dann ein, wenn Sie Verspannungen spüren oder fahrig geworden sein sollten.

Entspannung

Im Yoga wird die Entspannung vor, während und nach Praktizieren der Asanas eingesetzt. Der Schüler lernt, seine inneren Verspannungen aufzulösen, und nutzt diese Technik dazu, ein entspanntes Leben zu führen.

Der Yogi beginnt mit der Entspannungsübung Savasana, der sogenannten «Totenstellung»: Rückenlage, die Beine bequem ausgestreckt, Arme neben dem Körper liegend, die Augen geschlossen. Nun entspannt der Yogi sämtliche Muskeln und löst Verspannungen Schritt um Schritt auf. Während dieser Entspannungsphase löst der Yogi vorübergehend sein Bewußtsein vom Rest der Welt. Nach und nach kann er auf diese Weise auch die winzigsten Verspannungen in Muskulatur und Geist feststellen. Der Yogi erfährt eine innere Selbstbewußtheit aus den Muskeln, dem Bindegewebe und den inneren Organen heraus. Von diesem Punkt an ist es möglich, mit der Kontrolle der sonst nur automatisch ablaufenden Prozesse des zentralen Nervensystems zu beginnen, indem sich der Yogi auf den spontanen Atmungsprozeß konzentriert, ohne dabei den Atemrhythmus zu stören. Gleichzeitig läßt sich eine entsprechende Veränderung der Herzaktivität beobachten.

Diese Technik erlaubt es uns, Gelöstheit und Gelassenheit zu erfahren. Tatsächlich beginnt die wahre Yoga-Praxis immer erst dann, wenn dem Frieden und der Entspannung des körperlichen Seins auch die des Nervensystems folgt, als Resultat der Entdeckung innerer Bewußtheit.

Im Kapitel über Autogenes Training, kinästhetisches Training und Körperkontrolle werden wir uns noch eingehender mit der Entspannung befassen.

3. Yoga für Sport und Wohlbefinden

Die körperliche Vorbereitung zur Aufrechterhaltung eines optimalen Grads an Fitness, die technische Vorbereitung zur Verbesserung der sportlichen Fertigkeiten und die taktische Vorbereitung zur Erlangung strategischer und taktischer Fertigkeiten brauchen alle eine Menge Zeit. Auch täglich einzusetzende mentale Fertigkeiten (Entspannungstechniken, Konzentration, Visualisation) zur Beherrschung des Mentalzustands müssen erst geübt werden. Wenn man einmal die Rechnung aufmacht, wieviel Zeit man für Studium und Arbeit oder beides braucht, dazu auch für das Privatleben, wird der Zeitfaktor schnell zu einer kritischen Größe. Unter diesem Gesichtspunkt ist der Yoga eine äußerst effektive Trainingsmethode, da er Körper und Geist gleichzeitig und auf harmonische Weise beeinflußt.

In meiner vieljährigen Arbeit mit Sportlern, sowohl als Trainer wie als Psychologe, habe ich feststellen können, daß der Yoga die wirkungsvollste Methode ist, um die tägliche Praxis mentaler Fertigkeiten zu bewältigen. Wenn Sie ein oder zwei Asanas in Ihre tägliche Aufwärm- und/oder Abkühl-Routine einbauen, hat das nicht nur die üblichen körperlichen, sondern auch mentale Vorteile. Denn dann üben Sie Aufmerksamkeit/Konzentration in der Entspannung (eine mentale Fertigkeit), während Sie gleichzeitig den Körper strecken und aufwärmen oder abkühlen; die Geschmeidigkeit und das Körperbewußtsein steigern sich. Außerdem stellen Sie auf diese Weise eine mentale Feinabstimmung her. Die Yoga-Konzentration ist ein «Übergang» zu jener Konzentration, die für die sportliche Leistung oder das Training so wichtig, ja unabdinglich ist. Und so wie jeder Sportler Aufwärm- und Abkühlübungen in sein routinemäßiges Tagesprogramm einbaut, werden auch mentale Fertigkeiten zu einer reinen Gewohnheitssache. Darüber hinaus wird die Einbeziehung des Yoga in Ihre Abkühlübungen den Erholungs- oder Regenerationsprozeß beschleunigen. (Siehe Yoga-Erholungsübungen im Kapitel 4.)

Am wunderbarsten an der Yoga-Praxis aber ist, daß sie über die bereits erwähnten Vorteile hinaus auch noch ein sehr angenehmes Gefühl vermittelt und Körper/Geist regeneriert und verjüngt. Sportler sprechen immer wieder davon, daß sie sich nach der Yoga-Praxis aufs neue energetisiert fühlen.

Die vielen Anwendungsgebiete des Yoga

Sportler können Yoga Asanas und Pranayama mit unterschiedlicher Zielsetzung nutzen (siehe auch die Abb. 2, 3, 5 und 6 in der Einleitung):

- Zur Förderung der allgemeinen Gesundheit, zur Verhütung gesundheitlicher Belastungen als Teil eines gesunden Lebensstils.
- Zur Beschleunigung des Regenerationsprozesses nach dem Training, nach Wettkämpfen und in der Rehabilitation.
- Zur Korrektur muskulären Ungleichgewichts aufgrund einseitiger Trainingsbelastung, durch Gesamtharmonisierung des Organismus.
- Zur Steigerung von Geschmeidigkeit und Elastizität, zum Aufwärmen und Abkühlen.
- Zur Steigerung der Leistungskraft, vor allem bei der Konzentration auf bestimmte Muskeln oder Muskelgruppen.
- Zur Entwicklung der Selbstbeobachtung, des Körperbewußtseins, der Selbst-Erforschung und der Selbstdisziplin.
- Zur Entwicklung von Aufmerksamkeit und Konzentration.
- Zur Ruhigstellung des Geistes und Förderung des Wohlbehagens.

Sportler können die Techniken des Raja Yoga bei ihrer psychologischen Vorbereitung einsetzen.

- Zur Verbesserung der Entspannungsfähigkeit und Konzentration/ Aufmerksamkeit.
- Zum Erlernen autonomer Kontrolle durch passive Aufmerksamkeit.
- Zur Selbstregulierung von Geist und Körper.

4. Yoga als Trainingsprogramm

In diesem Kapitel erfahren Sie etwas über die Vorzüge der Einbeziehung des Hatha Yoga in Ihr sportliches Training.

Im Kapitel 6 werden Sie eine Reihe von Asanas mit unterschiedlicher Zielrichtung vorfinden, etwa für das «kurzfristige Ausruhen», zur «Verhütung oder Wiederherstellung von Rückenverletzungen», zur «Auflösung von Schulterverspannungen», «Der Doppel-R-Atem bei großem Streß» usw. Im Kapitel 8 erfahren Sie dann, wie Sie sich eine Reihe von Asanas für Ihre eigenen spezifischen Erfordernisse zusammenstellen können. Sie werden genau begreifen, wie diese ergänzenden, ausgleichenden und regenerierenden Übungen in Ihr sportliches Trainingsprogramm einzubauen sind, um den größten persönlichen Nutzen daraus zu ziehen.

Sie werden auch erfahren, wie Sie den Yoga dazu verwenden können, um mentale Fähigkeiten wie Konzentration, Entspannung und Visualisation zu verbessern und zu trainieren – dies alles im Hinblick auf die Kontrolle über Geist und Körper. Außerdem erfahren Sie die erforderliche Schrittfolge zur Erlangung geistiger Kontrolle – der Selbstbemeisterung durch Yoga. Schließlich bieten wir Ihnen noch Beispiele für die Einbeziehung des Yoga ins tägliche Sporttraining.

Yoga Ergänzungsübungen (YEÜ)

Yoga Ergänzungsübungen (YEÜ) stellen ein wichtiges Instrument bei der sportlichen Vorbereitung dar. Ergänzungstraining bedeutet, sportliche und andere nicht zur jeweiligen Sportdisziplin gehörende Aktivitäten zu praktizieren, die dazu dienen, die Gesamtkondition aufzubauen. Eine solche Gesamtkondition läßt sich in der Regel nicht durch Üben einer sportlichen Disziplin allein erlangen. Es gibt eine Reihe von Gründen dafür, ein Ergänzungstraining in die eigene sportliche Praxis zu integrieren:

- Manche Sportarten fördern nur sehr begrenzte Muskelkomplexe (beispielsweise werden beim Fechten allein ganz bestimmte Muskelgruppen stärker entwickelt als andere).
- Wettkampfsport in frühen Jahren kann die harmonische Entwicklung des jungen Kindes negativ beeinflussen. Hier ist Ergänzungstraining erforderlich, um die harmonische Entwicklung sicherzustellen, außerdem sollten es sich junge Sportler zur Angewohnheit machen, Übungen aus dem Ergänzungstraining zu absolvieren, weil sie damit eine starke Basis schaffen, auf der sich spezielle Fähigkeiten aufbauen lassen.
- Verstärkte Trainingsbelastung übt, zusammen mit ausgedehnten Vorbereitungsperioden und Wettkampfphasen, einen hochgradigen Druck auf das Nervensystem aus. Das Ergänzungstraining schafft dafür einen wünschenswerten «Abschaltmechanismus», um den so aufgebauten körperlichen und mentalen Streß aufzulösen.

Die Yoga Ergänzungsübungen stellen eine wirkungsvolle Methode dar, Monotonie und Langeweile eines Trainingsprogramms aufzulockern. Außerdem verhindern sie übermäßiges Trainieren und erweitern die Routine durch Vielseitigkeit und Spaß. Als Form der «aktiven Ruhe» stellen YEÜ ein Gegengewicht zur Trainingsbelastung dar. Der Wettkampf fordert, zusammen mit dem Alltagsstreß, das Nervensystem und erschöpft die geistige Kondition. YEÜ bieten ein effizientes Mittel, um Energie, körperliches und geistiges Gleichgewicht wiederherzustellen. Außerdem fördern sie die Gesundheit, während sie zugleich die harmonische körperliche und mentale Entwicklung sicherstellen.

Im Abschnitt 2 finden sich fotografische Abbildungen und Instruktionen zu jeder Stellung, dort wird auch dargelegt, welche Asanas für welche Trainingsübungen Verwendung finden.

Yoga Ausgleichsübungen (YAÜ)

Durch langwieriges sportliches Training kann es im Körper des Athleten zu einem muskulären Ungleichgewicht kommen. Zwar werden Herzkammer- und Lungensysteme meist als Einheit belastet, die unterschiedlichen Muskelgruppen dagegen nur individuell. Eine Belastung tritt auf, wenn manche Muskelgruppen im Laufe des Trainings vernachlässigt und nicht gestärkt werden. Dann werden diese unterversorgt, was im einzelnen von der jeweiligen Sportart abhängt. Muskelgruppen geraten entweder dadurch aus dem Gleichgewicht, daß bestimmte Gruppen durch «einseitiges» Training übermäßig belastet werden, oder indem sie durch Mangel an Beteiligung oder Training eine Schwächung erfahren. So werden beispielsweise beim Fechten Waffenarm, Bein und Rumpf der waffenführenden Seite stärker entwickelt als die andere Körperhälfte. Eine derartige «einseitige» Belastung kann dem motorischen System Schäden, Störungen und Verletzungen zufügen. Dieses Ungleichgewicht gilt es zu vermeiden, um die Gesamtkondition zu gewährleisten.

Die Aufgabe der YAÜ ist es, dem entstandenen muskulären Ungleichgewicht durch regelmäßige, systematische Ausgleichspraktiken gegenzusteuern. YAÜ korrigieren trainingsbedingte Einseitigkeiten, indem sie die allgemeine harmonische Entwicklung des Körpers fördern und die einzelnen Körpersysteme verbessern.

Insgesamt hat der Yoga den Effekt, das Ungleichgewicht durch einseitige Muskelbelastung zu kompensieren und zu korrigieren. Yoga-Übungen stellen die komplexeste, rationalste und umfassendste Aktivität zur Überwindung körperlicher Einseitigkeit dar. Indem Sie die verschiedenen YAÜ-Asanas und ihre Auswirkungen kennenlernen und sich zugleich durch Ihren Sport der unterentwickelten Muskelgruppen bewußt werden, werden Sie in die Lage versetzt, die geeigneten Asanas zur Kompensation muskulären Ungleichgewichts zu bestimmen.

Yoga Regenerationsübungen (YRÜ)

Der erfolgreiche Abschluß eines langen und intensiven sportlichen Trainings zur Erlangung von Spitzenleistungen hängt zu einem großen Teil davon ab, wie gut der Sportler seine körperliche und mentale Kraft nach dem Training wiederherzustellen vermag. Es wird kaum überraschen, daß sportliche Spitzenleistungen auch ein hartes, intensives Training verlangen. Ohne schnelle und gründliche Muskelregeneration ist es jedoch unmöglich, eine derart rigorose tägliche Trainingspraxis zu überstehen.

Nach intensivem Training oder nach dem Wettkampf ist es geboten, sofort den Prozeß der Regeneration einzuleiten. Die Regeneration ist ein biologischer Prozeß, der von Sportlern gefördert wird, um wieder zu Kräften zu kommen und Verletzungen zu vermeiden. Es ist ein untrennbarer Bestandteil jeder sportlichen Vorbereitung. Hier erweisen sich Yoga-Regenerationsübungen (YRÜ) als nützlich.

Schenkt man den Regenerationsmethoden gebührende Aufmerksamkeit, ist es durchaus möglich, die Muskelermüdung um 30 Prozent zu verringern und die Trainingsintensität um 20 Prozent zu steigern, den beiden osteuropäischen Experten J. Liska, M.D. und L. Zbojan, M.D. zufolge in ihrem Buch *Specificke Prostriedky Regeneracie (Spezifische Methoden der Regeneration)*, Metodicke Listy Suv CSTV, Bratislawa, 1987.

Die Regeneration bietet dem Sportler viele Vorteile, zu den wichtigsten gehören folgende:

- Wiederherstellung der Kräfte nach Belastung
- Schnelles Beseitigen von Ermüdungserscheinungen, vor allem im Muskelbereich. (Wiederherstellung der Gleichgewichtsfunktion des höheren Nervensystems im Körper)
- Verhinderung von Verletzungen an ständig belasteten oder unterentwickelten Muskelgruppen

Diese Vorzüge ermöglichen eine signifikante Effizienzsteigerung des gesamten Trainingsprozesses. Sie erleichtern die Entwicklung richtiger sportlicher Fähigkeiten sowie Bewegungsgewohnheiten und schützen den Körper des Sportlers, wodurch sie die Gesamteffizienz eines ökonomischen Trainingsprogramms steigern.

So wird deutlich, weshalb Spitzensportler dem Regenerationsprozeß soviel eigene Aufmerksamkeit widmen. YRÜ können diesen Prozeß positiv beeinflussen. Psychologisch betrachtet, optimieren Yoga-Übungen im allgemeinen die passive Aufmerksamkeit, was wiederum zu einer größeren autonomen Kontrolle führt. Yoga-Übungen «sammeln» die Aufmerksamkeit, etwa in der Meditation, wodurch sie die Regeneration des gesamten Körpers ermöglichen, indem sie einen günstigen Mentalzustand herstellen (parasympathische Dominanz).

Unter körperlichen Gesichtspunkten stellen YRÜ das wichtigste Mittel aktiver Muskelregeneration dar. Dieses System ausgesuchter oder modifizierter Yoga-Übungen entspannt die belasteten, versteiften und verkürzten Muskeln, die das Produkt harten Trainings oder Wettkampfs sind. Solche Übungen beschleunigen daher die Regeneration häufig belasteter Muskelgruppen.

Es gibt drei Grundarten der Muskelentspannung, die allesamt von YRÜ abgedeckt werden:

- Streckung – Entspannung der verkürzten und schmerzenden Muskeln durch Strecken.
- Postisometrische Entspannung (PIE) (semi-aktive Methode) – meist mit Hilfe eines Therapeuten oder Teamkameraden ausgeführt. PIE ist eine Entspannung, die sich nach isometrischer Anspannung der Muskulatur für die Dauer von 10-30 Sekunden gegen schwachen Widerstand einstellt. Dieses aktive Strecken der Muskeln reduziert Motorneuronen und die dazugehörigen Muskeln, was wiederum das Lösen der Muskeln in der Entspannungsphase signifikant erleichtert. (Es hat den Anschein, daß der Körper eine Schutzbremse gegen Überbelastung aktiviert. So zwingt beispielsweise eine solche Reduzierung der Motorneuronen den Ringer dazu, eine «Brücke» zu beenden.)
- Anti-Schwerkraft-Entspannung (ASE) – eine aktive Methode der Selbstentspannung. Es handelt sich um eine Modifikation der oben erwähnten PIE, die den durch den Therapeuten oder Teamkameraden während der isometrischen Anspannung gebotenen Widerstand durch das Gewicht der eigenen Gliedmaße oder des Rumpfs des Sportlers ersetzt, darin den Erkenntnissen von Liska und Zbojan

folgend. Außerdem nutzt sie die natürlichen Widerstände, gegen die die Muskeln sich isometrisch zusammenziehen, um 15-20 Sekunden gehalten und danach wieder gelöst zu werden (etwa erhobene Gliedmaßen, Rumpf usw.). Dies ist eine sehr einfache Methode, die der Sportler ohne fremde Hilfe umsetzen kann. Ziel ist es dabei, nach einer Phase der Muskelkontraktion die Muskelentspannung herzustellen.

YRÜ beruhen auf dem Prinzip, daß Muskeln sich lösen und entspannen, nachdem man sie über einen bestimmten Zeitraum in angespannten und isometrischen Stellungen gegen einen spezifischen Widerstand gestreckt hat. Dies führt zur Bremsung von Motorneuronen. Diese «postisometrische Entspannung» unterscheidet sich von den üblichen Streckübungen, die die verkürzten Muskeln passiv strecken, ohne sich dabei (bewußt) auf eine Beeinflussung der Motorneuronen zu konzentrieren.

YRÜ beeinflussen signifikant die vitalen neurovegetativen Nervenzentren (Chakras) sowie die endokrinen Drüsen. Dadurch werden Stoffwechsel und allgemeine Regenerationsfähigkeit des Sportlers positiv verstärkt.

Methoden der Praxis

YRÜ

Praktizieren Sie YRÜ unmittelbar nach dem Trainingsvorgang oder dem Wettkampf, in der Sporthalle oder auf dem Sportplatz. Diese sofortige Regenerationsphase sollte 5-15 Minuten dauern.

Praktizieren Sie die YRÜ im Zustand passiver Konzentration. Halten Sie die statische Endposition 4-10 tiefe Atemzüge lang (10-20 Sekunden). (Siehe Kapitel 6)

YEÜ

Wählen Sie eine Reihe von YEÜ aus und praktizieren Sie diese zu Hause oder im Freien. (Siehe Kapitel 6)

YAÜ

Ähnlich wie YEÜ. (Siehe Kapitel 6)

Im Abschnitt 2 stelle ich eine Reihe von YEÜ, YAÜ und YRÜ vor. Diese Übungen wurden von vielen Spitzensportlern und anderen Athleten erfolgreich genutzt.

Sie sollten sich eine eigene Reihe von Asanas zusammenstellen, die auf Ihre Sportart und Ihre Bedürfnisse zugeschnitten ist. Es werden später auch Beispiele gegeben, wie einige Weltklasse-Sportler ihre Übungsreihen zusammenstellten.

TEIL II

ASANAS

Die modifizierte Rumpfbeuge im Stehen

5. Yoga Asanas: Wie die Stellungen eingenommen werden

Bei den folgenden Asanas handelt es sich um Übungen, die von den von mir trainierten Sportlern am häufigsten ins Training aufgenommen wurden. Jeder Stellungsbeschreibung sind ein oder mehrere Fotos beigegeben. Zu den Anweisungen gehören auch die Funktionen des jeweiligen Asana – YEÜ, YAÜ oder YRÜ.

Die modifizierte Rumpfbeuge im Stehen (modifiziertes Pada Hasthasana)

Stellen Sie sich entspannt hin, die Füße leicht auseinander. Der Rumpf ist gerade, die Arme hängen seitlich herab. Beugen Sie sich langsam vor, ohne die Beine in den Knien einzuknicken oder durchzudrücken. Schieben Sie die Schultern leicht vor. Führen Sie die Hände ohne Anstrengung in Richtung Boden. Nutzen Sie die Schwerkraft zur isometrischen Kontraktion der Kniesehnen und Rückenmuskulatur. Halten Sie diese Stellung mehrere tiefe Atemzüge lang. Dann entspannen Sie sich wieder und kehren in die stehende Position zurück. Hierdurch werden die Kniedehnmuskeln beeinflußt, nämlich isometrisch kontrahiert (YRÜ, YAÜ).

Der Halbpflug

Der Halbpflug (modifiziertes Halasana)

Legen Sie sich auf den Rücken, die Arme seitlich gestreckt. Heben Sie die Beine langsam in eine senkrechte Stellung. Nun heben Sie Hüfte und Taille vom Boden und führen die Beine über den Kopf, bis sie dahinter ungefähr 8-15 Zentimeter über dem Boden schweben. Führen Sie die Arme über den Kopf. Dies verstärkt die Wirkung der Schwerkraft. Halten Sie diese Position mehrere tiefe Atemzüge lang, während Sie die stärker werdenden Wirkungen der Schwerkraft spüren. Dann entspannen Sie sich. Wenn Sie möchten, können Sie aus dieser Stellung gleich in die nächste übergehen: den halben Schulterstand. Hier wird die Muskulatur am Rücken und im hinteren Teil der Oberschenkel durch isometrische Kontraktion beeinflußt. (YRÜ, YAÜ)

Der halbe Schulterstand (modifiziertes Sarvangasana)

Ausgangsposition ist die Rückenlage, die Arme liegen seitlich am Boden. Heben Sie die Beine gemächlich in eine senkrechte Stellung. Nun heben Sie Hüfte und Taille vom Boden und stützen sie mit den Händen. Die Beine beschreiben einen Winkel von ungefähr 60 Grad zum Boden. Die Zehen schweben ein Stück hinter dem Kopf. Durch Vorwärtsdruck der Hüften wird die Wirkung der Schwerkraft auf die Rückenmuskulatur verstärkt. Atmen Sie tief durch.

Halten Sie diese Stellung mehrere tiefe Atemzüge lang. Hier werden die Rückenmuskeln und die Beugemuskeln des Knies durch isometrische Spannung beeinflußt. (YRÜ, YAÜ, YEÜ)

Sie können aus dieser Stellung gleich in die sitzende Rumpfbeuge übergehen.

Der halbe Schulterstand

Die modifizierte Kobra

Die modifizierte Kobra
(modifiziertes Bhujangasana)

Legen Sie sich auf den Bauch. Die Stirn ruht am Boden, die Arme seitlich vom Körper. Atmen Sie ein. Heben Sie den Kopf langsam nach hinten – halten Sie diese Stellung 3 bis 4 tiefe Atemzüge, dann heben Sie auch Schultern, Oberkörper und Rücken vom Boden. Halten Sie diese Stellung mehrere Atemzüge lang. Atmen Sie regelmäßig und ziehen Sie beim Halten der Endstellung die Unterbauchmuskulatur zusammen. Stützen Sie sich dabei nicht zusätzlich mit den Armen ab. Lösen Sie die Stellung wieder, legen Sie sich flach hin und entspannen Sie sich. (Diese Übung erzeugt eine graduelle isometrische Spannung des oberen, mittleren und unteren Teils der Rückenmuskulatur. Hier wird der erhobene Rumpf wieder zur Herstellung isometrischer Spannung genutzt.)

Diese Übung beeinflußt stufenweise die obere, mittlere und untere Rückgratmuskulatur durch isometrische Kontraktion. (YRÜ, YAÜ)

Die Heuschrecke (Salabhasana)

Legen Sie sich auf den Unterbauch, das Kinn auf den Boden gestützt; ballen Sie die Hände zu Fäusten und schieben Sie sie unter sich auf gleicher Höhe mit dem Beckengürtel. Drücken Sie die Fäuste nach unten und heben Sie beide Beine 8-25 Zentimeter über den Boden. Halten Sie diese Stellung mehrere tiefe Atemzüge lang. Lösen Sie die Stellung wieder und legen Sie sich flach auf den Unterbauch und entspannen sich. Hier werden die Rückenmuskeln und Kniesehnen durch isometrische Kontraktion beeinflußt.

Bei dieser Übung werden die erhobenen Gliedmaßen zur isometrischen Kontraktion der Muskeln eingesetzt. (YRÜ, YAÜ, YEÜ)

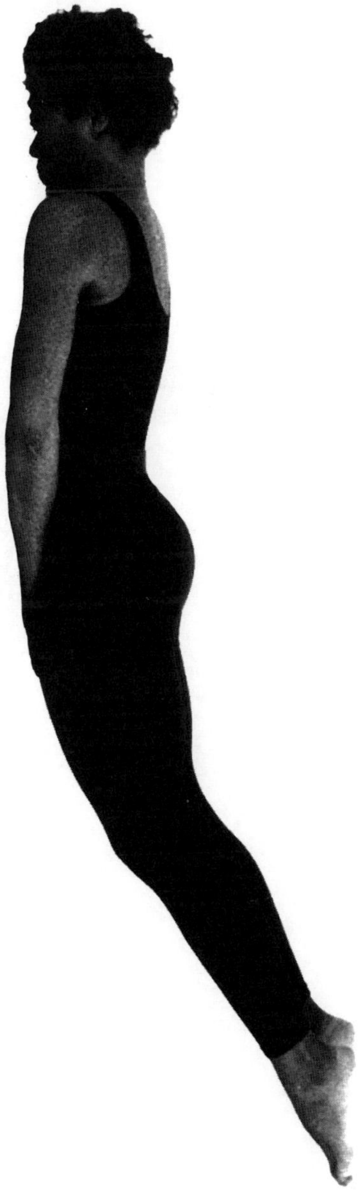

Die Heuschrecke

Die modifizierte halbe Heuschrecke

Die modifizierte halbe Heuschrecke (modifiziertes Salabhasana)

Dies ist eine leichtere Variante der vorhergehenden Übung. Legen Sie sich in dieselbe Ausgangsposition wie bei der Heuschrecke, die Fäuste unter sich gelegt. Atmen Sie ein. Heben Sie das rechte Bein 8-15 Zentimeter über den Boden. Das rechte Knie sollte zu etwa 45 Grad gebeugt sein. Halten Sie diese Stellung mehrere tiefe Atemzüge lang, dann wiederholen Sie das gleiche mit dem linken Bein. Entspannen Sie sich, mit dem Gesicht nach unten liegend. Hierdurch werden die Rückenmuskulatur und die Kniesehnen der jeweils bearbeiteten Seite durch isometrische Kontraktion beeinflußt. (YRÜ, YAÜ)

Die modifizierte Rumpfbeuge im Sitzen

Die modifizierte Rumpfbeuge im Sitzen (modifiziertes Paschimothanasana)

(Diese Stellung wird häufig sofort nach dem Halbschulterstand ausgeführt. Dazu werden erst langsam Hüften und Rücken zum Boden zurückgeführt, danach die Beine.) Legen Sie sich auf den Rücken. Nun setzen Sie sich sanft auf. Sitzen Sie mit gerade vor sich ausgestreckten Beinen. Heben Sie langsam die Arme, beugen Sie sich vor und greifen Sie mit ausgestreckten Armen 8-15 Zentimeter über Ihre Zehen. Das verstärkt die Wirkung der Schwerkraft, übertragen durch das Gewicht des Rumpfs und des Kopfes. Halten Sie diese Stellung mehrere tiefe Atemzüge lang. Dann begeben Sie sich entspannt wieder in eine sitzende Position zurück.

Hier werden die Rückenmuskulatur und die Kniesehnen durch isometrische Kontraktion beeinflußt. Auch die Unterbauchmuskulatur wird gekräftigt, die Organe in der Magengegend erfahren eine sanfte Massage. Dies ist eine der wirkungsvollsten Übungen zur Entspannung der Kniesehnen und Rückenmuskulatur. (YRÜ, YAÜ)

Der halbe Drehsitz (modifiziertes Parivarthanasana)

Legen Sie sich auf den Rücken. Beugen Sie die Knie. Legen Sie die rechte Fußsohle auf die linke Knieaußenseite. Nun drehen Sie die Hüften dicht am Boden zur rechten Seite, behalten die Beine dabei gekreuzt, die Fußsohle ruht immer noch auf dem Knie. Beim Drehen strecken Sie den linken Arm auf Schulterhöhe aus. Nun ergreifen Sie mit der rechten Hand die linke Schulter. Drehen Sie den Kopf, vor allem das Kinn, nach links. Halten Sie diese Stellung mehrere Atemzüge lang, sobald Sie die größte Spannung in der Wirbelsäule verspüren. Dann entspannen Sie sich wieder und legen sich erneut auf den Rücken. Wiederholen Sie das gleiche sinngemäß auf der anderen Seite. Dies beeinflußt die Wirbelsäulenmuskulatur. (YRÜ, YAÜ)

Der halbe Drehsitz

Der Drehsitz

Der Drehsitz (modifiziertes Ardha Matsyendrasana)

Sitzen Sie mit gerade ausgestreckten Beinen. Beugen Sie das rechte Knie und stellen Sie den rechten Fuß neben das linke Knie auf den Boden. Legen Sie den linken Ellenbogen um das rechte Knie und halten Sie das rechte Knie kräftig fest, wobei Sie den unteren Teil der Wirbelsäule anspannen. Drehen Sie die rechte Schulter nach rechts. Stützen Sie sich mit dem rechten Arm hinter dem Rücken am Boden ab. Atmen Sie tief durch und verstärken Sie nach jedem Ausatmen die Drehung, indem Sie den rechten Arm ein Stück weiter nach hinten bewegen. Halten Sie diese Stellung mehrere Atemzüge lang. Diese Übung wirkt sich auf die gesamte Wirbelsäule aus. Wiederholen Sie das ganze in Gegenrichtung. (YRÜ, YAÜ)

Der Baum (modifiziertes Vrikshasana)

Stellen Sie sich aufrecht hin. Legen Sie den rechten Fuß so hoch an den linken inneren Oberschenkel wie möglich. Heben Sie die Arme über den Kopf. Wiederholen Sie das gleiche mit dem linken Fuß. Die Wirksamkeit dieser Übung läßt sich durch Rumpfbeugung nach vorn verstärken. Halten Sie diese Stellung mehrere tiefe Atemzüge lang. Diese Übung wirkt auf Fußknöchel und Knie. (YRÜ, YAÜ)

Der Baum

Der modifizierte Bogen

Der modifizierte Bogen (modifiziertes Dhanurasana)

Legen Sie sich auf den Bauch, das Gesicht nach unten, die Arme über den Kopf. Atmen Sie ein. Heben Sie Kopf, Schultern, Arme und Beine über den Boden. Halten Sie diese Stellung mehrere tiefe Atemzüge lang. Entspannen Sie sich wieder. Diese Übung wirkt auf die Rückenmuskulatur und die Kniesehnen durch isometrische Kontraktion. Außerdem werden Geschmeidigkeit der Wirbelsäule und Tonus der Unterleibsorgane verstärkt. Die angehobenen Gliedmaßen, der Kopf und der Rumpf werden für die isometrische Kontraktion genutzt. (YRÜ, YAÜ)

Der Frosch

Der Frosch

Stehen Sie entspannt, aber aufrecht, die Füße 25-30 Zentimeter auseinander, die Zehen zeigen nach außen. Gehen Sie langsam in die Hocke. Heben Sie die Arme und beugen Sie die Ellenbogen. Führen Sie die Handflächen vor der Brust aneinander. Pressen Sie mit den Ellenbogen die Knie soweit auseinander wie möglich. Halten Sie diese Stellung mehrere Atemzüge lang, dann entspannen Sie sich wieder und kehren in die stehende Stellung zurück. Diese Übung wirkt auf Fußknöchel und Knie. (YRÜ, YAÜ)

Der Adler
(Garudasana)

Stehen Sie aufrecht, die Füße zusammen. Beugen Sie das rechte Knie. Führen Sie das linke Bein über den rechten Oberschenkel oberhalb des rechten Knies und lassen Sie den hinteren Teil des linken Oberschenkels vorne auf dem rechten ruhn. Führen Sie nun den linken Fuß hinter die rechte Wade, bis das linke Schienbein den hinteren Teil der rechten Wade berührt. Beugen Sie die Arme an den Ellenbogen und heben Sie sie auf Schulterhöhe. Stützen Sie den rechten Ellenbogen auf den vorderen Teil des linken Oberarms nahe des Ellenbogengelenks, dann führen Sie die rechte Hand wieder nach rechts und die linke nach links, um schließlich die Handflächen aneinanderzulegen. Nun heben Sie den Körper so hoch vom Boden wie möglich und strecken sich nach oben.

In sämtlichen Körpergelenken erfolgt eine kräftige, radikale Streckung. Halten Sie diese Stellung mehrere tiefe Atemzüge lang, dann entspannen Sie sich wieder in der stehenden Position. Diese Übung beeinflußt sämtliche Körpergelenke. (YRÜ, YAÜ)

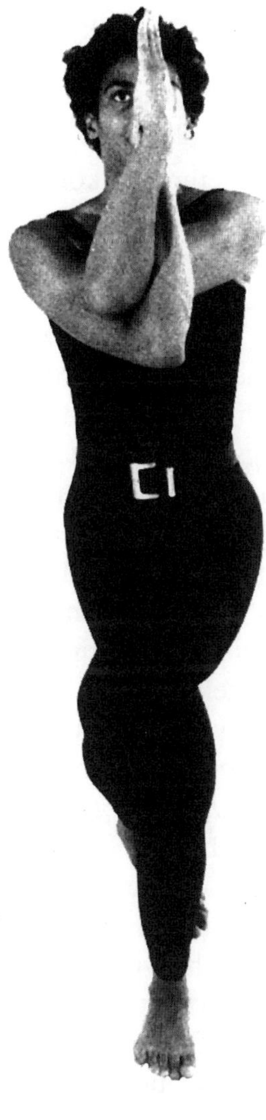

Der Adler

Der Tänzer (modifiziertes Natarajasana)

Stehen Sie aufrecht. Beugen Sie das rechte Knie und heben Sie das rechte Bein, bis Sie den rechten Fuß mit der rechten Hand ergreifen können. Legen Sie Finger und Daumen um das Fußgelenk. Heben Sie nun den linken Arm und strecken Sie ihn über den Kopf. Nun ziehen Sie das rechte Bein hoch und vom Körper fort, so langsam und so hoch, wie Sie nur können. Fixieren Sie den Blick auf einen bestimmten Punkt. Das wird Ihnen helfen, das Gleichgewicht zu halten. Entspannen Sie die Unterleibsmuskeln, atmen Sie gelöst. Spüren Sie die Streckung (Kontraktion) der Oberschenkelmuskulatur. Heben Sie den linken Arm über den Kopf. Halten Sie die Stellung mehrere tiefe Atemzüge lang. Entspannen Sie sich wieder im Stehen. Nun verfahren Sie gleichermaßen mit dem linken Bein. Diese Übung beeinflußt die Muskulatur der Waden, Oberschenkel und des Gesäßes. Außerdem fördert sie den Gleichgewichtssinn. (YRÜ, YAÜ)

Der Tänzer

Das Dreieck (modifiziertes Trikonasana)

Stehen Sie aufrecht, die Füße auseinander, die Arme in Schulterhöhe gereckt mit den Handflächen nach unten. Drehen Sie nun den linken Fuß um 90 Grad nach links und den rechten Fuß 30 Grad nach rechts. Beugen Sie den Rumpf langsam nach links und berühren Sie den linken Fuß mit der linken Hand, so dicht am Boden, wie Sie nur können. Strecken Sie sich nun. Halten Sie die Stellung. Tun Sie dies mehrere tiefe Atemzüge lang. Kehren Sie nun langsam in die aufrechte Stellung zurück. Beugen Sie weder Beine noch Arme, sowohl beim Herunterbeugen wie auch bei der Rückkehr in die Ausgangsstellung. Wiederholen Sie das ganze nun auf der anderen Seite. (YRÜ, YAÜ)

Das Dreieck

Die Lendendehnung

Die Lendendehnung (modifiziertes Bhadrasana)

Setzen Sie sich mit gerade ausgestreckten Beinen. Legen Sie die Fußsohlen aneinander und führen Sie die Füße auf etwa 30 Zentimeter an den Körper heran. Sitzen Sie aufrecht, ergreifen Sie dabei die Fußknöchel mit den Händen. Atmen Sie nun ein. Richten Sie die Wirbelsäule auf. Nun atmen Sie aus, beugen sich vor und pressen gleichzeitig mit den Ellenbogen die Knie herunter. Halten Sie die Stellung mehrere Atemzüge lang, dann wiederholen Sie das ganze. Entspannen Sie sich. (YRÜ, YAÜ)

Der modifizierte Lotus (modifiziertes Padmasana)

Sitzen Sie mit gerade ausgestreckten Beinen. Legen Sie den linken Fuß so hoch auf den rechten Oberschenkel wie möglich. Das rechte Bein bleibt ausgestreckt. Pressen Sie das linke Knie mit der linken Hand auf den Boden. Halten Sie die Stellung mehrere Atemzüge lang. Dann entspannen Sie sich sitzend mit gekrümmten Beinen. Verfahren Sie gleichermaßen mit dem anderen Bein. Diese Übung wirkt sich auf Fußgelenke und Knie aus. (YRÜ, YAÜ)

Der modifizierte Lotus

Die Schulterstreckung

Die Schulterstreckung (modifiziertes Gomukhasana)

(Stehend oder sitzend) Heben Sie die rechte Hand und führen Sie sie hinter die Schulter. Nun führen Sie die linke Hand hinter den Rücken von unten empor und verhaken Sie die Finger ineinander. Nun ziehen Sie sanft mit dem oberen Arm nach oben und mit dem unteren Arm in die entgegengesetzte Richtung. Halten Sie die Stellung mehrere Atemzüge lang. Dann lassen Sie die Hände los und wiederholen das ganze sinngemäß auf der gegenüberliegenden Seite. Benutzen Sie ein Handtuch, ein T-Shirt oder einen Gürtel, um die Arme fester zusammenzuschnüren, falls es Ihnen nicht gelingen sollte, die Hände hinter dem Rücken zu schließen. Diese Übung wirkt sich auf Schultern, Hände, Arme und den Brustbereich aus. (YRÜ, YAÜ)

Die Brustdehnung

Stellen Sie sich aufrecht hin. Bewegen Sie die Arme erst nach außen, dann gerade hinter den Rücken, und zwar so weit es geht. (Stufe 1) Verschränken Sie die Hände, dann strecken Sie die Arme. Beugen Sie sich aus der Hüfte sanft nach hinten und halten Sie die Stellung drei Atemzüge lang. Führen Sie die verschränkten Hände den Rücken hinauf und beugen Sie sich beim Ausatmen aus der Hüfte tief nach vorn. Heben Sie die Arme und strecken Sie sie vom Körper ab. (Stufe 2) Entspannen Sie den Nackenbereich. Halten Sie die Stellung mehrere Atemzüge lang. Dann entspannen Sie sich wieder im Stehen. Diese Übung wirkt auf Brustbereich und Schultern. (YRÜ, YAÜ)

Die Brustdehnung
Stufe 1

Die Brustdehnung Stufe 2

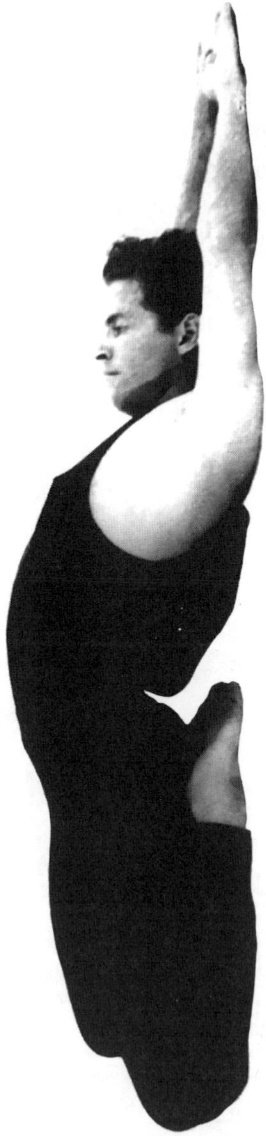

Die Ruhestellung

Die Ruhestellung
(modifiziertes Vajrasana)

Knien Sie auf dem Boden nieder, setzen Sie sich dabei auf die Fußsohlen (Fußrücken flach auf den Boden gelegt). Lassen Sie die Knie am Boden, während Sie sich mit Hilfe der Ellenbogen langsam auf den Rücken zurücklegen. Liegen Sie nun flach am Boden. Strecken Sie die Arme über dem Kopf aus. Entspannen Sie sich in dieser Stellung und halten Sie sie mehrere Atemzüge lang. Sorgen Sie dafür, daß Hinterkopf und Schultern auch wirklich flach am Boden aufliegen und die Knie einander berühren. Diese Übung wirkt auf Füße, Knie, Beckenbereich und Unterleibsorgane. (YRÜ, YAÜ)

Die modifizierte Brustdehnung

Die modifizierte Brustdehnung (modifiziertes Yoga Mudra)

Nehmen Sie eine kniende Haltung ein und ruhen Sie auf den Fußsohlen, oder Sie nehmen mit untergeschlagenen Beinen eine Sitzhaltung ein. Führen Sie die Arme hinter den Rücken und verschränken Sie die Finger. Atmen Sie ein und beugen Sie sich aus der Hüfte nach vorn, während Sie gleichzeitig hinter dem Rücken die Arme gerade emporstrecken, die Hände bleiben verschränkt. Atmen Sie langsam aus und beugen Sie sich dabei vor, die Hände immer noch verschränkt haltend. Berühren Sie mit der Stirn den Boden. Halten Sie die Stellung mehrere Sekunden, dann kehren Sie in die Ausgangsposition zurück und entspannen sich wieder. Wiederholen Sie den Vorgang 2-3mal.

Yoga Ergänzungsübungen (YEÜ)

Die folgenden Asanas wirken sich auf den gesamten Körper aus. Sie stimulieren das endokrine, das Nerven- und das Blutkreislaufsystem und wirken sich allgemein positiv auf das Nervensystem und die mentale «Regeneration» aus. (Viele dieser Übungen können auch als YRÜ oder YAÜ eingesetzt werden.)

Der Schulterstand (Sarvangasana)

Legen Sie sich auf den Rücken, die Arme seitlich neben dem Körper. Atmen Sie erst ein, dann wieder aus. Beim Ausatmen heben Sie die Beine gemächlich in eine senkrechte Stellung, dann führen Sie auch die Hüfte und den Rumpf nach, bis die Beine direkt über dem Kopf schweben. Stemmen Sie die Handflächen so dicht wie möglich an den Schultern gegen den Rücken. Die Ellenbogen liegen am Boden und stützen den Rumpf. Drücken Sie das Brustbein gegen das Kinn. Halten Sie die Beine gerade, entspannt und senkrecht zum Boden. Atmen Sie gleichmäßig. Halten Sie die Stellung mehrere Atemzüge lang. Nun atmen Sie aus und senken dabei langsam Beine und Hüften, bis Sie wieder die Ausgangslage erreicht haben. Entspannen Sie sich.

Diese Stellung wirkt sich mannigfach auf die Regeneration aus. Sie beeinflußt den gesamten Körper und stimuliert sämtliche Organe. Das ganze Hals- und Nackengewebe wird verstärkt durchblutet, auch die Schilddrüse und Hirnanhangdrüse werden stimuliert.

Der Schwerpunkt dieser Übung ist die Schilddrüse.

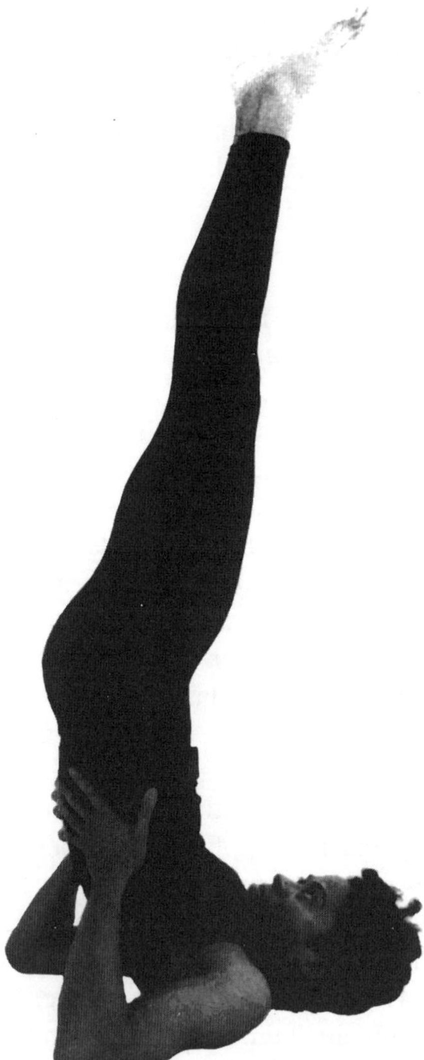

Der Schulterstand

Der Bogen

Der Bogen (Dhanurasana)

Ausgangsstellung ist die Bauchlage, die Stirn liegt am Boden, die Arme befinden sich seitlich am Körper. Beugen Sie beide Beine in den Knien. Greifen Sie nach hinten und umfassen Sie beide Fesseln. Atmen Sie ein und heben Sie dabei Kopf, Schultern und Brustkorb. Üben Sie Zug auf die Fesseln aus und heben Sie die Knie dadurch so hoch vom Boden wie möglich. Atmen Sie gleichmäßig. Halten Sie diese Stellung mehrere tiefe Atemzüge lang. Atmen Sie wieder aus. Dabei führen Sie Beine und Rumpf wieder langsam in die Ausgangsposition zurück. Entspannen Sie sich. Wiederholen Sie den Vorgang 2-3mal.

Der Bogen erhöht die Geschmeidigkeit der Wirbelsäule, streckt die Unterbauchmuskulatur und kräftigt die Kniegelenke. Außerdem wirkt er auf das Sonnengeflecht, die Schilddrüse, auf Leber, Nieren, Adrenalindrüse, Bauchspeicheldrüse und Geschlechtsdrüsen.

Der Schwerpunkt dieser Übung liegt auf dem Sonnengeflecht.

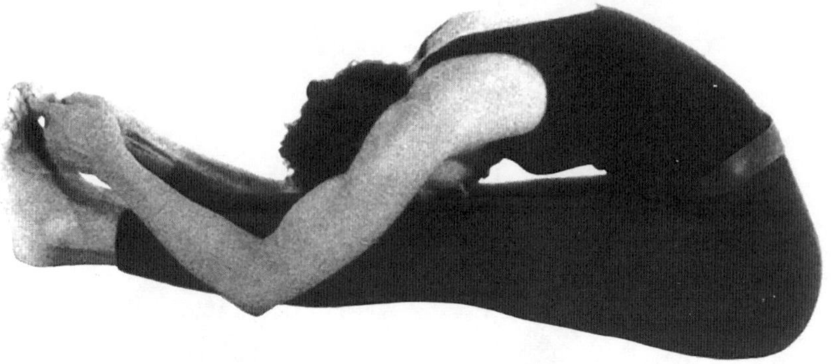

Die Rumpfbeuge im Sitzen

Die Rumpfbeuge im Sitzen (Paschimothanasana)

Setzten Sie sich mit geradem Rücken und aufrechtem Kopf auf den Boden, die Beine gerade vor sich ausgestreckt. Atmen Sie ein, heben Sie langsam dabei die Arme, beugen Sie sich vor und greifen Sie mit ausgestreckten Armen so weit nach vorn, wie es Ihnen bequem möglich ist. Ergreifen Sie die Zehen (oder eben die Fesseln oder Schienbeine, falls Sie die Zehen nicht erreichen sollten). Legen Sie den Kopf auf die Knie. Atmen Sie gleichmäßig. Halten Sie diese Stellung mehrere tiefe Atemzüge lang. Dann atmen Sie ein und kehren langsam in die Ausgangsposition zurück.

Diese Übung wirkt sich auf Rückenmuskulatur und Kniesehnen aus. Es ist eine der wirkungsvollsten Übungen zur Entspannung dieser Körperpartien. Auch die Unterbauchmuskulatur ist davon betroffen. Die Unterleibsorgane erfahren eine sanfte Massage. Das regt die Peristaltik an, ebenso Nieren, Leber, Magen, Milz und Bauchspeicheldrüse. Auch die Beweglichkeit der Wirbelsäule wird dadurch verstärkt. Der Schwerpunkt der Übung liegt auf den Kniesehnen und der Rückenmuskulatur.

Der Pflug
(Halasana)

(Diese Stellung kann auch aus dem Schulterstand weiterentwickelt werden.) Legen Sie sich auf den Rücken, die Arme seitlich am Körper. Atmen Sie erst ein, dann wieder aus und heben Sie beim Ausatmen beide Beine langsam in die Senkrechte, dann führen Sie Beine und Hüften über den Kopf nach hinten, bis die Zehen dort den Boden berühren. Atmen Sie ruhig und gleichmäßig. Halten Sie diese Stellung mehrere tiefe Atemzüge lang. Dann atmen Sie aus und führen Hüften und Beine gemächlich in die Ausgangsstellung zurück.

Der Pflug entspannt die Rücken- und Oberschenkelmuskulatur, streckt das Bindegewebe der Wirbelsäule, stimuliert und tonisiert alle inneren Organe, fördert den Kreislauf und reduziert Ermüdungserscheinungen. Insgesamt betrachtet, handelt es sich um eine sehr entspannende, wiederbelebende Stellung.

Der Schwerpunkt dieser Übung liegt auf der Wirbelsäule.

Der Pflug

Der Kopfstand (Sirshasana)

Knien Sie nieder. Legen Sie die Arme zu einem Dreieck auf den Boden, die Finger miteinander verschränkt. Heben Sie nun leicht die Hüften und legen Sie den Scheitel auf den Boden. Stützen Sie den oberen Hinterkopf mit den verschränkten Fingern ab. Nun heben Sie die Knie vom Boden und führen die Füße in einer Gehbewegung auf den Körper zu, bis der Rücken senkrecht emporragt. Heben Sie beide Beine. Führen Sie die Knie an die Brust und die Fußsohlen in Richtung Gesäß. Nun heben Sie langsam die Beine, bis sie senkrecht zum Boden stehen. Atmen Sie gleichmäßig und halten Sie diese Stellung mehrere tiefe Atemzüge lang. Dann kehren Sie in umgekehrter Reihenfolge wieder in die Ausgangsposition zurück. Der Schwerpunkt dieser Übung liegt auf der Zirbeldrüse.

Dieses Asana gilt im Hatha Yoga als Königin aller Stellungen. Es stärkt den Blutkreislauf im Gehirn und belebt den ganzen Körper.

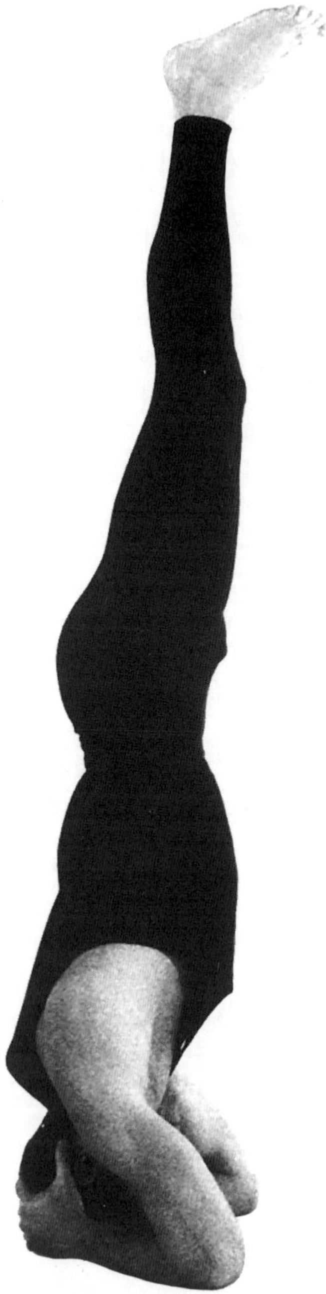

Der Kopfstand

Halblotus

Halblotus
(Ardha Padmasana)

Sitzen Sie mit übereinandergeschlagenen Beinen. Halten Sie Kopf und Rumpf gerade, ein Fuß liegt auf dem Oberschenkel, der andere unter dem Knie. Die Hände ruhen auf den Oberschenkeln.

Diese leichte Meditationshaltung stärkt die Blutzufuhr im Beckenbereich. Außerdem senkt sie die Atemfrequenz und dämpft den Stoffwechsel. Der Schwerpunkt dieser Übung liegt auf der Atmung.

Die Kobra Stufe 1

Die Kobra Stufe 2

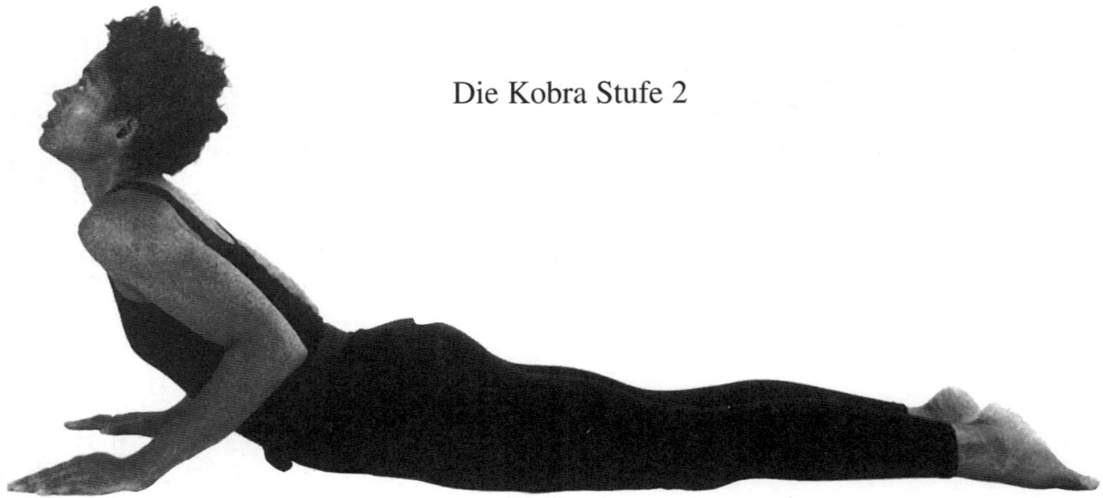

Die Kobra (Bhujangasana)

Auf dem Bauch liegend, legen Sie die Stirn auf den Boden, die Arme seitlich an den Körper. Atmen Sie ein und heben Sie dabei langsam den Kopf, strecken Sie ihn zugleich vorwärts und in die Höhe, dann heben Sie ebenfalls langsam die Schultern. Halten Sie diese Stellung mehrere tiefe Atemzüge lang. Dann beugen Sie die Ellenbogen, um die Hände neben den Brustkorb auf den Boden zu legen. Heben Sie weiterhin den Oberkörper, wobei die Arme das Gleichgewicht halten. Lassen Sie den Bauch aber am Boden! Atmen Sie gleichmäßig. Halten Sie diese Stellung mehrere tiefe Atemzüge lang, dann atmen Sie langsam aus, während Sie den Oberkörper wieder senken und schließlich erneut die Stirn auf den Boden legen. Wiederholen Sie diese Sequenz 3mal. Schließlich legen Sie die Arme an den Körper und entspannen sich.

Die Kobra wirkt sich auf das sympathische Nervensystem wie auf das Nervensystem insgesamt aus. Auch die Muskulatur im Schulter-, Nacken- und Rückenbereich wird gekräftigt, ebenso erfahren Geschmeidigkeit der Wirbelsäule, Elastizität der Lungen und die Durchblutung der Wirbel eine merkliche Steigerung. Schwerpunkt dieser Stellung ist die Wirbelsäule und der Rücken.

Die Waage (auch der Pfau) (Mayoorasana)

Knien Sie am Boden, die Knie ein Stück auseinander. Beugen Sie sich vor, legen Sie die Handflächen auf den Boden, die Finger zeigen in Richtung Füße. Beugen Sie die Ellenbogen und legen Sie den Bauch darauf, der Oberkörper ruht auf den Oberarmen. Strecken Sie nun die Beine. Atmen Sie aus. Halten Sie Ihr Körpergewicht mit den Händen. Heben Sie Beine und Rumpf und führen Sie den Kopf nach vorn. Nun schwebt der Körper parallel zum Boden. Halten Sie diese Stellung mehrere tiefe Atemzüge lang.

Die Stellung regt den Unterleibsbereich an. Sie fördert die Durchblutung und die Funktion der Unterleibsorgane. Ebenfalls die Verdauung. Durch den Druck der Ellenbogen auf den Magen wird die Unterbauchvene teilweise gestaucht und das Blut in die Verdauungsorgane gelenkt. Leber, Bauchspeicheldrüse, Magen und Nieren werden dadurch angeregt. Der Innendruck im Unterleib erfährt eine Steigerung, was wiederum die Eingeweide tonisiert. Schwerpunkt der Stellung ist das Gleichgewicht.

Die Waage (auch der Pfau)

Der Fisch

Der Fisch
(Matsyasana)

Legen Sie sich auf den Rücken, die Arme seitlich am Körper. Atmen Sie ein. Krümmen Sie den Rücken, legen Sie den Kopf zurück und führen Sie den Scheitel auf den Boden. Stützen Sie sich dabei mit Unterarmen und Ellenbogen ab. Dehnen Sie den Brustkorb. Atmen Sie regelmäßig und ruhig. Halten Sie diese Stellung mehrere tiefe Atemzüge lang, dann kehren Sie wieder langsam in die Ausgangsposition zurück.

Der Fisch wirkt sich auf Kopfwirbel, Nacken, Sonnengeflecht, Schilddrüse und Haut aus. Der Schwerpunkt dieser Übung liegt auf der Schilddrüse.

Der Kniesitz
(Vajrasana)

Knien Sie nieder, halten Sie Kopf und Rumpf dabei gerade und aufrecht. Legen Sie die Hände mit den Flächen auf die Knie. Das Gesäß ruht auf den Innensohlen, die Zehen berühren einander, die Sohlen zeigen nach außen. Falls Ihnen dies zu unbequem sein sollte, setzen Sie sich einfach so auf den Boden, daß das Gesäß die Füße berührt. Der Kniesitz regt den Beckenbereich an und fördert die Verdauung. Schwerpunkt der Stellung liegt auf der Atmung.

Diese Yoga-Stellung ist geeignet für Atemübungen, Konzentration und Meditation, falls der Halblotus- oder Lotussitz Ihnen zu unbequem sein sollten.

Der Kniesitz

Der Blasebalg (Uddiyana Bandha)

Der Blasebalg hat eine Gesamtkörperwirkung und sorgt für eine natürliche «Massage» von Magen, Dickdarm, Eingeweiden, Gallenblase und Bauchspeicheldrüse. Er wirkt sich auch auf die Verdauungsorgane und die Drüsen aus, wobei der Schwerpunkt auf dem Nabelzentrum liegt.

Stehen Sie aufrecht, die Füße auseinander, die Knie leicht eingeknickt und nach außen zeigend, die Handflächen ruhen auf den Oberschenkeln. Senken Sie nun den Rumpf, doch ohne ihn vorwärts zu beugen. Atmen Sie kräftig aus. Nun stellen Sie sich vor, wie Sie einen tiefen Atemzug tun, atmen dabei aber nicht ein. «Saugen» Sie den Unterleib einwärts und hoch. So werden die Eingeweide und der Nabel in Richtung Rücken gepreßt. Atmen Sie aber dabei immer noch nicht ein. Nur die Unterleibsmuskulatur ist gegenwärtig aktiv. Die Kehle bleibt verschlossen. Halten Sie diese Stellung einige Sekunden, dann drücken Sie schnell und kräftig den Unterleib wieder vor.

Beginnen Sie mit 5 Pumpbewegungen pro Ausatemphase und steigern Sie dies auf 15-20 pro Ausatmen. Das Ausatmen mit den Pumpbewegungen stellt eine Runde dar. Nach Beendigung einer Runde atmen Sie tief ein und gehen dabei langsam wieder in die Aufrechte; dann entspannen Sie sich einige Sekunden und atmen normal weiter.

Der Blasebalg

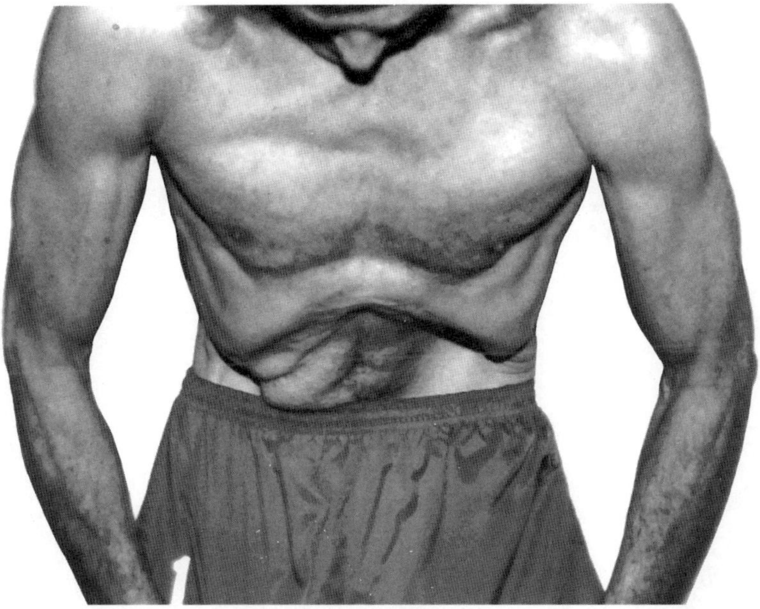

Nauli (A)

Nauli

Stehen Sie aufrecht, die Beine auseinander, die Knie leicht gebeugt. Legen Sie die Handflächen auf die Oberschenkel. Atmen Sie aus und vollziehen Sie den Blasebalg (Uddiyana Bandha). Nun ziehen Sie ringförmig die Außenkanten des Unterbauchbereichs ein (A), wobei Sie den mittleren Unterbauchmuskel isolieren. Pressen Sie abwechselnd die eine, dann die andere Hand, um den Muskel von rechts nach links zu bewegen (B).

Sie können den mittleren Bauchmuskel auch in eine rührende Bewegung versetzen (C). Dieses Asana verlangt Körperbeherrschung sowie die Manipulation und willentliche Steuerung von Muskeln. Um dies zu erreichen, bedarf es der Konzentration und der Übung.

Der Schwerpunkt liegt hierbei auf dem Unterbauchbereich. Nauli tonisiert den Magen, die Eingeweide und die Leber, zudem fördert es den Strom des Prana.

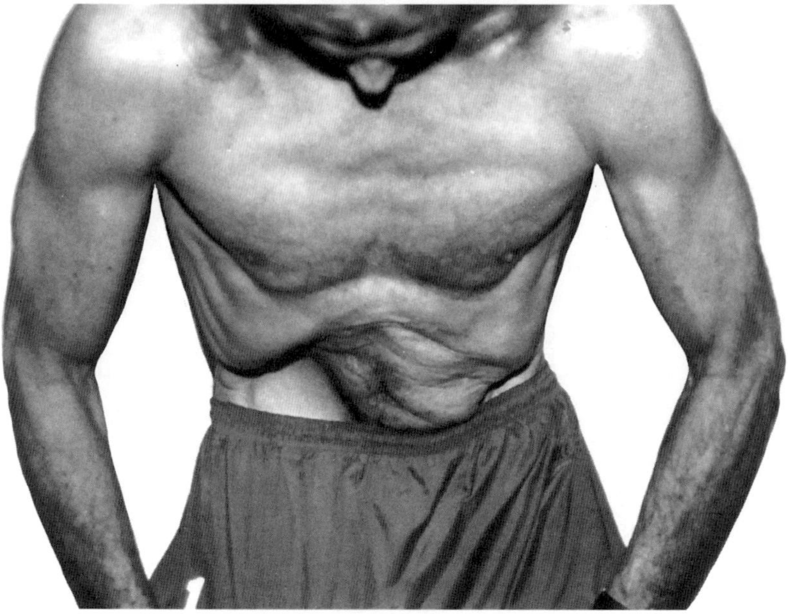

Nauli (B)

Nauli (C)

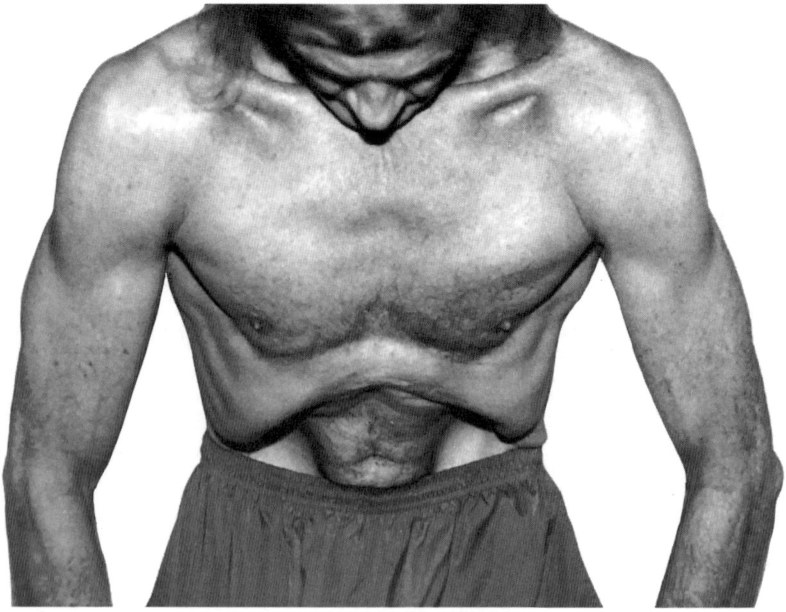

Die Entspannungshaltung (auch Totenlage) (Savasana)

Dies ist eine der wichtigsten Stellungen zur Erzielung kombinierter oder Gesamtkörpereffekte. Sie liegen auf dem Rücken, die Arme seitlich neben dem Körper, die Handflächen nach oben. Schließen Sie die Augen. Lassen Sie los. Gestatten Sie allen Muskeln, sich zu entspannen. Der Schwerpunkt liegt auf Entspannung, völliger Ruhe, auf Harmonie und Frieden.

Die Entspannungshaltung (auch Totenlage)

Die Krähe

Die Krähe
(Kakasana)

Gehen Sie in Kauerstellung, das Gesäß ruht auf den Fersen, der Gesamtkörper auf den Zehen. Die Knie stehen ein Stück auseinander. Legen Sie die Handflächen fest auf den Boden, parallel zu den Zehen. Fixieren Sie einen Punkt vor sich am Boden. Legen Sie die Knie auf die Arme und stützen Sie sie damit ab. Nun heben Sie langsam die Beine, beginnend bei den Zehen, wobei Sie mit den Armen das Gleichgewicht halten. Halten Sie diese Stellung, so lange Sie können. Wiederholen Sie das ganze. Wirkungen und Schwerpunkt der Stellung sind die gleichen wie bei der seitlichen Krähe.

Die seitliche Krähe (Parsva Kakasana)

In dieser Variante werden beide Knie auf den rechten Oberarm gelegt und der Körper ins Gleichgewicht gebracht. Wiederholen Sie die Übung auf der anderen Körperseite.

Eine etwas schwierigere Variante der Seitenkrähe besteht darin, die Beine dabei langsam zu strecken.

Die Krähe stärkt Arme, Handgelenke, Schultern, sie verbessert den Gleichgewichtssinn, die Konzentration und die Atemkapazität durch Dehnung des Brustbereichs.

Die seitliche Krähe

Die Zehenspitzenstellung

Die Zehenspitzenstellung (Padandgushtasana)

Nehmen Sie eine kniende Stellung ein. Konzentrieren Sie den Blick auf einen bestimmten Punkt. Heben Sie langsam die Knie. Balancieren Sie auf den Zehenspitzen. Heben Sie nun das rechte Bein und heben Sie den Fuß über den linken Oberschenkel. Halten Sie die Stellung einige Sekunden, dann wechseln Sie die Seiten. Sie können dabei auch langsam nach oben und unten schwingen. Diese Stellung verbessert den Gleichgewichtssinn und die Konzentration, außerdem regeneriert sie die ermüdeten Fußmuskeln und -gelenke. Ihr Schwerpunkt liegt auf dem Gleichgewichtssinn.

Das Dreieck Variante «A»

Das Dreieck Variante «A»
(Prasarita Padotta-Nasana)

Stellen Sie sich mit gespreizten Beinen auf und bringen Sie die Arme seitlich auf Schulterhöhe. Atmen Sie ein, dann wieder aus. Beugen Sie sich langsam so weit vor, wie Sie können, dann ergreifen Sie beide Fesseln und geben sanften Zug. Versuchen Sie dabei, den Oberkörper so dicht an die Beine heranzuführen wie möglich. Halten Sie die Stellung einige Sekunden lang. Entspannen Sie sich dabei, schwingen Sie sich auf die Stellung ein. Dann kehren Sie in die Ausgangsposition zurück, wo Sie sich ruhig und locker atmend entspannen, wobei die Arme frei am Körper herabhängen.

Diese Stellung steigert die Geschmeidigkeit, sie streckt und kräftigt die Innenoberschenkel, das Bindegewebe und die Beinsehnen. Sie wirkt förderlich auf Verdauung, Kreislauf und die Tätigkeit der Nieren, der Milz und der Eingeweide. Schwerpunkt der Stellung sind Kniesehnen und Kreuzbereich.

Das Dreieck Variante «B» (Parivritta Trikonasana)

Stellen Sie sich mit gespreizten Beinen auf und bringen Sie die Arme seitlich in Schulterhöhe. Atmen Sie ein, dann wieder aus, wobei Sie sich vorbeugen und gleichzeitig den Oberkörper nach unten drehen. Greifen Sie die rechte Fessel mit der linken Hand und geben Sie sanften Zug, wobei Sie zugleich den rechten Arm gestreckt nach oben führen. Richten Sie den Blick dabei auf die linke Hand. Halten Sie die Stellung einige Sekunden, dann atmen Sie ein und kehren in die Ausgangsposition zurück. Wiederholen Sie das ganze auf der gegenüberliegenden Körperseite.

Diese Stellung steigert die Geschmeidigkeit, tonisiert die Nerven der Wirbelsäule und kräftigt die Gelenke. Ihr Schwerpunkt liegt auf den Kniesehnen.

Das Dreieck Variante «B»

Die Katzenstreckung

Gehen Sie auf allen Vieren, der Rücken verläuft parallel zum Boden. Atmen Sie aus, beugen Sie das linke Knie, senken Sie den Kopf und führen Sie das Knie an die Stirn. Halten Sie diese Stellung einige Sekunden. Nun atmen Sie ein, strecken und heben das Bein und legen den Kopf so weit zurück, wie Sie können. Halten Sie diese Stellung einige Sekunden, dann entspannen Sie sich wieder. Verfahren Sie auf die gleiche Weise mit dem rechten Bein. Wiederholen Sie das ganze 3-4mal. Die Katzenstreckung fördert die Tätigkeit der Eingeweide, des Herzens, der Lunge und der Leber. Sie lockert die Wirbelsäule und löst Verspannungen im Kreuzbereich. Außerdem hält Sie das Kreuz geschmeidig und kräftigt Beine, Hüftgelenke und Schultern. Der Schwerpunkt liegt dabei auf dem Kreuzbereich.

Die Katzenstreckung Stufe 1

Die Katzenstreckung Stufe 2

Die Katzenstreckung Stufe 3

Der Knieschluß
(Janu Sirasana)

Setzen Sie sich aufrecht, die Beine vor sich ausgestreckt. Beugen Sie das linke Bein und legen Sie die Fußsohle an den inneren rechten Oberschenkel. Heben Sie die Arme über den Kopf. Atmen Sie ein. Beugen Sie sich beim Ausatmen langsam so weit vor, wie Sie können. Ergreifen Sie den Fuß oder das Fußgelenk mit beiden Händen und führen Sie den Kopf so weit nach unten, wie es Ihnen gelingt. Halten Sie diese Stellung mehrere tiefe Atemzüge lang. Entspannen Sie sich in dieser Haltung. Dann kehren Sie langsam wieder in die Ausgangslage zurück. Diese Übung wirkt sich auf Rücken und Kniesehnen aus. Auch die Geschmeidigkeit der Wirbelsäule wird erhöht. Der Schwerpunkt liegt auf den Kniesehnen und der Rückenmuskulatur.

Der Knieschluß

Der Schulterzug

Nehmen Sie eine kniende Position ein und setzen Sie sich dabei auf die Fersen, oder begeben Sie sich in den Schneidersitz und legen Sie die Hände auf die Knie. Atmen Sie ein und heben Sie dabei die Schultern bis zu den Ohren. Nun halten Sie die Stellung einige Sekunden, atmen wieder aus und lösen die Spannung, indem Sie die Schultern wieder senken. Wiederholen Sie den Vorgang mehrere Male.

Der Schulterzug

Die «T» Stellung

Stehen Sie aufrecht, die Arme über dem Kopf, die Hände aneinandergelegt. Fixieren Sie mit dem Blick einen Punkt. Atmen Sie aus, beugen Sie den Körper vor, bis er sich parallel zum Boden befindet, und heben Sie das rechte Bein auf die gleiche Höhe, so daß Ihr Rumpf ein «T» bildet. Das Standbein ist fest durchgedrückt. Halten Sie die Stellung einige Sekunden, dann entspannen Sie sich wieder. Wiederholen Sie den Vorgang mit dem anderen Bein.

Diese Stellung fördert das Gleichgewicht, die Konzentration, die Geschmeidigkeit von Beinen, Hüften und Schultern, außerdem dehnt sie Schultern, Hüfte, Knie und Fußgelenke. Ihr Schwerpunkt liegt auf dem Gleichgewichtssinn.

Die «T» Stellung

Die Armstütze
(Padasana)

Stehen Sie aufrecht, die Beine zusammen, Hände parallel zu den Schultern, die Arme gerade. Nun stellen Sie sich auf die Zehenspitzen. Atmen Sie aus, beugen Sie die Arme und senken Sie den Rumpf auf den Boden. Halten Sie diese Position eine Weile. Atmen Sie ein, strecken Sie die Arme, ziehen Sie den Unterbauch ein, spannen Sie Bein- und Armmuskulatur an. Halten Sie diese Stellung einige Sekunden, dann beugen Sie die Arme wieder, entspannen sich und lassen den Körper wieder auf den Boden gleiten. Wiederholen Sie mehrmals. Diese Stellung kräftigt Handgelenke, Arme, Schulterpartie, Rücken- und Nackenmuskulatur. Sie fördert die Durchblutung des Oberkörpers. Ihr Schwerpunkt sind die Arme.

Die Armstütze

Padasana Variante «A»

Bei dieser Variante werden die Arme ebenfalls gestreckt (wie beim Liegestütz), gleichzeitig wird das gestreckte rechte Bein gehoben. Halten Sie die Stellung einige Sekunden. Dann beugen Sie beim Ausatmen die Arme, entspannen sich und führen den Körper wieder auf den Boden zurück. Wiederholen Sie das ganze mit dem linken Bein. Wirkung und Schwerpunkt sind die gleichen wie bei der Armstütze.

Padasana Variante «A»

Padasana Variante «B»

Nach dem Hochstemmen heben Sie den rechten Arm hinter den Rücken. Strecken Sie das rechte Bein parallel zum Körper und bilden Sie eine gerade Linie damit. Halten Sie die Stellung. Wiederholen Sie das ganze auf der gegenüberliegenden Seite.

Padasana Variante «B»

Padasana Variante «C»

Wie Variante «A» und «B». Doch führen Sie diesmal beim Beugen der Arme und Senken des Körpers beide Hände auseinander und stemmen sich wieder hoch. (Sie können den Liegestütz-Teil auch dadurch erschweren, daß Sie die Hände gleichzeitig ein Stück nach vorn führen.)

Padasana Variante «C»

Der Sprung

Nehmen Sie die Sprunghaltung ein, indem Sie das rechte Bein so weit nach hinten strecken, wie Sie nur können, wobei der rechte Fuß am Boden bleiben muß, das linke Knie beugen und es über den Fußknöchel führen. Atmen Sie ein. Heben Sie die Arme über den Kopf. Beugen Sie sich langsam zurück – krümmen und dehnen Sie den Rücken dabei, so weit Sie können. Atmen Sie aus und entspannen Sie sich.

Diese Stellung kräftigt die Beckenmuskulatur, die inneren Oberschenkel, die Beine und den Oberkörper. Der Schwerpunkt liegt dabei auf der Beckenmuskulatur.

Die Taube

Die Taube (modifiziertes Rajakapotasana)

Knien Sie und ruhen Sie dabei auf den Fersen. Strecken Sie das rechte Bein zu einem Halbspagat, wobei das Knie am Boden bleiben muß. Atmen Sie aus, beugen Sie den Rumpf nach vorn, der Brustkorb ruht dabei auf dem Oberschenkel, die Stirn am Boden. Atmen Sie ein, heben Sie dabei zunächst den Kopf, dann den Oberkörper, so weit Sie können. Halten Sie diese Stellung mehrere Sekunden lang. Dann kehren Sie langsam in umgekehrter Reihenfolge in die Ausgangsposition zurück. Wiederholen Sie 2-3mal. Diese Stellung weist eine allgemeine Wirkung auf. Sie kräftigt, streckt und tonisiert die Wirbelsäule, streckt Brust- und Rückenkorb, kräftigt und streckt die Lendenmuskulatur und die Hüftgelenke sowie die Wirbelsäulenmuskulatur. Außerdem stimuliert sie die Nerven in der Wirbelsäulengegend, unterstützt den Stoffwechsel und ganz besonders die Fortpflanzungsdrüsen und -organe. Der Schwerpunkt liegt auf den Schlüsselbein- und Kopfwirbeln.

Die Beinstreckung

Die Beinstreckung (Supta Padangusthasana)

Sie liegen auf dem Rücken, die Arme seitlich am Körper. Nun beugen Sie beide Knie. Greifen Sie den rechten Fuß mit der rechten Hand und heben Sie das voll durchgestreckte Bein. Falls es Ihnen möglich sein sollte, strecken Sie dabei zugleich das linke Bein und halten es fest am Boden. Behalten Sie die Streckung mehrere Sekunden bei. Kehren Sie wieder in die Ausgangsposition zurück. Wiederholen Sie das ganze mit dem linken Bein. Diese Stellung streckt die Beinmuskulatur gründlich und verjüngt die Muskeln und Nerven im Becken- und Hüftbereich. Ihr Schwerpunkt liegt auf der Streckung und Verjüngung der Muskulatur.

Die Beinstreckung im Stehen

Die Beinstreckung im Stehen

Fixieren Sie im Stehen einen Punkt und halten Sie den Blick darauf gerichtet. Nun beugen und heben Sie das rechte Knie. Fassen Sie den Fuß mit beiden Händen und strecken Sie das Bein langsam nach vorn, wobei Sie es weiterhin heben. Beugen Sie die Ellenbogen, um sie ans Bein zu führen. Halten Sie diese Stellung mehrere Sekunden. Das Standbein bleibt gerade durchgestreckt und steht fest auf dem Boden. Dann entspannen Sie sich wieder und wiederholen den Vorgang mit dem linken Bein. Wirkung und Schwerpunkt sind die gleichen wie beim vorhergehenden Asana, doch wird hier außerdem noch die Gleichgewichtsaussteuerung gefördert.

Yoga Sit-up

Sie sitzen mit gekrümmten Knien, Rumpf und Kopf sind gerade, Arme auf Schulterhöhe ausgestreckt. Legen Sie sich nun langsam auf den Rücken, wobei die Arme die eingenommene Position halten.

Senken Sie das Kinn auf die Brust und heben Sie langsam Schultern und Rumpf, wie um sich aufzusetzen, und kehren Sie in die ursprüngliche Position zurück. Wiederholen Sie das ganze mehrmals. Sie können die Wirkung dieser Übung noch verstärken, indem Sie die Hände vor der Brust oder hinter dem Nacken verschränken.

Yoga Sit-up Stufe 1

Yoga Sit-up Stufe 2

Yoga Sit-up Stufe 3

Der halbe Kopfstand

Der halbe Kopfstand

Setzen Sie sich im Knien auf die Fersen. Verschränken Sie die Finger und legen Sie die Ellenbogen auf den Boden, bis Ellenbogen und verschränkte Finger zusammen ein Dreieck bilden. Heben Sie die Hüften ein Stück und stellen Sie den Kopf auf den Boden. Die verschränkten Finger stützen den Hinterkopf. Nun strecken Sie die Beine und führen die Füße etwas nach vorn, bis der Rücken senkrecht zum Boden aufragt. Halten Sie diese Stellung mehrere tiefe Atemzüge lang, dann lassen Sie wieder los. Dieses Asana hat ganz ähnliche Wirkungen wie der volle Kopfstand. Bei dieser Variante erfahren Kopf- und Brustbereich allerdings größeren Druck als beim vollen Kopfstand. Diese Stellung kräftigt die Wirbelsäule. Ihr Schwerpunkt liegt auf der Dehnung des Bindegewebes und der Nackenmuskulatur.

Die modifizierte Kamel-Stellung

Die modifizierte Kamel-Stellung

Knien Sie nieder, die Füße ein kleines Stück auseinander, und setzen Sie sich auf die Fersen. Ergreifen Sie die Fußknöchel, atmen Sie ein und heben Sie durch Krümmen den Rücken und die Hüften, danach halten Sie die Stellung mehrere tiefe Atemzüge lang. Jetzt kehren Sie langsam zurück und setzen sich auf die Fersen. Beugen Sie sich beim Ausatmen vor und führen Sie die Arme über dem Kopf auf den Boden, wo Sie sie ausstrecken. Entspannen Sie sich.

Dieses Asana dehnt den oberen und unteren Teil der Oberschenkel und Knie. Es macht die gesamte Wirbelsäule und das Becken gelenkiger, weitet den Brustkorb und verbessert die Atmung. Der Schwerpunkt liegt dabei auf der Wirbelsäule.

Der einfache Kniedruck

Der doppelte Kniedruck

Der Kniedruck

Legen Sie sich flach auf den Boden. Beugen Sie das rechte Knie und führen es langsam an die Brust. Umfassen Sie das Knie mit beiden Händen und ziehen Sie es gemächlich an den Brustkasten. Das linke Bein bleibt am Boden ausgestreckt. Spüren Sie die Dehnung im Kreuzbereich und in der linken Hüfte. Danach wiederholen Sie das Vorgehen mit dem linken Bein, schließlich mit beiden. Wiederholen Sie jede Übung jeweils viermal.

Die Brücke

Legen Sie sich auf den Rücken. Beugen Sie die Knie. Die Füße flach auf den Boden gestellt und die Hacken dicht am Gesäß, führen Sie die Arme über den Kopf nach hinten und strecken sie am Boden aus. Atmen Sie ein und krümmen Sie dabei den Rücken, wobei die Hüften hochgestemmt werden. Halten Sie diese Stellung mehrere tiefe Atemzüge lang, dann gehen Sie gemächlich wieder herunter. Wiederholen Sie das Vorgehen 2-3mal. Dann setzen Sie sich aufrecht, die Beine vor sich ausgestreckt. Atmen Sie ein und führen Sie die Arme über den Kopf. Verschränken Sie die Finger und strecken Sie die Arme in die Höhe. Halten Sie auch diese Stellung 2-3 Sekunden, danach führen Sie die Rumpfbeuge im Sitzen aus. (S. 90)

Die Brücke

Die Nackendehnung

Die Nackendehnung

Legen Sie sich auf den Rücken. Verschränken Sie die Hände im Nacken. Atmen Sie aus und ziehen Sie den Kopf mit Hilfe der Arme nach oben, strecken Sie sich dabei und pressen Sie die Ellenbogen zusammen. Halten Sie diese Stellung mehrere tiefe Atemzüge lang. Atmen Sie ein und senken Sie langsam den Kopf zurück in die Ausgangsposition, legen Sie die Arme neben den Körper und lassen Sie los. Der Schwerpunkt liegt hier auf der Nackenmuskulatur.

Zusammenfassung

Yoga Asanas wirken auf vielfache Weise. Dasselbe Asana kann sowohl zur Regeneration der Kräfte wie auch zum Ausgleich für muskuläres Ungleichgewicht durch einseitige Belastung eingesetzt werden. Auch als ergänzende Übung ist es zu verwenden. Ebenso kann dasselbe Asana für die Konzentrationspraxis dienen oder als Aufwärm- oder Abkühlübung. Die Auswahl des Asana hängt von den persönlichen Zielen und Bedürfnissen ab sowie davon, wann man es trainiert. So könnten Sie beispielsweise die Rumpfbeuge im Stehen mit ihrem Schwerpunkt auf Entspannung als psychologischen Effekt bei Ihren Abkühlübungen verwenden, um sich nach dem Training wieder zu regenerieren. Wählen Sie dagegen dasselbe Asana zur Verbesserung der Konzentration und/oder zum Aufwärmen mit dem Schwerpunkt auf Kniesehnen und Rückenmuskulatur, so erzielen Sie damit primär einen physiologischen Effekt.

Jetzt, da Sie die Techniken und Wirkungen der Yoga-Stellungen kennen, sind Sie auch dazu in der Lage, die richtigen Asanas auszuwählen, um sie auf der Grundlage Ihrer Anforderungen und Ihrer Sportart ins Trainingsprogramm zu integrieren.

Im folgenden Abschnitt bieten wir Ihnen Beispiele für Yoga-Programme, wie sie von Sportlern mit unterschiedlicher Zielsetzung in das Trainingsprogramm aufgenommen wurden.

TEIL III

DIE TRAININGSPROGRAMME

6. Die Trainingsprogramme der Spitzensportler

Behalten Sie beim folgenden stets im Auge, daß sich Yoga Asanas zu den verschiedensten Zwecken zu Übungsreihen zusammenstellen lassen. Es folgen ein paar Beispiele.

Ergänzungsübungen für Sportler

Wir stellen als erstes eine Übungsfolge für das Training zu Hause vor. Ihr Vorteil ist es – wie bei allen Yoga Asanas –, daß sie nur wenig Platz, Zeit und Gerät braucht. Die Übungsreihe wirkt sich günstig auf den mentalen Zustand aus, auf den Prozeß der Erholung/Regeneration, fördert die Gelenkigkeit der Wirbelsäule, entspannt die Muskeln und ist dem Herzkammersystem wie den anderen Organen und Körperfunktionen sehr zuträglich. Praktizieren Sie die Asanas in folgender Reihenfolge:

- Der Halblotus/Meditationssitz (S. 95)
  Atmen Sie tief und gleichmäßig, konzentrieren Sie sich 2-3 Minuten nur auf das Atmen. Spüren Sie, wie sich Ihr Bauch hebt und senkt.
- Modifizierte Rumpfbeuge im Stehen (S. 60)
- Die Kobra (S. 96)
- Der Bogen (S. 89)
- Der Schulterstand (S. 88)
- Der Pflug (S. 92)
- Der Fisch (S. 100)
- Der Drehsitz (S. 72)
- Die Totenlage (S. 108)

Asana-Übungsreihe zum Aufwärmen

Aufwärmübungen mit dem Yoga zu verbinden, erfüllt gleich zwei Aufgaben: Damit werden Aufmerksamkeit und Konzentration geschult, und außerdem hilft es beim Aufwärmen und Geschmeidigmachen der Muskeln. So können Sie also Beweglichkeit, Körperbewußtsein und Selbstbeherrschung in einem fördern. Obwohl diese Yoga-Übungen 2-3 Minuten benötigen, werden Sie die Feststellung machen, daß sie eine nützliche Hilfe bieten, um aus dem gewöhnlichen Bewußtseinszustand zu größerer Konzentration zu gelangen. Wenn Sie Ihre Konzentrationsübungen abgeschlossen haben, setzen Sie Ihre Aufwärmroutine einfach fort.

Beginnen Sie vor jedem Training und jedem Wettkampf damit, indem Sie sich still hinsetzen und 2-3 Minuten auf die Atmung konzentrieren. Diese kurze Übung wird sich schon bald als optimale mentale Einstimmung beweisen.

Nach dieser kurzen Konzentrations-/Meditationsübung beginnen Sie mit Ihrer üblichen Aufwärmroutine. Doch sollten Sie für die ersten ein, zwei diesbezüglichen Übungen jeweils eine Yoga-Stellung auswählen, die Sie mit völliger (passiver) Konzentration ausführen. Zwei hervorragend dafür geeignete Stellungen sind die Rumpfbeuge im Stehen und die Rumpfbeuge im Sitzen (s. S. 60 und 90). Beide legen den Schwerpunkt auf die Kniesehnen und die Rückenmuskulatur.

Durch den Yoga wird die Konzentration zu einem ebenso unverzichtbaren Bestandteil der Aufwärmroutine wie die täglichen Dehnübungen. Wie bei Leibesübungen, wird auch die Konzentrationspraxis zur Gewohnheit, wenn man sie nur regelmäßig und systematisch betreibt.

YRÜ für die Kurzzeitentspannung

Der Yoga ist ein hervorragendes Werkzeug, um zwischen einzelnen Trainings oder Wettbewerben die Muskeln zu entspannen und zu regenerieren, wenn keine vollständige Abkühlung erforderlich ist (etwa zwischen den einzelnen Einsätzen, Erhitzungsphasen usw.). Wenn Sie der Kurzzeitentspannung bedürfen, sei es nach einem Trainingsabschnitt oder infolge eines Wettkampfs oder einfach nur mal zwischendurch, legen Sie sich auf den Rücken (Savasana) und entspannen Sie den ganzen Körper, wobei Sie völlig locker atmen. Mit jedem Ausatmen wiederholen Sie geistig das Wort «Ruhe». Halten Sie diese Stellung 30-60 Sekunden lang, dann gehen Sie in die nächste über:

Der modifizierte Fisch

Auf dem Rücken liegend, kreuzen Sie die Beine und legen die Hände unter den Kopf. Nun atmen Sie tief ein und äußerst langsam wieder aus. Atmen Sie dabei stets durch die Nase. Stoßen Sie gemächlich auch noch den letzten Rest verbrauchter Luft aus. Dann halten Sie die Atmung für 2-3 Sekunden an, bevor Sie wieder einatmen. Tun Sie letzteres so tief und gründlich wie möglich. Beim Einatmen visualisieren und spüren Sie, wie die kalte Luft durch Ihre Nasenlöcher einströmt; beim Ausatmen visualisieren und spüren Sie, wie die warme Luft herausströmt. Praktizieren Sie dies 1-3 Minuten.

Nachdem Sie diese Übung abgeschlossen haben, halten Sie die Entspannungsstellung (s. S. 107) noch eine kleine Weile, wobei Sie mit jedem Ausatmen im Geiste das Wort «Ruhe» wiederholen. Dann reaktivieren Sie die Muskeln des gesamten Körpers nach und nach erst durch Anspannung, dann durch Aufstehen.

Bei der Stellung des modifizierten Fisches wird der Rückenbereich voll gestreckt und der Brustkorb ebenso gedehnt. Dies führt zu einer volleren Atmung. Diese Stellung ermöglicht die Entspannung der Arterien und Venen, die das Blut zum Herzen und wieder zurück transportieren. Der geweitete Rippenkäfig sorgt für ein effizienteres Konditionstraining.

Diese Technik stellt Gelassenheit her und führt zu einem erfrischten Körpergefühl, das die Gesamterholung anregt.

Yoga-Übungsreihe zum Abkühlen

Wie schon bei der Aufwärmroutine, wählen Sie am Ende eines jeden Trainingsabschnitts und Wettkampfs zwei bis vier Yoga-Stellungen, um den Prozeß der Regeneration zu beschleunigen und sich in Konzentration zu üben. So verwendet beispielsweise B. Atkins, der NCAA-Meister im Degen- und Florettfechten, die folgenden YRÜ als Abkühlroutine:

- Die modifizierte Rumpfbeuge im Stehen (S. 60)
- Die Rumpfbeuge im Sitzen (S. 90)
- Der modifizierte Lotus (S. 81)
- Die modifizierte Kobra (S. 64)
- Der halbe Pflug (S. 62)
- Die Totenlage (S. 107)

Asanas zur Verhinderung von/als Rehabilitierungsmaßnahme bei Rückenschmerzen

Diese Trainingsreihe besteht aus ausgesuchten und modifizierten Yoga Asanas sowohl zur Kräftigung der Unterbauch-

und Hüftmuskulatur als auch zur Dehnung des Kreuzbereichs und der Hüftmuskeln.

- Yoga Sit-Up (S. 134, 135)
- Der Knieschluß (S. 117)
- Die Heuschrecke (S. 67)
- Der halbe Pflug (S. 62)
- Die modifizierte halbe Heuschrecke (S. 68)
  Heben Sie das am Knie gebeugte Bein ungefähr um 90 Grad.
- Der Drehsitz (S. 72)

Asanas zur Entspannung ermüdeter Beine nach intensivem Training

Die folgende Reihe von Yoga Asanas beschleunigt den Prozeß der Regeneration und baut die durch Ermüdung freigesetzten Abfallprodukte ab, indem sie Dehnung, Drehung, Druck und die Schwerkraft einsetzen und nutzen. Das erhöht die Beweglichkeit und Geschmeidigkeit der Beinmuskulatur und des Bindegewebes.

Wählen Sie einige der hier vorgestellten Asanas aus oder praktizieren Sie auch alle, ganz nach Ihren Erfordernissen. Halten Sie die Endposition (Schwerpunkt) einige tiefe Atemzüge lang und entspannen Sie sich danach wieder. Beenden Sie die Übungsreihe mit Savasana (Totenlage).

- Modifizierte Rumpfbeuge im Stehen (S. 60)
  Halten Sie die Endposition jeweils mehrere tiefe Atemzüge lang.
- Der Halblotus (S. 95)
- Die Lendendehnung (S. 80)

- Der Schulterstand (S. 88)
- Das Dreieck (S. 112-114)
- Die Beinstreckung (S. 131)
- Die Beinstreckung im Stehen (S. 132)
- Die Ruhestellung (S. 84)
- Der Frosch (S. 76)
  Halten Sie diese Stellungen mehrere tiefe Atemzüge lang. Danach entspannen Sie sich wieder im bequemen Stand.
- Der Adler (S. 77)
  Halten Sie diese Stellung mehrere tiefe Atemzüge lang. Wechseln Sie die Beine ab. Entspannen Sie sich nach dem Aufrichten. Schütteln Sie die Beine, um sie zu lockern.
- Die Totenlage (S. 108)
  Entspannen Sie sich mehrere tiefe Atemzüge lang.

YRÜ bei Verspannungen im Schulterbereich

Sportler wissen, daß Verspannungen im Schulterbereich bei vielen Sportarten zu katastrophalen Ergebnissen führen können. So können Schulterverspannungen beispielsweise beim Fechten eine Riposte zunichte machen, beim Tennis für einen schlechten Aufschlag sorgen, beim Basketball einen mißglückten Freiwurf verursachen usw.

Wenn wir unter Druck stehen, staucht der Streß automatisch die Schultermuskulatur. Streß, Angst und Sorge sowie andere Emotionen können, genau wie Ermüdung nach hartem Training, Verspannungen im Schulterbereich hervorrufen. Die folgende Reihe von YRÜ ist Ihnen dabei behilflich, diese wieder aufzulösen:

- Der Schulterzug (S. 118)
- Die modifizierte Brustdehnung (S. 86)
- Die Brücke (S. 141)
- Das modifizierte Kamel (S. 137)
- Der modifizierte Bogen (S. 74)
- Die Rumpfbeuge im Sitzen (S. 90)

YRÜ zur Auflösung von Nackenverspannungen

Genau wie Spannungen im Schulterbereich kann die Nackenverspannung das Produkt von hartem Training, von Streß, von äußeren und seelischen Belastungen sowie geistiger oder emotionaler Verkrampfung sein. Nutzen Sie die folgenden YRÜ zur Lösung solcher Verspannungen im Nackenbereich:

- Gehen Sie in den Schneidersitz, atmen Sie aus und beugen Sie dabei langsam den Kopf nach vorn, um den Nackenmuskel zu dehnen. Halten Sie die Stellung mehrere tiefe Atemzüge lang, dann atmen Sie wieder ein und führen den Kopf dabei langsam zurück. Halten Sie auch diese Position mehrere tiefe Atemzüge lang. Wiederholen Sie das ganze 3-4mal. Nun drehen Sie den Kopf langsam nach rechts und halten diese Stellung mehrere tiefe Atemzüge lang, dann verfahren Sie sinngemäß auf der linken Seite. Halten Sie Oberkörper und Schultern während der ganzen Übung gerade. Wiederholen Sie das ganze 3-4mal.
- Der halbe Kopfstand (S. 136)
- Die Nackendehnung (S. 142)
- Der Fisch (S. 100)

Da Schulter- und Nackenverspannungen meistens gemeinsam auftreten, ist es sinnvoll, diese Übungsreihe mit der davor angeführten zu verbinden.

YRÜ zur schnellen Auflösung von Körperverspannungen

Körperverspannungen können durch Ermüdung nach hartem Training entstehen, unter Streß, aufgrund von emotionaler Belastung usw. Der modifizierte Bogen regt das Sonnengeflecht an, ebenso die Durchblutung und fördert die Funktionstüchtigkeit der Bauchhöhlenorgane. Außerdem kräftigt er die Muskulatur im Kreuzbereich, verstärkt den Innendruck im Unterbauch und fördert die verstärkte Durchblutung der inneren Organe.

- Der modifizierte Bogen (S. 74)
- Der halbe Pflug (S. 62)
  Liegen Sie auf dem Rücken und führen Sie die Stellung mit leicht angewinkelten Knien aus, um die Rückenmuskeln zu dehnen. Halten Sie diese Position mehrere tiefe Atemzüge lang. Nun kehren Sie in die Ausgangsposition zurück.
- Die Totenlage (S. 108)

YRÜ zur Lösung von Verspannungen des Zwerchfells, der Unterleibsmuskulatur sowie zur Stimulierung und Kräftigung der Verdauungsorgane

Verspannungen der Unterleibsmuskulatur und des Zwerchfells können zu einer Beeinträchtigung der Verdauungsorgane und somit zu Verdauungsstörungen führen. Die folgende Reihe von YRÜ löst Unterleibsverspannungen und stärkt die Funktionstüchtigkeit der Verdauungsorgane.

- Die Kniebeuge
  Stehen Sie aufrecht, die Füße zusammen, die Arme an den Hüften. Fixieren Sie mit den Augen einen Punkt vor sich, atmen Sie ein und stellen Sie sich dabei auf die Zehenspitzen. Atmen Sie nun langsam aus. Beugen Sie ebenfalls langsam die Knie. Halten Sie diese Stellung einige Sekunden, dann kehren Sie langsam wieder in die Ausgangsposition zurück und entspannen sich.
- Der doppelte Kniedruck (S. 139)
- Der Bogen (S. 89)

Das Sonnengebet

Diese Reihe von Asanas wird ohne Unterbrechung nacheinander ausgeführt. Sie wirkt sich auf den gesamten Körper aus. Sämtliche Nervenzentren, das Kreislauf-, Atmungs- und Nervensystem, die Verdauungsorgane und die großen Muskelgruppen werden davon gleichermaßen erfaßt. Ebenso sämtliche Wirbelsäulenregionen und alle Gelenke. Die Übungsreihe ist außerordentlich nützlich zur Dehnung und Aufwärmung von Muskeln und Gelenken und zur Förderung der Herzgefäße. Hierbei wird kontrolliertes Atmen eingesetzt.

1. Stehen Sie gerade, die Arme an den Ellenbogen eingeknickt, die Hände zur «Gebetshaltung» gefaltet.
2. Beugen Sie sich gedehnt zurück, während Sie zugleich die Arme über den Kopf heben.
3. Beugen Sie sich vor und berühren Sie den Boden mit den Händen (die Knie sind zwar gedehnt, aber nicht durchgedrückt). Ausatmen.

Stufe 1

Stufe 2

Stufe 3

Stufe 4

Stufe 5

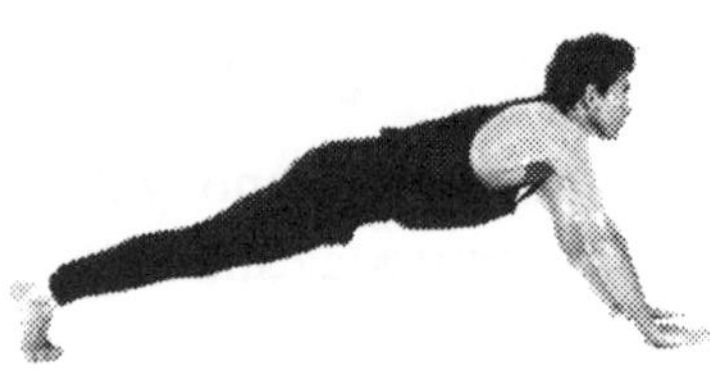

Stufe 6

Stufe 12

Stufe 11

Stufe 10

Stufe 9

Stufe 8

Stufe 7

4. Führen Sie den linken Fuß in Sprungstellung zurück, während Sie das rechte Knie beugen. Einatmen.
5. Führen Sie den rechten Fuß zurück neben den linken in eine «Liegestützstellung». Atem anhalten.
6. Führen Sie den Körper nach unten, heben Sie die Ellenbogen und stützen Sie sich auf den Händen ab. Hände, Kinn, Knie und Zehen berühren den Boden, der Magen aber schwebt darüber. Ausatmen.
7. Nehmen Sie die Kobra ein. Strecken Sie die Arme, heben Sie Kopf, Schultern und Brust. Der Rest des Körpers liegt flach am Boden. Einatmen.
8. Heben Sie nun den Körper, um mit dem Gesäß eine Spitze zu bilden. (Dies wird auch als untere Hundstellung bezeichnet.) Ausatmen.
9. Nehmen Sie wieder die Sprungstellung wie in Stufe 4 ein, indem Sie diesmal den linken Fuß nach vorn zwischen die Arme führen. Einatmen.
10. Wiederholen Sie Schritt 3. Ausatmen.
11. Wiederholen Sie Schritt 2. Einatmen.
12. Wiederholen Sie Schritt 1.

Die Wirkung dieser Stellungsfolge, die man das Sonnengebet oder Surya Namaskar nennt, wird noch verstärkt, indem man sie wiederholt ausführt. Tut man dies 30-50mal, stellt diese Reihe eine hervorragende Förderung für das Herzsystem als auch für die Muskeln dar. Führen Sie diese Bewegungen langsam durch, haben Sie einen beruhigenden, deaktivierenden Effekt. Werden Sie schnell durchgeführt, wiederholt man die Reihe beispielsweise 8-10mal bei voller Einatmung, wirkt sich dies anregend und aktivierend auf das Nervensystem aus.

Das Mondgebet

Diese Übungsreihe kennt ähnlich wie die vorhergehende 13 Stellungen, die mit kontrollierter Atmung ausgeführt werden. Die Reihe wirkt sich beruhigend und ausgleichend auf körperliches und geistiges Wohlbefinden aus.

1. Stehen Sie gerade, die Arme an den Ellenbogen eingeknickt, die Hände zur «Gebetshaltung» gefaltet.
2. Beugen Sie sich gedehnt zurück, während Sie zugleich die Arme über den Kopf heben.
3. Beugen Sie sich vor und berühren Sie den Boden mit den Händen (die Knie sind zwar gedehnt, aber nicht durchgedrückt). Ausatmen.
4. Führen Sie den linken Fuß in Sprungstellung zurück, während Sie das rechte Knie beugen. Einatmen.
5. Führen Sie den rechten Fuß zurück neben den linken in eine «Liegestützstellung». Atem anhalten.
6. Lassen Sie die Hände am Boden vorgleiten und strecken Sie sich zugleich nach hinten, während Sie die Knie herunterführen. Die Hüften berühren nun die Oberschenkel. Ausatmen.
7. Beugen Sie die Knie und Ellenbogen. Kinn, Brustkorb und Knie berühren den Boden. Ausatmen.
8. Nehmen Sie die Kobra-Stellung ein. Heben Sie Kopf, Schultern und Brust. Stützen Sie sich auf die Hände. Der Rest des Körpers liegt flach am Boden. Einatmen.
9. Gleiten Sie mit den Händen vor und heben Sie den Körper, bis das Gesäß spitz emporragt (untere Hundstellung). Atmen Sie aus, dann wieder ein.
10. Wiederholen Sie Stufe 6. Ausatmen.

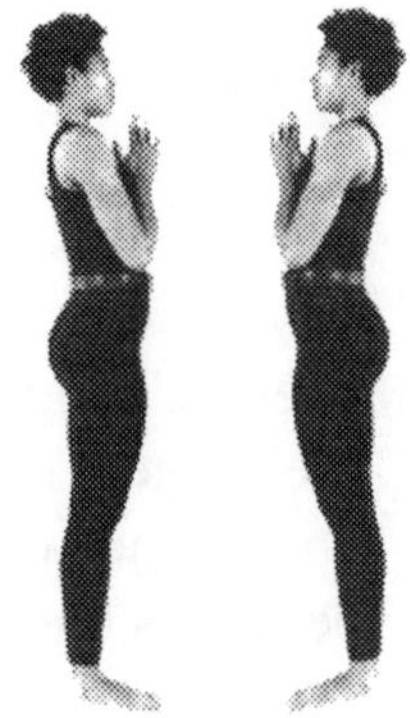

Stufe 1 und 13

Stufe 2

Stufe 3

Stufe 4

Stufe 5

Stufe 6

Stufe 12

Stufe 11

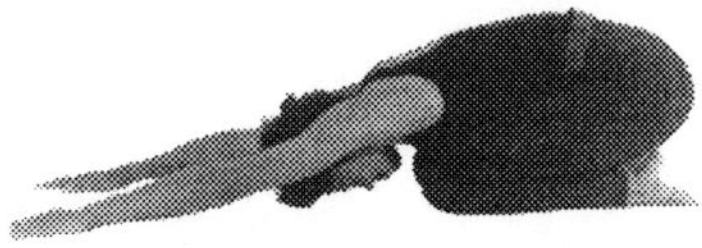

Stufe 10

Stufe 9

Stufe 8

Stufe 7

11. Wiederholen Sie Stufe 4. Ausatmen.
12. Stehen Sie auf und wiederholen Sie Stufe 2.
13. Wiederholen Sie Stufe 1.

Führen Sie die Asana-Reihen sehr langsam durch, mit tiefen gemächlichen Ein- und Ausatembewegungen. Die Reihe hat eine beruhigende Wirkung. Wiederholen Sie sie vollständig 3-5mal.

Beispiel eines totalen Yoga Trainings für Sportler

- Der Halblotus mit Meditation von 3-5 Minuten (S. 95)
- Die Rumpfbeuge im Sitzen (S. 90)
- Die Kobra (S. 96)
- Die Heuschrecke oder halbe Heuschrecke (S. 67, 68)
- Der Bogen (S. 89)
- Der Pflug (S. 92)
- Der Drehsitz (S. 72)
- Der Schulterstand (S. 88)
- Der Fisch (S. 100)
- Der Blasebalg (S. 104)
- Meditationssitz mit Atemübungen – «Stillsitzen»: Losgelöstheit, Konzentration (Meditation) (S. 80 oder 81)
- Die Totenlage (S. 108)
- Reaktivierung: Mehrere Male tief einatmen, dann aufsetzen oder -stellen, Trainieren der Arme bei gleichzeitigem autosuggestiven Satz (im Geiste gesprochen): «*Das Gefühl der Schwere verschwindet aus meinen Armen und Beinen. Ich fühle mich erfrischt, gestärkt und völlig wach.*»

Der «Doppel-R-Atem» zur inneren Sammlung bei großem Streß

Im Wettkampf, wenn der Druck groß ist, wenn Sie die Zielrichtung aus den Augen verloren haben, wenn Ihr Selbstvertrauen einen Knacks erlitten hat, wenn Sie an sich selbst zweifeln, negativen Gedanken nachhängen usw., verwenden Sie die Yoga-Technik, die ich als «Doppel-R-Atem» bezeichne.

- Atmen Sie tief ein und richten Sie die Aufmerksamkeit auf die Vorstellung, daß Sie sich mit diesem Yoga-Atem «aufladen», Ihre Energie (Prana) oder Lebenskraft sammeln. Jede Zelle Ihres Körpers verfügt über eine gewisse Menge zusätzlicher Energie und Lebenskraft.
- Atmen Sie langsam aus und richten Sie die Aufmerksamkeit darauf, die Verspannung im Nacken und in den Schultern zu lösen, im Rumpf und in den Beinen, wobei Sie in der hier bezeichneten Reihenfolge vorgehen sollen. Visualisieren Sie, wie Sie gleichzeitig mit dem Lösen der Muskelspannungen die negativen Gefühle vermindern.

Meine Studenten benutzen diese «Doppel-R-Technik» erfolgreich zwischen Fechtwettkämpfen oder wenn Sie sich verwirrt oder abgespannt fühlen. Sie berichten, daß die Technik ihnen dabei hilft, sich «wieder zu zentrieren», «wieder in die Kontakte zu kommen». Einige meiner Studenten verfahren folgendermaßen, wenn sie bei sich Verwirrung bemerken: Sie legen eine «taktische Pause» während des Trainingszyklus oder Wettkampfs ein und benutzen die «Doppel-R-Technik», um Zentriertheit und geistiges Gleichgewicht wiederherzustellen. Der Geist ist der Herrscher der Sinne, und der Atem ist der Herrscher des Geistes.

Rhythmischer Yoga-Atem beim Gehen

- Gehen Sie mit aufrechtem Oberkörper und Kopf.
- Atmen Sie langsam ein, zählen Sie dabei stumm bis 4. Jede Zahl bedeutet ein Schritt (Yoga-Zwerchfellatmung).
- Atmen Sie langsam und tief durch die Nasenlöcher bis zum Schritt 8 aus.
- Später können Sie die Atmung auf 6-8 (Schritte) ausdehnen.

Wenn Sie zu sehr aufgeregt sind oder das Streßniveau vor der Vorführung oder während der Pausen zu groß wird, können Sie den vollständigen Yoga-Atem dazu verwenden, um die Erregtheit zu lindern, sich wieder zu zentrieren oder um den Geist wieder freizubekommen. Diesen Effekt erzielen Sie auch mit dem vollständigen Yoga-Atem und dem abwechselnden Atmen durch die Nasenlöcher.

Der spannungsauflösende Atem

- Führen Sie ein vollständiges Yoga-Einatmen durch. Halten Sie den Atem einige Sekunden an.
- Atmen Sie langsam durch den Mund aus, die Lippen dabei wie zu einem Pfeifen gespitzt; atmen Sie etwas Luft aus, dann stoppen Sie kurz, halten die Luft wieder etwas an und atmen schließlich wieder aus.
- Das Ausatmen sollte stets kräftig geschehen. Wiederholen Sie diese Schritte mehrere Male. Visualisieren Sie beim Ausatmen, wie sich Verspannungen und Emotionen auflösen.

Diese Technik beruhigt den Geist und löst Verspannungen und negative Emotionen auf. Wenn Sie müde und erschöpft sind, werden Sie feststellen, daß diese Atmung das Nervensystem erfrischt. Meine Fechter verwenden diese Technik, um während des Wettkampfs und in kurzen Pausen Verspannungen und Emotionen zu lösen. Die vollständige Yoga-Atmung erneuert die Kräfte und ist eine einzigartige Methode, um die Gehirnzellen wieder zu energetisieren oder die im Laufe des Tages versickernden Kräfte zu erneuern.

Asana-Reihe zur Verbesserung von Ausgewogenheit und Konzentration

Die folgenden Asanas fördern und entwickeln die Ausgewogenheit und die Konzentration und bieten auch zahlreiche weitere Vorteile. Wenn Sie eine der Gleichgewichtsstellungen einnehmen, fixieren Sie den Blick zuvor auf einen festen Punkt. Das wird Ihnen das Einnehmen und das ausgewogene Halten der Stellung erleichtern. Sie werden auch merken, daß mit umherschweifendem Geist oder Konzentrationsverlust Ihr körperliches Gleichgewicht verloren geht. Bauen Sie eine oder mehrere Asanas in Ihr tägliches Trainingsprogramm ein, um den Gleichgewichtssinn und die Konzentration zugleich zu verbessern.

- Der Baum (S. 73)
- Der Tänzer (S. 78)
- Die Waage (S. 99)
- Die Krähe (S. 109)
- Die seitliche Krähe (S. 110)
- Die «T»-Stellung (S. 120)

- Die Kniebeuge (S. 155)
- Die Zehenspitzenstellung (S. 111)
- Die Beinstreckung im Stehen (S. 132)
- Der Adler (S. 77)

Yoga als Ergänzungstraining

Wegen seiner großen Vielseitigkeit eignet sich der Yoga hervorragend für das sportliche Ergänzungstraining. Zu den Maßgaben eines ergänzenden Trainingsprogramms wie dem Yoga gehört die Aufrechterhaltung eines gesunden körperlichen Gleichgewichts durch Kompensation der für die meisten Sportarten doch so typischen einseitigen Trainingsbelastungen. Durch die Praxis des Yoga mit ihren Bewegungsabfolgen und Übungen kann der Sportler diese Ausgewogenheit herstellen. Darüber hinaus dienen die dem Yoga entlehnten Ergänzungsübungen dazu, jene Muskelgruppen zu entwickeln, die beim gewöhnlichen Training nicht direkt angesprochen werden. Das steigert nicht nur die sportliche Leistung, es hält den Sportler zudem auch noch gesund. Ein Sportler kann Yoga Asanas überall und zu jeder Zeit praktizieren, da man dafür weder Gerät noch eine Sporthalle oder einen Sportplatz braucht.

Der Yoga hilft auch dabei, die negativen Effekte eines Sporttrainingsprogramms abzumildern. Dazu gehören kleinere Deformationen, die über einen längeren Zeitraum den Körper beeinträchtigen oder auch zu Haltungsschäden führen können. Das Vorbeugen gegen Verletzungen und der Einsatz des Yoga als sportliches Ergänzungsprogramm gehen miteinander Hand in Hand.

Auf den folgenden Seiten werden Sie Beispiele für den Einsatz von Yoga-Übungen zum Ausgleich für die Einseitigkeit beim Training in verschiedenen Sportarten kennenlernen.

Ich empfehle, die folgenden Übungen bei jeder Form sportlicher Vorbereitung mit einzuschließen:

- Unterbauchatmung, vollständige Yoga-Atmung, abwechselnde Nasenlochatmung, «Doppel-R-Atmung»
- Übungen der vier Grundstufen – Körperbewußtsein, Atembewußtsein, zentrierte Aufmerksamkeit und Konzentration.
- YRÜ, YEÜ
- Transzendentale Meditation oder Autogenes Training

Boxen

Das Boxen hat eine sehr vielseitige Wirkung auf den Körper, außer der körperlichen Kraft wird auch das Atemsystem stark entwickelt. Doch können ergänzende Übungen nützlich sein, um optimale Gesundheit sicherzustellen. Ein vollständiges Yoga-Training mit dem Schwerpunkt auf jenen Asanas, die sich des Rückgrats annehmen, sowie jener, die den Gleichgewichtssinn fördern, ist hier angezeigt. Darüber hinaus optimiert die Praxis des Raja Yoga das Reaktionsvermögen und fördert vor allem die Kombination von Schlagkraft und der Fähigkeit, schnelle Entscheidungen zu treffen.

Empfohlenes Übungsprogramm:

- YRÜ zur Beschleunigung des Erholungsprozesses
- Yoga-Atemübungen – Unterbauchatmung, vollständiger Yoga-Atem, abwechselndes Nasenlochatmen, «Doppel-R-Atem»
- Ergänzungsübungen für Sportler

- Der Blasebalg
- Nauli
- TM, AT

Zusätzlich werden folgende Ergänzungsübungen empfohlen:

- Vollständiges Yoga-Training als Ergänzungstraining (vgl. Beispiel des vollständigen Yoga-Trainings für Sportler auf S. 156)
- Asanas, die die Wirbelsäule günstig beeinflussen und den Gleichgewichtssinn entwickeln helfen, beispielsweise: Die Kobra (S. 96), Der Bogen (S. 89), Das Dreieck (S. 112-114), Der Drehsitz (S. 72), Die Heuschrecke (S. 67), Der Pflug (S. 92), Die Krähe (S. 109), Die Waage (S. 99)
- YRÜ zur Entspannung ermüdeter Beinmuskulatur nach intensiver Belastung (S. 151)
- Yoga-Atemübungen: Unterbauch- und rhythmische Yoga-Atmung (S. 163-164)
- Übungen des Raja Yoga zur Beherrschung mentaler und emotionaler Gemütsverfassungen

Radfahren

Gesundheitlich betrachtet, hat das Radfahren auf den Körper ähnliche Auswirkungen wie das Rollschuhlaufen. Darüber hinaus wird der Kreislauf dabei stark belastet, was die Atmung erschwert. Die Körperhaltung beim Radfahren stört die Rippenatmung, dafür wird die Zwerchfellatmung aber gut entwickelt. Die unzureichende Rippenkäfigatmung beeinflußt in diesem Bereich des Körpers die Durchblutung negativ, was wiederum eine zusätzliche Belastung für die rechte Herzhälfte bedeutet. Schädliche Auswirkungen auf das Atemsystem hat auch der Straßenstaub.

Es sind daher vollständige Yoga-Atemübungen zu empfehlen, die die Betonung auf die Rippenkäfig- und Schlüsselbeinphase legen, um dieser einseitigen Belastung gegenzusteuern. Ebenso vermögen Asanas, bei denen der Körper hochgestellt wird, dem Oberkörper Blut zuzuführen und die trainingsbedingte übermäßige Konzentration der Durchblutung der unteren Extremitäten zu kompensieren. Das kann beim Mann auch eine Entzündung der Prostata durch überlange Sitzphasen verhindern helfen.

Die ständige Belastung der Beinmuskulatur beeinflußt die Durchblutung der Kapillargefäße negativ, weil zwischen den einzelnen Muskelkontraktionen keine Totalentspannung stattfindet. Dies kann zur Entwicklung von Arthritis beitragen. Radfahren fördert auch die Deformation der Wirbelsäule (Kyphose der unteren Wirbel). Daher sollten Asanas praktiziert werden, die sich besonders auf die Wirbelsäule auswirken. Zusammengefaßt brauchen Radfahrer also Asanas, die die Wirbelsäule in die Gegenrichtung dehnen und die Durchblutung umkehren.

Daher werden Radsportlern die folgenden Übungen anempfohlen:

- Die Kobra (S. 96), Der Bogen (S. 89), Das Dreieck (S. 112-114), Die modifizierte Kobra (S. 64), Der modifizierte Bogen (S. 74), Der Drehsitz (S. 72), Die Katzenstreckung (S. 115, 116), Die Taube (S. 130), Das modifizierte Kamel (S. 137), Die Heuschrecke (S. 67), Die «T»-Stellung (S. 120)
- Zur Kreislaufumkehr: Der Schulterstand (S. 88), Der halbe Schulterstand (S. 63), Der Kopfstand (S. 94)
- Yoga-Atemübungen: Die Unterbauch und die rhythmische Yoga Atmung (S. 42-46)

- YRÜ zur Beschleunigung des Regenerationsprozesses nach hartem Training und Wettkampf (S. 151)
- Autogenes Training zur Steigerung der Widerstandsfähigkeit gegen die Belastung durch das intensive Radsporttraining (s. Kapitel 14 und 15)
- Raja Yoga-Übungen zur Herstellung von Kontrolle über den mentalen und emotionalen Gemütszustand sowie zur Konzentrationssteigerung

Fechten

Das Fechten entwickelt die schnelle, reflexartige Koordination der Muskelbewegungen in einem solch hohen Ausmaß, daß man es ohne Übertreibung als «Sport des Nervensystems» bezeichnen darf. Fechten ist ein «einseitiger» Sport, weshalb es in hohem Ausmaß nach Ausgleichstraining verlangt. Fechtsportlern sind daher die folgenden Übungen zu empfehlen:

- Vollständiges Yoga-Training als Ergänzungs- und Ausgleichstraining (s. Beispiele für totales Yoga-Training für Sportler auf S. 147)
- Übungen des Raja Yoga zur Stärkung des Reaktionsvermögens der Reflexe, der Analysefähigkeit beim Zweikampf und zur Förderung der Entschlußkraft
- Übungen aus dem Raja Yoga zur Herstellung von Kontrolle über den mentalen und emotionalen Gemütszustand sowie zur Konzentrationssteigerung
- YRÜ zur Beschleunigung des Regenerationsprozesses nach hartem Training und Wettkampf (S. 151)

- Yoga-Atemübungen: Unterbauch- und rhythmische Atmung, «Doppel-R-Atmung» (S. 42-46)
- Integration des «Stillsitzens» und der Atemkonzentration. Die modifizierte Rumpfbeuge im Stehen (S. 60). Die Rumpfbeuge im Sitzen (S. 70) zur Einbeziehung in das regelmäßige Aufwärmtraining, sowohl zum Aufwärmen selbst als auch zur Förderung der Konzentration
- Individuell auf die spezifischen Bedürfnisse zugeschnittenes Autogenes Training

Golf

Der große Vorteil des Golfspiels ist der Aufenthalt in einer sauberen, gesunden Umgebung an der frischen Luft. Aber auch beim Golf handelt es sich um einen einseitigen Sport (s. Kapitel 4). Deshalb wird auch hier ein umfassendes Yoga-Programm als Ergänzungs- und Ausgleichtraining empfohlen.

Empfohlene Übungen:

- Vollständiges Yoga-Training als Ergänzungstraining (s. Beispiele für totales Yoga-Training für Sportler auf S. 162)
- Übungen aus dem Raja Yoga zur Herstellung von Kontrolle über den mentalen und emotionalen Gemütszustand sowie zur Konzentrationssteigerung
- Individuell auf die spezifischen Bedürfnisse zugeschnittenes Autogenes Training
- Yoga-Atemübungen: Unterbauch- und rhythmische Atmung, «Doppel-R-Atmung» (S. 42-46), vollständige Yoga-Atmung im Gehen (S. 164)
- Asanas zur Förderung der Flexibilität der Wirbelsäule und zur Kräftigung des Kreuzbereichs

- Asana Reihe zur Rehabilitation des Kreuzes und zur Verhinderung von Schmerz und Verletzung (S. 165)
- Die Kobra (S. 96), Das Dreieck (S. 112-114), Der Drehsitz (S. 72), Der Tänzer (S. 78)

(Olympische) Gymnastik

Dieser Sport wirkt sich auf sämtliche Muskeln im Körper aus. Deshalb wären Asanas, die die Muskulatur des Rumpfs und des Unterleibs entwickeln helfen, für diese Sportler nutzlos. Sie sollten sich vielmehr auf Asanas konzentrieren, die die Wirbelsäule positiv beeinflussen, damit es nicht zur Entwicklung des sogenannten «Gymnastikrückens» kommt, einer Wirbelsäulenverformung.

Empfohlene Übungen:

- Die Kobra (S. 96), Der Bogen (S. 89), Das Dreieck (S. 79), Die Taube (S. 130), Das modifizierte Kamel (S. 137), Der Drehsitz (S. 72)
- Übungen aus dem Raja Yoga zur Herstellung von Kontrolle über den mentalen und emotionalen Gemütszustand sowie zur Konzentrationssteigerung
- YRÜ zur Förderung des Regenerationsprozesses nach hartem Training und Wettkampf (S. 54); Yoga-Atemübungen: Unterbauch- komplette und rhythmische Yoga-Atmung (S. 42-46)
- Bauen Sie in Ihre Aufwärmroutine das «Stillsitzen» und die Atemkonzentration ein, ebenso ein oder zwei Yoga Asanas, sowohl zum Aufwärmen als auch zur Konzentrationssteigerung.

- Autogenes Training zur Steigerung der Widerstandsfähigkeit gegen die Belastung durch das intensive Training (s. Kapitel 14 und 15)

Schlittschuhlaufen, Eiskockey, Rollschuhlaufen

Diese Sportarten wirken sich nicht auf die Entwicklung des gesamten Körpers aus. Deshalb kann Yoga hier ein nützliches Ergänzungstraining bieten. Beim Schlittschuh- wie beim Rollschuhlaufen muß der Körper stark vorgebeugt werden, was Atmung und Kreislauf beeinträchtigt. Hier werden Yoga Atemübungen als Ausgleichstraining empfohlen. Die richtige Koordinierung der Atmung mit den Körperbewegungen wirkt sich günstig auf die körpereigene Wärmeaussteuerung aus, was wiederum verhindert, daß der Körper unterkühlt wird.

Empfohlene Übungen:

- YRÜ zur Beschleunigung des Regenerationsprozesses nach hartem Training und Wettkampf (S. 54)
- Yoga-Atemübungen: Unterbauch- und rhythmische Atmung, «Doppel-R-Atmung» (S. 42-46)
- Autogenes Training zur Steigerung der Widerstandsfähigkeit gegen die Belastung durch das intensive Training (s. Kapitel 14 und 15)
- Asanas, die schwerpunktmäßig Wirbelsäule und Kreuzbereich stärken: Die Kobra (S. 96), Der Bogen (S. 89), Das Dreieck (S. 79), Der Drehsitz (S. 72), Die Heuschrecke (S. 67), Die Taube (S. 130), Die Katzenstreckung (S. 115, 116)
- Übungen des Raja Yoga zur Beherrschung mentaler und emotionaler Gemütszustände

Schießen, Bogenschießen, Segeln, Autorennsport

Auch diese Sportarten sind einseitig ausgerichtet und fördern/belasten die Organe des Körpers sehr ungleichmäßig. Deshalb wird auch hier ein umfassendes Yoga-Training zur Ergänzung und als Ausgleich empfohlen.

Empfohlene Übungen:

- Vollständiges Yoga-Training als Ergänzungsmaßnahme (s. Beispiele für totales Yoga-Training für Sportler auf S. 147)
- Übungen aus dem Raja Yoga zur Herstellung von Kontrolle über den mentalen und emotionalen Gemütszustand sowie zur Konzentrationssteigerung
- Individuell auf die spezifischen Bedürfnisse maßgeschneidertes Autogenes Training (s. Kapitel 14 und 15)
- Yoga-Atemübungen: Unterbauch- und rhythmische Atmung, «Doppel-R-Atmung», rhythmische Yoga-Atmung beim Gehen (S. 42-46)

Skisport

Unter gesundheitlichen Gesichtspunkten gehört Langlaufskisport zu den wertvollsten Sportarten. Sein großer Vorteil ist der Aufenthalt in sauberer, gesunder Umgebung mit frischer Luft. Skiläufer sollten sich auf Asanas konzentrieren, die den Kreuzbereich kräftigen, ebenso auf Übungen für die Kniegelenke und zur Dehnung der Beinmuskulatur.

Empfohlene Übungen:

- Die Kobra (S. 96), Das Dreieck (S. 79), Die «T»-Stellung (S. 120), Die Taube (S. 130), Die Beinstreckung (S. 131),

Die Beinstreckung im Stehen (S. 132), Die Rumpfbeuge im Sitzen (S. 90), Die Ruhelage (S. 84-85), Asana-Reihe zur Rehabilitierung des Kreuzbereichs und zur Verhinderung von Schmerzen und Verletzungen

- YRÜ zur Beschleunigung des Regenerationsprozesses nach hartem Training und Wettkampf (S. 54)
- Yoga-Atemübungen: Unterbauch- und rhythmische Atmung (S. 42-46)
- Übungen aus dem Raja Yoga zur Herstellung von Kontrolle über den mentalen und emotionalen Gemütszustand sowie zur Konzentrationssteigerung
- Individuell auf die spezifischen Bedürfnisse zugeschnittenes Autogenes Training (s. Kapitel 14 und 15)

Schwimmen, Wassersport

Aus dem Blickwinkel des Yoga betrachtet sind dies die wertvollsten Sportarten. Im Wasser setzt der Schwimmer reguliertes, rhythmisches Atmen ein, genau wie im Yoga. Das Schwimmen beeinflußt die Entwicklung des Lungen- und Atemsystems, ebenso das Wasserpolo und das synchronisierte Schwimmen. Ein großer Vorteil des Wassersports ist der Aufenthalt in einer sauberen, gesunden und staubfreien Umgebung.

Empfohlene Übungen:

- YRÜ zur Beschleunigung des Regenerationsprozesses nach hartem Training und Wettkampf (S. 54)
- Autogenes Training zur Steigerung der Widerstandsfähigkeit gegen die Belastung durch das intensive Training (s. Kapitel 14 und 15)

- Yoga-Atemübungen: Unterbauch- und rhythmische Atmung (S. 42-46)
- Asanas zur Steigerung der Flexibilität der Schultergelenke sowie solche, die den Kreuzbereich dehnen
- Das Dreieck (S. 79), Die Kobra (S. 96), Die Taube (S. 130), Der modifizierte Bogen (S. 74), Der Drehsitz (S. 72), Der Tänzer (S. 78), Die Katzenstreckung (S. 115, 116), Die Heuschrecke (S. 67)

Ringen und Judo

Diese Sportarten entwickeln die Muskulatur des gesamten Körpers auf harmonische Weise, weshalb sie auch weniger eines Ergänzungstrainings bedürfen. Allerdings vernachlässigen beide, besonders aber das Ringen, die Entwicklung des Atemsystems und der Lungen. Ein- und Ausatmen geschehen nicht gleichmäßig, und oft wird Druck auf die Atemorgane ausgeübt. Die Luft in der Turnhalle ist staubig, die Matten nicht immer sauber usw. Auch dies kann sich ungünstig auf den Sportler auswirken.

Empfohlene Übungen für Ringer und Judoka:

- Übungen aus dem Raja Yoga zur Herstellung von Kontrolle über den mentalen und emotionalen Gemütszustand sowie zur Konzentrationssteigerung
- YRÜ zur Beschleunigung des Regenerationsprozesses nach hartem Training und Wettkampf (S. 54)
- Yoga-Atemübungen: Unterbauch- und rhythmische Atmung unter Betonung von Ein- und Ausatmung (S. 42-46)
- Bauen Sie in Ihre Aufwärmroutine das «Stillsitzen» und die Atemkonzentration ein, ebenso ein oder zwei Yoga Asanas,

sowohl zum Aufwärmen als auch zur Konzentrationssteigerung

- Autogenes Training zur Steigerung der Widerstandsfähigkeit gegen die Belastung durch das intensive Training (s. Kapitel 14)
- Die Kobra (S. 96), Der Bogen (S. 89), Die Heuschrecke (S. 67), Der Drehsitz (S. 72), Die Taube (S. 130); Das modifizierte Kamel (S. 137), Das Dreieck (S. 79), Die Rumpfbeuge im Sitzen (S. 70)

(Olympisches) Gewichtheben

Dieser Sport entwickelt das Atemsystem nicht ausreichend. Die lebenswichtige Lungenkapazität von Gewichthebern ist vergleichsweise gering, was an dem großen Druck liegt, der während des Gewichthebens auf den Lungentrakt ausgeübt wird. Außerdem leiden Gewichtheber unter Erschlaffung der Kapillargefäße und Deformation der oberen Wirbelsäule. Yoga kann dabei helfen, diese Probleme zu bekämpfen.

Empfohlene Übungen für Gewichtheber:

- Übungen aus dem Raja Yoga zur Herstellung von Kontrolle über den mentalen und emotionalen Gemütszustand sowie zur Konzentrationssteigerung
- YRÜ zur Beschleunigung des Regenerationsprozesses nach hartem Training und Wettkampf (S. 54)
- Yoga-Atemübungen: Unterbauch- und rhythmische Atmung (S. 42-46)
- Bauen Sie in Ihre Aufwärmroutine das «Stillsitzen» und die Atemkonzentration ein, ebenso ein oder zwei Yoga Asanas,

sowohl zum Aufwärmen als auch zur Konzentrationssteigerung

- Autogenes Training zur Steigerung der Widerstandsfähigkeit gegen die Belastung durch das intensive Training (s. Kapitel 14)
- Der Blasebalg (Uddijana Bandha) und Nauli zur Verminderung des Drucks in der Magengrube (S. 104, 105, 106)
- Asanas in Umkehrstellung zur Verhinderung der Erschlaffung der Kapillargefäße: Der Schulterstand, Der halbe Schulterstand (S. 88, 63), Der Kopfstand (S. 94)
- Sitzende Asanas und spezifische Übungen zur Stärkung der Fußmuskulatur: Die Ruhestellung (S. 84-85), Der modifizierte Lotus (S. 81), Der Frosch (S. 76), Der Knieschluß (S. 117), Die Zehenspitzenstellung (S. 111)
- Zur Dehnung der Rücken-, Bein-, Brustbereichs- und Bauchmuskulatur: Die modifizierte Rumpfbeuge im Sitzen (S. 70). Der Sprung (S. 129), Die Kobra (S. 96), Der Bogen (S. 89), Der Pflug (S. 92), Der Drehsitz (S. 72), Das Dreieck (S. 79), Die Beinstreckung (S. 131), Die Taube (S. 130)

Mannschaftssport

Die Mannschaftssportarten Handball, Basketball, Volleyball und Football verlangen weniger Ausgleichs- und Ergänzungstraining, weil sie den Körper insgesamt mehr einbeziehen als andere Disziplinen.

Empfohlene Übungen:

- Übungen aus dem Raja Yoga zur Herstellung von Kontrolle über den mentalen und emotionalen Gemütszustand sowie zur Konzentrationssteigerung

- YRÜ zur Beschleunigung des Regenerationsprozesses nach hartem Training und Wettkampf (S. 54)
- Yoga-Atemübungen: Unterbauch- und rhythmische Atmung, «Doppel-R-Atmung» (S. 42-46)
- Bauen Sie ein oder zwei Yoga Asanas sowie die «vollständige Yoga-Atmung beim Gehen» in Ihre Aufwärmroutine ein, sowohl zum Aufwärmen als auch zur Konzentrationssteigerung
- Autogenes Training zur Steigerung der Widerstandsfähigkeit gegen die Belastung durch das intensive Training (s. Kapitel 14 und 15)
- Asanas, die auf die Wirbelsäule wirken, um Rückenschmerzen zu verhindern (S. 165)

Fußball

Dieser Sport verlangt nach Ergänzungstraining. Da er zum überwiegenden Teil mit der unteren Körperhälfte ausgeübt wird, brauchen diese Sportler Asanas, die den Oberkörper und die Schultern kräftigen, was besonders für jüngere Spieler gilt, sowie Asanas für die Wirbelsäule.

Empfohlene Übungen:

- Die Übungen bei aufrechtem Körper (S. 121-128), Die Krähe (S. 109), Die seitliche Krähe (S. 110), Die Kobra (S. 96), Die Heuschrecke (S. 67), Der Yoga Sit-Up (S. 134, 135), Der modifizierte Bogen (S. 74), Der halbe Drehsitz (S. 71), Der Drehsitz (S. 72), Das Dreieck (S. 79), Der Bogen (S. 89), Der Pflug (S. 92)
- YRÜ zur Beschleunigung des Regenerationsprozesses nach hartem Training und Wettkampf (S. 54)

- Yoga-Atemübungen: Unterbauch- und rhythmische Atmung, «Doppel-R-Atmung», Yoga-Atmung beim Gehen (S. 42-46)
- Bauen Sie ein oder zwei Yoga Asanas sowie die «vollständige Yoga-Atmung beim Gehen» in Ihre Aufwärmroutine ein, sowohl zum Aufwärmen als auch zur Konzentrationssteigerung
- Übungen aus dem Raja Yoga zur Herstellung von Kontrolle über den mentalen und emotionalen Gemütszustand sowie zur Konzentrationssteigerung
- Asanas in sitzender Stellung zur Verhinderung von Beindeformationen («O»-Beine)

Tennis, Schlagballsportarten

Diese Disziplinen gehören zu den einseitigen Sportarten. Der massive Gebrauch des Schlagarms kann zu einem muskulären Ungleichgewicht führen. Daher wird ein komplexes Yoga-Training anempfohlen, das sowohl ergänzen als auch ausgleichen soll.

Diese Sportler müssen sich auf Asanas konzentrieren, die den Kreuzbereich kräftigen und die Flexibilität von Schulter- und Kniegelenken fördern.

Die empfohlenen Übungen:

- Vollständiges Yoga-Training als Ergänzungs- und Ausgleichsmaßnahme (S. 162)
- Das Dreieck (S. 79), Die Kobra (S. 96), Die Heuschrecke (S. 67), Der modifizierte Bogen (S. 74), Die Schulterdehnung (S. 82), Der halbe Drehsitz (S. 71)

- Yoga-Atemübungen: Unterbauch- und rhythmische Atmung, «Doppel-R-Atmung», Yoga-Atmung beim Gehen (S. 42-46)
- YRÜ zur Beschleunigung des Regenerationsprozesses nach hartem Training und Wettkampf (S. 54)
- Übungen aus dem Raja Yoga zur Herstellung von Kontrolle über den mentalen und emotionalen Gemütszustand sowie zur Konzentrationssteigerung
- Individuell auf die spezifischen Bedürfnisse maßgeschneidertes Autogenes Training (s. Kapitel 14)

Leichtathletik und Feldsportarten

Unterschiedliche Leichtathletik- und Feldsportarten bedürfen auch unterschiedlicher Ergänzungsübungen. Dafür brauchen Zehnkämpfer diese nur im geringeren Umfang.

Gehen, Laufen

Einfache zyklische Bewegungen wie das Gehen oder Laufen sind als «einseitig» einzustufen, wenn man sie unter dem Gesichtspunkt harmonischer Gesamtentwicklung betrachtet. Daher ist in solchen Fällen ein umfassendes Yoga Training als ergänzende Maßnahme empfohlen.

Beim Wettrennen gehört die Abstimmung der Atemphasen mit den Bewegungen und dem optimalen Tempo zu den entscheidenden Faktoren. Systematische Yoga-Atemübungen helfen dem Athleten dabei, seinen individuellen Rhythmus und seine Empfindungen zu analysieren, den Zusammenhang zwischen Bewegung und Atmung zu erfahren, die Bewegung mit der Atmung zu koordinieren und die optimale Leistungsstärke anzupeilen.

Beim Laufen werden die Bauchorgane nach unten gezogen, wodurch sich das Zwerchfell senkt, was wiederum das Einatmen verstärkt. Die Position des Zwerchfells fördert beim Laufen eher das Ein- als das Ausatmen. Daher wird beim Laufen der Unterleibsmuskulatur auch mehr Kraft abverlangt als im Ruhezustand. Der Effekt dieses Absenkens der Organe in der Bauchhöhle und die dadurch entstehende Erleichterung des Einatmens wird beispielsweise bei der Flugzeuglandung oder beim Rennstart beobachtet. Dafür sind die Auswirkungen auf die Ausatmung während der Flugphase zu verspüren.

Empfohlene Übungen:

- Asanas in Umkehrstellung, die schwerpunktmäßig auf die Wirbelsäule wirken und Schmerzen im Kreuzbereich vorbeugen. Yoga-Übungen sowohl zur Rehabilitation des Kreuzbereichs als auch zur Vorbeugung gegen Schmerz und Verletzungen (S. 150), Der halbe Schulterstand (S. 63), Der Schulterstand (S. 88), Der Kopfstand (S. 94)
- Asanas, die die Oberschenkel- und Wadenmuskulatur sowie die Fußgelenke dehnen: Die Beinstreckung (S. 131), Der Knieschluß (S. 117), Der Tänzer (S. 78), Die Rumpfbeuge im Sitzen (S. 70), Das modifizierte Kamel (S. 137), Der Sprung (S. 129)
- Yoga-Atemübungen: Unterbauch- und rhythmische Atmung, Yoga-Atmung beim Gehen (S. 42-46)
- YRÜ zur Beschleunigung des Regenerationsprozesses nach hartem Training und Wettkampf (S. 54)
- Autogenes Training zur Steigerung der Widerstandsfähigkeit gegen die Belastung durch das intensive Training (s. Kapitel 15)

- Übungen des Raja Yoga zur Beherrschung mentaler und emotionaler Gemütszustände

Springen (Weitsprung, Hochsprung, Dreisprung), Werfen (Hammer, Speer, Diskus)

Im allgemeinen verlangen Spring- und Wurfsportarten nicht den Einsatz des gesamten Körpers. Das macht es erforderlich, zum Ergänzungstraining zu greifen. Beim Sprung wie beim Wurf spielt das Gleichgewicht eine wichtige Rolle. Wahrnehmungssignale aus dem Muskel- und Bindegewebsbereich tragen Wesentliches zum Gleichgewichtssinn des Sportlers bei, daher werden auch Gleichgewichtsübungen aus dem Yoga empfohlen. Sie zu praktizieren hat einen doppelten Effekt: Zum einen wird dadurch der gesamte Körper durchtrainiert, zum anderen steigern sie den Gleichgewichtssinn. Beides wiederum steigert die sportliche Leistung.

Empfohlene Übungen:

- YRÜ zur Beschleunigung des Regenerationsprozesses (S. 54)
- Yoga-Atemübungen: Unterbauch- und die vollständige Yoga-Atmung (S. 42-46)
- Die Kobra (S. 96), Der Bogen (S. 89), Das Dreieck (S. 79), modifizierte Rumpfbeuge im Sitzen (S. 70), Der Pflug (S. 52), Der Drehsitz (S. 72), Blasebalg (S. 104), Nauli (S. 105, 106)
- Raja Yoga-Übungen zur Erlangung von Kontrolle über die Emotionen, AT, TM

Empfohlene Übungen für das Springen:

- YRÜ zur Beschleunigung des Regenerationsprozesses (S. 54)
- Yoga-Atemübungen: Unterbauch- und die vollständige Yoga-Atmung (S. 42-46)
- Asanas, die die Wirbelsäule trainieren und den Kreuzbereich kräftigen: Die Kobra (S. 96), Der Bogen (S. 89), Das Dreieck (S. 79), Der Drehsitz (S. 72), Die Heuschrecke (S. 67), Die Katzenstreckung (S. 115, 116)
- Transzendentale Meditation, Autogenes Training.

7. Die Klassifikation der Asanas

Unter dem Aspekt der Vorbereitung lassen sich die Asanas des Hatha Yoga nach ihren Wirkungen klassifizieren. Dazu kann man sie in folgende allgemeine Kategorien einteilen:

- Asanas, die die Normalisierung der Körperfunktionen unterstützen sowie die verschiedenen Organe und Drüsen anregen und mobilisieren (YEÜ)
- Asanas, die die psychosomatischen Zentren (Plexen) normalisieren und regenerieren (YEÜ)
- Asanas, die allgemein aktivieren und beleben (YEÜ)
- Asanas, die deaktivieren und beruhigen (YEÜ)
- Asanas, die dem muskulären Ungleichgewicht gegensteuern, das aufgrund einseitiger Belastung entsteht (YAÜ)
- Asanas, die den Prozeß der Regeneration beschleunigen (YAÜ)
- Asanas, die die Geschmeidigkeit entwickeln, die Elastizität, Kraft, Ausdauer usw. (YEÜ, YAÜ)

Anregende und beruhigende Asanas

Es folgen nun Beispiele für Asanas und Techniken, die den Körper aktivieren, mobilisieren, stimulieren oder tonisieren. Allgemein gesprochen, wirkt schnelles, kräftiges Atmen (Einatmen) bei geöffneten Augen und gleichzeitig nach hinten gebeugtem Rumpf aktivierend.

Spezielle Aktivierungs-Asanas:

- Die Kobra (S. 96)

- Die Heuschrecke (S. 67)
- Der Bogen (S. 89)
- Der halbe Schulterstand (S. 63)
- Das modifizierte Kamel (S. 137)
- Der Drehsitz (S. 72)
- Die Waage (S. 99)
- Der Blasebalg (S. 104)
- Das Sonnengebet (S. 155)
- Kapalabath Atem-Übungen

Es folgen nun Beispiele für Techniken, die den Körper deaktivieren und sich entspannend und beruhigend auswirken.

Im allgemeinen wirkt tiefes, langsames, langezogenes Ausatmen bei geschlossenen Augen und vorgebeugtem Rumpf beruhigend.

Spezielle Deaktivierungs-Asanas:

- Die modifizierte Rumpfbeuge im Stehen (S. 60)
- Die Rumpfbeuge im Sitzen (S. 70)
- Der Pflug (S. 92)
- Der Fisch (S. 100)
- Die Totenlage (S. 108)
- Der vollständige Yoga-Atem (S. 44)
- Das abwechselnde Nasenlochatmen (S. 45)

Asana-Übungsreihe für Aktivation und Stimulation

- Die Kobra (S. 96)
- Die Heuschrecke (S. 67)
- Der Bogen (S. 89)

Asana-Reihe für die Deaktivierung/Beruhigung

- Der halbe Schulterstand (S. 63)
- Der Pflug (S. 92)
- Der Fisch (S. 100)

Wenn der Sportler im Wettkampf die eigene Aktivierung oder den Erregungspegel senken möchte, um in einen ruhigen, entspannten Zustand überzuwechseln, sollte er dies rechtzeitig angehen. Die beste Zeit dafür ist 5-6 Minuten nach Beendigung des Aufwärmtrainings.

Der Sportler kann dazu entweder das Autogene Training verwenden (s. Kapitel über Autogenes Training) oder die bisher besprochenen Deaktivierungstechniken benutzen. Dieser Tiefentspannung sollte stets eine Reihe kurzer Reaktivierungsübungen folgen, um zu einem optimierten Aktivierungspegel zurückzugelangen, so daß der Athlet dem Wettkampf besser gewachsen ist. Sowohl die autogenen Aktivierungsübungen als auch die oben beschriebenen Atemübungen sind dafür geeignet. Kommt es während des Wettkampfs zu längeren Pausen (beispielsweise durch mehrere Fehlstarts, Stechen usw.) sollte der Sportler sich ausruhen und seine Kraft und Energie erneuern. Das kann er tun, indem er entweder Autogenes Training speziell zur Wiederherstellung seiner Kräfte ausübt oder mit Hilfe der YRÜ aus dem Kapitel 6.

Manchmal ist auch ein weiteres Aufwärmtraining erforderlich, beispielsweise nach einer längeren Wettkampfpause. Der Sportler sollte diese zusätzlichen Aufwärmtrainings gut durchplanen, damit er sich hinreichend auf die Wettkampfphase vorbereiten kann, ohne allzu viel Energie darauf verschwenden zu müssen. Jedes Aufwärmtraining sollte individuell auf den Sportler und seine spezifische Disziplin zugeschnitten werden.

8. Die Entwicklung eines eigenen Übungsprogramms: Grundsätze und Richtlinien

Es ist wichtig, sich in die Lage zu versetzen, eigene Übungsreihen auf die eigenen, konkreten Bedürfnisse und Ziele zuzuschneidern. Die Asanas sollten sowohl sportartenspezifisch als auch individuumsbezogen zusammengestellt werden. Sie können auch die in diesem Buch vorgestellten Übungsreihen verwenden. Sicher werden Sie die Feststellung machen, wie schon viel andere vor Ihnen, daß diese Reihen über viele Vorzüge verfügen.

Bei der Entwicklung eigener Übungsprogramme sollten Sie folgende Punkte beachten:

- Schätzen Sie Ihre persönliche Yoga-Erfahrung ein. Sind Sie noch Anfänger oder schon ein fortgeschrittener Schüler?
- Definieren Sie Ihre Ziele. Was möchten Sie mit der Asana-Übungsreihe vornehmlich erreichen? Geht es beispielsweise darum, den Regenerationsprozeß zu beschleunigen, Körper und Geist zu beruhigen und zu entspannen, einseitige Muskulaturbelastung auszugleichen, oder möchten Sie Ihre Geschmeidigkeit, Beweglichkeit usw. verbessern? Behalten Sie auch im Auge, daß Sie mit dem Yoga gleichzeitig auch mehr als ein Ziel allein verwirklichen können.
- Eine allgemeine Yoga-Reihe sollte mit einer für die Meditation geeigneten Sitzposition beginnen. Wenn Sie die Reihe mit einer kurzen Meditation einleiten, ist diese der Konzentration während der Gesamtausführung sehr zuträglich.

- Versuchen Sie, Ihre regelmäßigen Aufwärmübungen mit einer kurzen Meditation zu beginnen. Dies ist ein hervorragender Übergang zu der im Training und beim Wettkampf ohnehin geforderten Konzentration. Dies ist auch dabei behilflich, die jeweils anstehende Problematik oder auch Wettkampfsituation gelassen zu analysieren. Darüber hinaus wird das klare Denken gesteigert, werden Bangigkeit und Streß abgebaut.

Allgemeines Yoga-Programm

- Beginnen Sie mit Asanas, die die Gliedmaßen dehnen und entspannen sowie Muskeln, Bindegewebe und Gelenke kräftigen.
- Die Übungsreihen sollten Asanas einschließen, mit welchen das Rückgrat trainiert wird (verschiedene Beugen: vorwärts, rückwärts, seitlich, Drehungen im Stehen, Sitzen oder Liegen).
- Die Übungsreihe sollte weiterhin mindestens ein Asana in Umkehrstellung einschließen (Schulterstand, Kopfstand usw.) sowie ein weiteres, mit dessen Hilfe die Bauchhöhle gestaucht wird (Blasebalg usw.).
- Auch Autosuggestion mittels verbaler Sätze und geistiger Bilder sollte eingesetzt werden, um den Körper günstig zu beeinflussen.
- Wenn Sie ein Yoga Asana ausführen, verwenden Sie autogene Sätze, um den biologischen Effekt der Übung zu verstärken und die Funktionstüchtigkeit von Muskeln und Gesamtkörper zu fördern.
- Wiederholen Sie die autogenen Formeln im Geiste, tun Sie dies aber auf völlig monotone Weise, ohne jede Hebung

und Senkung. Nach jeder Formel machen Sie eine Pause, danach wird möglichst häufig wiederholt.

- Yoga Asanas sind zu 80 Prozent mentaler und zu 20 Prozent körperlicher Natur. Yoga Asanas zu praktizieren ist der Meditation gleichzusetzen.
- Nach den Asanas werden Körper und Geist auf Atemübungen und Meditation vorbereitet sein, wodurch der Geist besser unter Kontrolle gebracht wird.
- Jedes Yoga-Programm sollte mit einer Entspannung als Übergang in die Alltagsaktivität beendet werden. Auf die Entspannung selbst sollten allerdings kurze Aktivierungsübungen (Reaktivierung) folgen.
- In der Regel beginnt die Reihe mit einem der leichteren Asanas.
- Am Morgen sollten Asanas mit belebendem, aufmunterndem Effekt ausgewählt werden, durch welche die Flexibilität der Gelenke weniger stark gefordert wird. Am Abend stehen dann aufgrund der Gesamtaufwärmung des Körpers und seiner allgemeinen Ermüdung Asanas auf dem Programm, die der Dehnbarkeit der Gelenke einiges abverlangen.
- Auf Asanas mit Vorwärtsbeugung müssen zum Ausgleich Asanas mit Rückwärtsdehnung folgen.
- Für das Atmen gilt der allgemeine Grundsatz, daß mit Einziehen des Bauchs und des Vorderkörpers ausgeatmet wird, das Einatmen erfolgt dagegen mit dem Zusammenziehen des Rückens. Das heißt, wenn man den Rumpf nach vorn beugt, atmet man aus, lehnt man ihn zurück, wird eingeatmet. Dies gilt vor allem für die Verbindung von Yoga-Stellung und Atmung beim regelmäßigen Üben.

- Drehungen zur einen Seite sollten mit Drehungen in die Gegenrichtung ausgeglichen werden.
- Führen Sie Asanas frühestens eineinhalb bis zwei Stunden nach der letzten Mahlzeit aus.
- Nach hartem Training führen Sie nur YRÜ aus. Eine umfangreichere Yoga-Reihe sollen Sie sich für zu Hause aufsparen.

(Im Kapitel 16 finden sich weitere Vorschläge zur Entwicklung eines eigenen Yoga-Programms.)

TEIL IV

DAS TRAINING FÜR DEN GANZEN SPORTLER

9. Selbsterfahrung: So entwickeln Sie Kontrolle durch Selbsterkenntnis

Selbstbeherrschung beginnt mit dem Selbst-Studium. Will man den Geist und seine Zustände beherrschen und lenken, muß man ihn zuerst begriffen haben. Dies geschieht durch Selbst-Studium, Selbst-Beobachtung und -Erziehung.

Bei der Selbst-Erziehung geht es um einen lebenslangen Prozeß, der nie abgeschlossen ist. Sie können damit Ihre körperlichen, geistigen, intellektuellen und moralischen Qualitäten entwickeln. Der Schlüssel zur Selbsterkenntnis ist die Bereitschaft, gründlich nach innen zu schauen, die Verantwortung für die eigene Gemütsverfassung zu übernehmen und die Bereitschaft zu entwickeln, sie zu ändern. Das verlangt Mut und Hingabe. Nur Sie allein können sich selbst beherrschen. Das kann Ihnen niemand abnehmen. Und das wiederum bedeutet: Arbeit! Dafür kann der Lohn aber auch beträchtlich sein. Zum einen bekommen Sie dadurch Ihre Leistungsfähigkeit besser in den Griff; zum anderen werden Sie aber auch andere Formen der Verantwortung im Leben kontrollierter handhaben können, beispielsweise in der Schule, auf der Arbeit oder in der Familie.

Es gibt viele Möglichkeiten, sich selbst zu erziehen oder zu studieren. Sie sollten so viele davon nutzen, wie Sie nur können.

Der Yoga ist ein hervorragendes Mittel der Selbst-Beobachtung, des Selbst-Studiums und der Selbst-Erziehung. Die statische Natur der Asanas und die Art und Weise, wie Yoga praktiziert wird – mit gezielter Konzentration und Innenschau –, bieten ausgezeichnete Gelegenheit, sich selbst zu beobachten, verschiedene Körpervorgänge wahrzunehmen und zu erleben, ebenso Empfindungen und Muskelverspannungen sowie auch, den Geist in der Meditation nach innen zu kehren, wodurch man etwas über das Wesen des Selbst erfährt. Wenn Sie eine Yoga-Stellung einnehmen, schließen Sie damit die Außenwelt aus und richten die Aufmerksamkeit nach innen. Dies versetzt Sie in die Lage, Ihre Eigenwahrnehmung zu verbessern. Kurzum: Yoga ist eine Form des Biofeedback ohne die dazugehörigen elektronischen Apparate.

Das Lesen von Biographien

Es kann sehr nützlich sein, die Biographien und Autobiographien berühmter Sportler zu studieren. Bücher vermitteln Ihnen Rollenmodelle für Ihre eigenen sportlichen Ziele. Durch das Lesen können Sie auch erfahren, daß viele Spitzensportler ihre Beobachtungen, Gefühle und auch ihr eigenes Tun systematisch festhalten. (Auch Biographien erfolgreicher Künstler, Wissenschaftler und Yogameister sind nützlich.)

Die richtige Einstellung

Ebenso wichtig wie die Selbstanalyse ist es auch, die Einstellung genau zu bestimmen, die Sie zu Ihrem Sport haben. Weshalb machen Sie diesen Sport? Welche Stellung räumen Sie dem Sport in Ihrem Leben ein? Dies kann sich nämlich entscheidend auf Ihre diesbezügliche Leistung auswirken.

Meiner Erfahrung nach haben Sportler, die ihren sportlichen Leistungen ein ungebührliches Gewicht verleihen, immer zu leiden. Andererseits betrachten jene Athleten, die stabile, konstante Leistungen erbringen, den Sport als einen zwar wichtigen, aber nicht alleinigen Bestandteil des Lebens. Sie genießen den Kampf, das geistige Spiel, das Leben von einem

Augenblick zum anderen. Gleich in welcher Leistungsstufe er sich befindet, besteht der Lohn des Sportlers – das Vergnügen, das Glück und die Befriedigung – in der Herausforderung und der ständigen Konfrontation mit dem Sport sowie dem langfristigen Vorankommen, der dauerhaften Verbesserung und Entwicklung, die Spitzensportler motivieren, und nicht so sehr in dem Wunsch, zu siegen oder nicht zu verlieren.

Zielsetzung

Je mehr Sie über sich selbst in Erfahrung bringen, um so leichter wird es Ihnen auch fallen, sich realistische Ziele zu setzen. Umgekehrt kann Ihnen das Setzen von Zielen auch zu vermehrter Einsicht verhelfen. Ziele lassen sich förmlich oder auch formlos definieren – was immer für Sie am besten funktionieren mag. Aber lassen Sie sich dadurch nicht den Spaß am Sport nehmen.

Legen Sie die Ziele zusammen mit Ihrem Trainer fest. Er weiß am besten über Ihre gegenwärtigen technischen und taktischen Qualitäten Bescheid und auch, welche Ziele im Augenblick realistisch und herausfordernd genug sind. Die Zusammenarbeit mit dem Trainer stellt sicher, daß Sie sich keine Ziele setzen, die sich mit Ihren Fähigkeiten nicht vereinbaren lassen. Setzen Sie sich Ziele, die zur Steigerung im technischen, taktischen, körperlichen, mentalen und im Verhaltensbereich führen, sowie solche, die Diät und Schlaf betreffen. Wenn Sie keinen Trainer haben sollten, überprüfen Sie kritisch Ihr Trainingstagebuch, Ihre Stärken, Ihre Schwächen. Auf der Grundlage dieser Analyse können Sie sich dann Ihre eigenen, realistischen Ziele setzen. Außerdem können Sie sich auch bei Sportskameraden Rat einholen.

Der nächste Schritt besteht in der Bestimmung eines Vorgehens, das Sie Ihren Zielen näher bringen soll. Organisieren Sie Ihr tägliches Training effizient. Legen Sie einen Jahresplan fest, der monatliche, wöchentliche und tägliche Ziele umfaßt. Wenn Sie das festgelegte Tagestraining gewissenhaft durchhalten, werden Disziplin und Selbstbeherrschung zu einer positiven Angewohnheit, ebenso die Fähigkeit, die eigene Zeit durchzuorganisieren. Selbst wenn Sie sich nicht immer genau an den Plan halten können, werden Sie auf diese Weise doch einiges mehr über sich in Erfahrung bringen. Das sind Informationen, die Ihnen nie zugänglich geworden wären, wenn Sie sich nicht erst einmal entsprechende Ziele gesetzt hätten. Auf jeden Fall steigert die systematische Beurteilung Ihrer Aktivitäten Ihre Verantwortung, diese Ziele auch zu verwirklichen, und Sie erhalten auf diese Weise ein Feedback, das es Ihnen ermöglicht, Ihre Pläne neu zu überdenken und bisher Erreichtes auch als solches zu erkennen.

Das Trainingstagebuch

Ein weiteres äußerst nützliches Werkzeug des Selbst-Studiums ist das Trainingstagebuch. In diesem Tagebuch sollten Sie alles genau festhalten – Ihre Ziele, Ihr Trainingspensum, die Uhrzeiten, den Umfang und die Intensität Ihres Trainings. Zeichnen Sie auf, wie Sie auf bestimmte Situationen reagieren: So etwa auf Streß, auf die körperlichen, geistigen und emotionalen Veränderungen, die Sie im Zuge des Trainings oder des Wettkampfs erfahren. Machen Sie sich Notizen über Ihre Leistungen – und über Ihre Gedanken, Beobachtungen und Gefühle. Sie sollten Ihre Aktionen, Gedanken und die objektiven Tatsachen Ihrer sportlichen Leistungen gründlich analysieren, um auf diese Weise Selbst-Studium und Selbst-Erziehung zur Gewohnheit zu machen.

Ich habe schon mit vielen Sportlern gearbeitet, die irgendwann vor dem Problem standen, nicht zu erkennen, was ihr Weiterkommen eigentlich blockierte. Schnell aber begriffen sie, daß das Trainingstagebuch ein äußerst nützliches Werkzeug sein kann. So erfuhr ein Sportler beispielsweise nur durch sein Tagebuch von einer Muskelverspannung, die er sonst überhaupt nicht wahrgenommen hätte. Er sagte dazu: «Wenn ich kein Tagebuch geführt hätte, wäre mir nie aufgefallen, daß ich so verspannt war. Die Achtsamkeit hat mir dazu verholfen, mich zu entspannen. Jetzt, da ich darauf geeicht bin, fällt es mir selbst auf, wenn mal Verspannungen auftreten, dann kann ich mir auch selbst sagen: ‹Einfach mal tief durchatmen und loslassen›.»

Während Sie diese Dinge beobachten und in Ihrem Trainingstagebuch festhalten, sollten Sie Ihren Fortschritt analysieren. Trainieren Sie intensiv genug? Wie erfolgreich sind Sie im Augenblick – objektiv gesehen? Geben Sie eine Einschätzung Ihrer Schwächen im körperlichen, mentalen, technischen und taktischen Bereich ab. Welche Hindernisse stören Sie auf dem Weg zu größeren sportlichen Leistungen.

Das Aufzeichnen des Tagestrainings im Trainingstagebuch

Es ist auch wichtig, die Zeit und den Tagesablauf effizient durchzuorganisieren. Wenn Sie gewissenhaft die Routine abarbeiten, die Sie für sich selbst festgelegt haben, entwickeln Sie dadurch die positiven Angewohnheiten der Disziplin, der Selbstbeherrschung und der Fähigkeit, die eigene Zeit optimiert zu organisieren.

Setzen Sie sich Tagesziele und freiwillige Aufgaben, wenn Sie Tagebuch führen, die es innerhalb einer bestimmten Frist zu erledigen gilt. Geben Sie Einschätzungen zu Ihren Trainingssitzungen ab, mündlich und schriftlich, zu Ihren sportlichen Leistungen und zu dem, was Sie tatsächlich getan haben. Die eigenen Aktivitäten regelmäßig einer Einschätzung zu unterziehen, steigert Ihr Verantwortungsgefühl, mit dem Sie die Erfüllung Ihrer täglichen Aufgaben und Ziele angehen. Wenn Sie dies tun, werden Sie zugleich lernen, sich täglich Rechenschaft über Ihr eigenes Vorankommen abzulegen. Es ist dann so, als würden Sie sich und Ihrem Trainer täglich eine «Quittung» über Ihre Aktivitäten und Weiterentwicklung ausstellen.

Die Selbstanalyse schriftlich festzuhalten, wird Ihnen auch dabei helfen, die Ursachen für Ihr Versagen und Ihre Erfolge zu begreifen. Das wiederum führt zu besserer Selbsterkenntnis und besserem Selbst-Bewußtsein. Dann lernen Sie sich selbst besser verstehen und begreifen schneller die Ursache Ihrer Fehler. Nebenbei lernen Sie auch noch, wie man innere Konflikte auflöst.

Es kann auch vorkommen, daß schon das alleinige Aufzeichnen Ihrer Schwierigkeiten im Trainingstagebuch Trost und Entlastung bietet. Wenn Sie sich darum bemühen, Ihre Schwierigkeiten etwas objektiver (und schriftlich) zu betrachten, macht dies die Suche nach den Problemursachen um einiges systematischer.

Es ist auch eine gute Idee, die Meinungen, Anmerkungen und Beobachtungen anderer aufzuzeichnen, sofern Sie sich auf Ihre sportlichen Leistungen beziehen. Bei dieser Form des Selbst-Studiums geht es darum, von seinen Kritikern zu lernen. Beobachtungen von Mannschaftskameraden, Trainern, Wettkampfgegnern, Freunden usw. können da sehr nützlich sein. Am wertvollsten ist oft die beiläufige Bemerkung eines anderen, darauf dürfen Sie in der Regel mehr geben, als wenn er auf Ihre direkte Frage antwortet. So kann Ihnen beispielsweise der Kommentar «der macht ja immer dasselbe» eine Menge sagen.

Beobachtung des eigenen Körpers, Erlernen der eigenen Körpersprache

Will man dauerhafte Leistungen erbringen, so ist es unabdingbar, die eigenen körperlichen, mentalen und emotionalen Zustände unter Kontrolle zu bringen. Der erste Schritt zur Entwicklung von Selbstbeherrschung besteht darin, sich selbst kennenzulernen – das Wesen des eigenen Geistes, die eigene Körpersprache und die Beziehung, die Geist und Körper zueinander haben.

Der Yoga ist eines der besten Mittel, um dieses wichtige Ziel zu erreichen. Wenn Sie eine Yoga-Stellung einnehmen, schalten Sie die Außenwelt ab und richten die ganze Aufmerksamkeit nach innen. Dies ermöglicht Ihnen, innerkörperliche Entwicklungen schärfer zu beobachten. Diese Techniken sind in Kapitel 2 detailliert abgehandelt worden.

Außer den Yoga-Stellungen selbst sind auch die Übungen des Kundalini Yoga nützlich, um das Körperbewußtsein zu verbessern. Im Kundalini Yoga geht es darum, die Funktionstüchtigkeit der Körperorgane zu erhalten und ihre damit zusammenhängenden Gefühle ins Bewußtsein zu holen. Dabei besteht die Aufgabe darin, die Aufmerksamkeit auf verschiedene Körperbereiche oder Organe zu lenken und die Gefühle zu registrieren, die dort in verschiedenen Lebenssituationen entstehen. Die konzentrative Analyse, wie sie im Kapitel 12 beschrieben wird, stellt eine Variante solcher Kundalini-Übungen dar.

Auch Biofeedback ist eine Technik, die das Körperbewußtsein steigert. Das geschieht mit Hilfe wissenschaftlicher Überwachungsgeräte, die spezifische Informationen übermitteln, so etwa über die Hauttemperatur oder den Herzschlag.

Eine wichtige Stufe des Selbst-Studiums ist die Selbst-Beobachtung. Mit dieser können Sie am besten beginnen, indem Sie so verfahren, wie gleich beschrieben wird.

Allgemeine Körperwahrnehmung: Beginnen Sie damit, Ihre Körperfunktionen zu beobachten – die Atmung, den Herzschlag und die Muskelspannung. Schon bald werden Sie gelernt haben, sehr genau zwischen Verspannung, Entspannung, Wärme und anderen Empfindungen zu unterscheiden.

Spezifische Körperwahrnehmung: Als erstes beobachten Sie Ihren Atemrhythmus, Ihren Herzschlag und die Muskelspannung im Ruhezustand. Auch etwaige andere Empfindungen gehören dazu. Nun fahren Sie fort, indem Sie Ihre Körperempfindungen in anderen Situationen beobachten: ob Sie gerade eine wichtige Prüfung machen oder ein Interview geben; vor einem entscheidenden Wettkampf; wenn Sie entspannt und glücklich sind; wenn Zorn oder Niedergeschlagenheit vorherrschen.

Die deplazierte Aktivität und nervöse Angewohnheiten

Sehr häufig werden Sie deplazierte Verspannungen bemerken – Spannungen, wo Sie sie nicht erwartet haben. Es kann vorkommen, daß Sie beim Sport ausgerechnet jene Muskeln anspannen, die Sie eigentlich entspannen sollten. Beispielsweise entwickeln Sie eine Verspannung in der Schulter beim Spielen eines Tennisballs. Es ist sehr wichtig, diese deplazierte Spannung überhaupt wahrzunehmen und zu registrieren. Deplazierte Spannungen und Anstrengung können zusammen zur ungenügenden Technik, zur Ermüdung, zu Schmerz, ja sogar zu Verletzung führen. Es kann Ihnen also eine große Hilfe sein festzustellen, wann und mit welchen Bewegungen Sie Anstrengung oder deplazierte Spannung überhaupt herstellen.

Stellen Sie fest, ob Sie irgendwelche nervöse Angewohnheiten haben, die an Ihren Kräften zehren: Mit dem Fuß aufstampfen, beispielsweise; rastloses Auf- und Abgehen; Kaugummi kauen. Oder sind es vielleicht andere unnütze Bewegungen und Tätigkeiten? Beobachten Sie sich während des Tages und stellen Sie auch fest, wann Sie im Körper deplazierte Spannungen aufbauen und welche Aktivitäten an Ihren körperlichen wie geistigen Kräften zehren.

Der Körper im Streß und die Selbst-Beobachtung

Jeder Mensch reagiert anders auf Streß. Beobachten Sie sich selbst vor einem wichtigen Wettkampf und stellen Sie sich einige Fragen dabei: Hat sich Ihr Herzschlag beschleunigt? Haben Sie Muskelverspannungen gespürt? In welchen Muskelgruppen? Wurden Ihre Handflächen feucht? Haben Sie kalten Schweißausbruch beobachtet? Einen nervösen Magen? Wie lange braucht es, bis Ihr Organismus wieder in den alten Normalzustand zurückgekehrt ist?

Natürlich ist es nicht Sinn der Übung, sich ungebührend Sorgen zu machen. Die Selbst-Beobachtung hilft Ihnen dabei, genau zu bestimmen, welches Ihrer körpereigenen Systeme auf Streß reagiert. Die Reaktionen zu beobachten und zu identifizieren ist der erste Schritt zur Aussteuerung von Körper und Geist. Darüber hinaus sollten Sie auch die Gedanken, Bilder und Gefühle beobachten und bestimmen, die mit Ihren körperlichen Reaktionen einhergehen. Denken Sie darüber nach. Wie können Sie Ihren Atemrhythmus, Ihren Herzschlag, die Muskelspannung und/oder die fehlgeleitete Anstrengung dazu verwenden, Auskünfte über Ihre mentale Verfassung zu erhalten? Dieses Handbuch wird Ihnen beibringen, sich selbst zu beruhigen, sich zu entspannen, unnötige Spannungen aufzulösen usw. Doch dazu müssen Sie zunächst erst einmal wissen, was in Ihrem Körper vorgeht und wie Sie auf Streß überhaupt reagieren.

Beobachten Sie Ihre Empfindungen und Wahrnehmungen in bezug auf Ihre Streßreaktion, wenn Sie Ihre besten Leistungen erbringen, sei es im Training oder im Wettkampf. Und dann tun Sie das gleiche im Hinblick auf Ihre schlechtesten Leistungen. Stellen Sie die Unterschiede fest.

Verfahren Sie ebenso mit Ihren Gedanken, Bildern, mit Ihrem inneren Zwiegespräch, sowohl bei Ihren besten als auch schlechtesten Leistungen. Welche Unterschiede können Sie dort verzeichnen?

Das eigene Unterbewußtsein verstehen

Durch Innenschau können Sie mehr über Ihr Unterbewußtsein erfahren. Jeder von uns weist seine eigenen, ständig wiederkehrenden Denkmuster auf. Diese zu verstehen kann uns dabei helfen, uns von den Gedanken zu befreien, die uns fesseln. Die folgenden Übungen aus dem Raja Yoga helfen Ihnen dabei, mehr über Ihre eigenen Gedankenmuster in Erfahrung zu bringen.

Übung

- An einem ruhigen Ort nehmen Sie eine bequeme Sitzhaltung ein. Das kann ein einfacher Schneidersitz sein, Sie können sich aber auch auf einen Stuhl setzen. Wirbelsäule, Nacken und Hals bilden eine Linie. Legen Sie die Hände auf die Knie, die Spitze des Daumens berührt leicht die des Zeigefingers. Schließen Sie die Augen, aber ohne Sie fest zusammenzupressen.

- Nun entspannen Sie alle Muskeln. Achten Sie auf Ihren stillsitzenden Körper. Sie sitzen bewegungslos und entspannt.
- Werden Sie nun Ihrer Atmung gewahr. Ändern und manipulieren Sie sie nicht, registrieren Sie einfach nur den natürlichen Rhythmus.
- Üben Sie in dieser Haltung 3-4 Minuten lang Konzentration. Wählen Sie einen Punkt an der Wand oder einen Gegenstand aus, den Sie mögen, beispielsweise eine Blume oder eine Vase, und richten Sie den Blick darauf. Sie können sich aber auch einfach nur auf die Atmung konzentrieren, ohne diese zu manipulieren. Spüren Sie, wie Ihr Bauch sich ein- und auswärts bewegt, oder richten Sie die Aufmerksamkeit auf die Stelle dicht unterhalb der Nasenlöcher, wo die Luft beim Atmen eintritt und den Körper wieder verläßt.
- Forcieren Sie die Konzentration nicht, lassen Sie sie einfach nur geschehen.
- Falls Sie feststellen sollten – und das werden Sie! –, daß Ihr Geist abschweift, werden Sie einfach nur dieses Gedanken gewahr. Bekämpfen oder unterdrücken Sie ihn nicht. Kehren Sie einfach nur sanft zu Ihrer Atmung oder den Gegenstand Ihrer Konzentration zurück.
- Ihre Gedanken werden dahinströmen wie ein Fluß – einer nach dem anderen. Beobachten Sie sie auf gelöste Weise. Vielleicht bemerken Sie, daß die einzelnen Gedanken kommen und gehen, daß aber keiner von Ihnen länger bleibt.

- Beachten Sie, ob sich Ihre Gedanken um die Vergangenheit drehen – vor allem, falls diese sich um unzureichende sportliche Leistungen drehen sollten –, oder ob es um die Zukunft geht und welche Gefühle damit einhergehen, beispielsweise Zorn oder Bangigkeit.
- Achten Sie auf Gedanken, die Gefühle der Furcht und der Sorge auslösen.
- Achten Sie darauf, wie manche Gedanken immer wiederkehren.
- Stellen Sie fest, in wieweit bestimmte Gefühle und Stimmungen mit bestimmten Gedanken einhergehen.
- Achten Sie auf Körperempfindungen und körperliches Unbehagen (beispielsweise Verspannungen und Schmerzen im Schulter- und Rückenbereich sowie an den Fußknöcheln) – auch diese können Ihre Konzentration stören.
- Nutzen Sie diese Körperempfindungen als Lernhilfen auf dem Weg zur Selbsterfahrung. Indem Sie körperliches Unbehagen als Bestandteil Ihrer augenblicklichen Erfahrung akzeptieren, lernen Sie, daß es durchaus möglich ist, sich zu entspannen, zu konzentrieren und diese Empfindung als Lerninstrument zu nutzen. Das wiederum hilft Ihnen dabei, Ihre innere Kraft und Konzentrationsfähigkeit zu steigern.
- Beachten Sie, daß jedesmal, wenn Ihr Geist in Bewegung gerät, Ihr Körper das gleiche tut. Ist Ihr Geist rastlos, wird der Körper es ebenfalls sein, und umgekehrt.

Sie werden feststellen, daß der Gedankenstrom in Ihrem Geist von unterschiedlicher Natur sein kann. Wenn Sie sich in einem sehr angespannten Zustand befinden, etwa vor einem wichtigen Wettkampf, sind die Gedanken oft mit Bangigkeit und Sorge geladen. Doch müssen die Gedanken gar nicht einmal besonders zaghaft sein, um über genug Ablenkungskraft zu verfügen, den Geist vom Gegenstand der Konzentration fortzulocken.

Durch diese Übungen gelangen Sie zu einem wichtigen Schluß: Indem Sie sich bewußt werden, wie die Gedanken in einem ständigen Kommen und Gehen durch Ihren Geist wandern, und daß diese Gedanken gar nicht wirklich «Sie» in ihrer Person sind, lernen Sie das Wesen des Geistes kennen, des ständigen, nie endenden Gedankenprozesses, aber auch, daß Sie sich auf diese Gedanken im einzelnen einlassen oder sie ignorieren können. Es wird Ihnen immer bewußter werden, daß das, worauf es eigentlich ankommt, nicht die Frage ist, *was* Sie da denken, sondern *wie Sie auf diese Gedanken reagieren.* Wenn Sie lernen, sich mehr von Ihren Gedanken zu lösen, befreit Sie das aus der «Tyrannei des Denkens», unter der so viele Menschen leiden.

Beispielsweise kann es einem Tennisspieler beim Aufschlag passieren, daß ihm der Gedanke kommt, er könnte einen Doppelfehler machen. Dieser Gedanke kann zur Verunsicherung führen und schließlich bittere Wahrheit werden. Wenn Sie andererseits diesen negativen Gedanken vorüberziehen lassen und ihn statt dessen durch einen positiven ersetzen (Beispiel: «Mach jetzt einen harten Aufschlag»), wird sich diese positive Wendung durchsetzen.

Die Verstärkung der bewußten Aufmerksamkeit

Konzentration und Meditation sind die Stufen zur Selbstbeherrschung. Eine Vorbedingung der Konzentration wiederum ist die gezielte, bewußte Aufmerksamkeit auf der Grundlage der Selbstdisziplin. Das bedeutet im Klartext, daß Sie voll und ganz eins mit dem sein müssen, was Sie gerade tun. Die folgenden Übungen aus dem Kundalini Yoga unterstützen Sie bei dieser Einswerdung, weil Sie Ihnen abverlangen, dem, was Sie gerade tun, die volle Aufmerksamkeit zu widmen.

Viele von uns beachten alltägliche Handlungen wie das Essen so gut wie überhaupt nicht. Während wir uns mechanisch den Bauch vollstopfen und dabei fernsehen oder lesen, wandert unsere Aufmerksamkeit nur umher. Das führt dazu, daß wir das natürliche Gefühl der Fülle gar nicht mehr erleben und erst nachher, wenn es zu spät ist, merken, wie vollgestopft wir eigentlich sind.

Die folgenden schlichten Übungen verhelfen Ihnen, zu begreifen, daß völlige Aufmerksamkeit Ihre Eßgewohnheiten verbessern kann. Besonders gewichtsempfindliche Sportler aus den Bereichen Boxen, Ringen und Leichtathletik finden diese Übungen außerordentlich nützlich.

Übung 1

- Nehmen Sie sich etwas vor, das Sie gerne essen – beispielsweise eine Orange.
- Konzentrieren Sie die Aufmerksamkeit auf die Orange. Beobachten Sie sie. Beachten Sie die Farbe, die Form und die Größe. Befühlen Sie die Oberfläche. Achten Sie auf die Haut. Nun schälen Sie die Orange und achten dabei auf die Konsistenz und die Oberfläche. Geben Sie einen Schnitz in den Mund und widmen Sie Geschmack und Temperatur Ihre Aufmerksamkeit.
- Kauen Sie das Stück Orange langsam, gründlich und sorgfältig, mit voller Konzentration. Bemerken Sie den Geschmack, die Temperatur und die Konsistenz beim Kauen. Schenken Sie dem Speichelfluß Ihre Aufmerksamkeit, den das Kauen auslöst. Bemühen Sie sich um bewußtes Schlukken. Nehmen Sie den nächsten Happen erst, nachdem Sie den ersten vollständig heruntergeschluckt haben.

Bei einer ganz ähnlichen Übung geht es ums Trinken. Während Sie diese ausführen, stellen Sie sich einen professionellen Weinkoster vor, wie er jeder kleinsten Einzelheit dieser Erfahrung die volle Aufmerksamkeit widmet.

Übung 2

- Nehmen Sie etwas Wasser oder Tee in den Mund.
- Als erstes achten Sie auf die Empfindung im Mund (Geschmack und Temperatur). Dann schlucken Sie ganz langsam einen kleinen Teil davon.
- Merken Sie, wie die Flüssigkeit die Kehle herunterströmt. Handelt es sich um ein kaltes oder warmes Getränk, spüren Sie möglicherweise den Augenblick, da es in den Magen eintritt?

Wenn Sie diese Übung zum ersten Mal ausführen, werden Ihnen vielleicht noch nicht allzu viele Einzelheiten auffallen, doch im Laufe der Zeit achten Sie auf immer mehr Details.

Das Ergebnis beider Übungen besteht darin, daß beim Essen oder Trinken der Einfluß der Hirnrinde –, also das mentale Bild des Appetits geringer wird, während das natürliche Gefühl des Hungers oder Dursts in den Vordergrund tritt. Dadurch werden Sie Ihre Aufnahme von fester wie flüssiger Nahrung in Zukunft genauer dosieren.

Eine weitere Kundalini Technik (Organbewußtsein) besteht darin, die Gefühle und Empfindungen der Organe selbst zu beobachten. Die Aufgabe besteht darin, die Aufmerksamkeit während verschiedener Alltagsbetätigungen (beispielsweise Sexualität, Verdauung, Essen, Trinken usw.) auf verschiedene Körperbereiche zu richten. Auf diese Weise sollen Sie beobachten, was in den betroffenen Organen vor sich geht.

Lernen Sie, alles, was Sie tun, mit voller Aufmerksamkeit auszuführen. Die oben erwähnten Kundalini Übungen sind sehr nützlich. Vielleicht machen Sie auf diese Weise ja die Feststellung, daß Sie das Essen dazu benutzen, Ihr Gefühlsleben ruhigzustellen, vor allem wenn Sie ängstlich oder bange sind oder Ihre ganzen Sorgen mit in den Schlaf nehmen, vielleicht aber auch, wenn Sie dem, was Sie tun, nicht die volle Aufmerksamkeit widmen oder geistig ganz woanders sind.

Bemühen Sie sich einmal darum zu beobachten, wie leicht Ihre Aufmerksamkeit durch das Umherstreunen der Gedanken von der Gegenwart abgelenkt wird. Stellen Sie fest, wie oft Sie sich am Tag dabei ertappen, wie Sie an die Vergangenheit oder die Zukunft denken, anstatt sich auf das zu konzentrieren, was Sie gerade tun. Wie Sie in Kapitel 15 lesen werden, waren die von mir befragten Athleten äußerst überrascht darüber, wieviel doch während eines Wettkampfs in ihrem Geist los war!

Beobachtung der Wahrnehmung und des Denkens

Eine höhere Stufe der Selbst-Beobachtung stellt das Beobachten der Wahrnehmung und Kognition (des Denkens) selbst dar. Beobachten Sie doch einmal, *wie* Sie sich auf etwas konzentrieren, das Sie gerade tun. Können Sie sich voll auf die Aufgabe oder Aktivität konzentrieren, oder entgleitet Ihnen die Konzentration immer wieder? Hegen Sie negative Gedanken und neigen Sie während Wettkämpfen zu Selbstgesprächen? Was sind das genau für Gedanken? Wann geschieht das? Verfolgen Sie Ihre Gedanken und Ihre Selbstgespräche. Halten Sie sie im Trainingstagebuch fest.

Aktive Selbstbeobachtung des Gemütslebens wirkt sich auch darauf aus, wie wir uns fühlen. So ist es beispielsweise so gut wie unmöglich, gleichzeitig wütend zu sein und sich selbst zu beobachten. Die Selbstbeobachtung «friert» gewissermaßen die Wirkungen der Emotionen ein. Mit der Selbstbeobachtung beginnt auch die Selbstbeherrschung. Wenn Sie beispielsweise einmal versuchen, in einem Augenblick unbeherrschbaren Gelächters Selbstbeobachtung zu praktizieren, werden Sie feststellen, wie sich die Intensität und Spontaneität des Lachens plötzlich verringern.

Leider verschwinden durch die bloße Selbstbeobachtung die Effekte negativer Gefühle wie Furcht und Bangigkeit aber noch nicht. Im Gegenteil, diese Emotionen besitzen die Fähigkeit, alle anderen noch sehr viel strenger und schärfer hervortreten zu lassen. Da wird es erforderlich sein, die Ursache für diese Gefühle zu ermitteln und zu beseitigen. Dazu bietet die Selbstbeobachtung die optimale Ausgangslage.

Jeder Bereich des Lebens, ganz besonders die sportliche Leistung wird von Emotionen, Gedanken, Einstellungen und Gefühlen beeinflußt. Und Sie wissen ja inzwischen, daß der sportliche Erfolg zu einem großen Teil davon abhängt, wie gut Sie wiederum Ihre Gefühle beherrschen können.

Wahrnehmung von Muskelspannung – kinästhetisches Training

Ein weiteres Gebiet der Selbst-Beobachtung und des Selbst-Studiums sind der Muskeltonus und die körperliche «Anstrengung». Beim Wettkampf ist es von größter Wichtigkeit, daß man sich in einem entspannten Zustand befindet. Ist man nämlich angespannt, werden die Bewegungen steif oder ungelenkig und man ermüdet sehr viel leichter. Die sportliche

Mühe besteht allerdings darin, nur in den richtigen Muskeln die gewünschte Spannung herzustellen. Wer sich darauf trainiert, den Grad der Spannung in den verschiedenen Muskelgruppen bewußt wahrzunehmen, verfeinert damit sowohl seine Technik als auch sein Durchhaltevermögen. Die Schulung der Wahrnehmung des Körpers und des Muskeltonus bezeichnet man als «kinästhetisches Training».

Zum kinästhetischen Training gehört die isometrische Kontraktion bestimmter Muskelgruppen, und zwar in unterschiedlichem Grad (Anstrengung), um danach die Vollentspannung dieser Muskeln herzustellen.

Beim kinästhetischen Training wird eine bestimmte Muskelgruppe einige Sekunden lang angespannt, danach wieder völlig entspannt. Ziel ist es dabei, diese Wechsel und Veränderungen so vollständig wie möglich wahrzunehmen. Mit einiger Übung sollte es Ihnen gelingen, zwischen den verschiedenen Anspannungs- und Entspannungsgraden immer genauer zu unterscheiden. Diese bewußte Unterscheidung zwischen zwei Zuständen und Ihren unterschiedlichen Intensitätsgraden bezeichnet man als «kinästhetische Differenzierung». Konzentration und Dekonzentration beruhen auf ähnlichen Prinzipien wie Anspannung und Entspannung, nur eben auf mentaler statt körperlicher Ebene.

Für die sportliche Betätigung ist es unverzichtbar, die verschiedenen Spannungs- und Entspannungsgrade von Muskeln bewußt wahrnehmen zu können. Jeder von uns hat es schon einmal erlebt, daß er sich beim Einstudieren einer neuen Bewegung «zu sehr angestrengt» oder zu viel bewußtes Bemühen eingebracht hat. Das führt dann dazu, daß die falschen Muskelgruppen angespannt werden, was wiederum unkoordinierte, steife Bewegungen zufolge hat. Will man also ein Gespür dafür entwickeln, welche (und wieviel) Anspannung in einer bestimmten Situation gerade erforderlich ist, wird man sich zuerst um die kinästhetische Differenzierung bemühen müssen.

Das kinästhetische Training ist auch von großer Bedeutung für das Erlernen und die Vervollkommnung sportlicher Techniken und Fertigkeiten. Gesteigertes kinästhetisches Bewußtsein hilft dabei:

- Den Energieverbrauch zu minimieren
- Die Bewegungen zu koordinieren
- Entspannung und Erneuerung auszusteuern

Um die Folge der Abhandlung verstehen zu können, müssen Sie wissen, daß es drei verschiedene Formen der Muskelspannung gibt. Als erstes ist die tonische Anspannung zu nennen, also die verstärkte Anspannung von Muskeln im Ruhezustand, ausgelöst durch Streß und Sorge. Als zweites kommt die Geschwindigkeitsspannung, die vor allem bei Höchstgeschwindigkeitsbewegungen auftritt. Unter solchen Bedingungen sind Muskeln nicht dazu in der Lage, sich völlig zu entspannen. Der Wechsel von der Muskelanspannung zur -entspannung geschieht wesentlich langsamer als der Wechsel von der Entspannung zur Anspannung. Infolge dessen werden jene Muskeln, die die eigentliche Arbeit leisten, in einer bestimmten Phase der Bewegung verspannt sein, genau wie die antagonistischen Muskeln. Dieser Konflikt aber vermindert die Bewegungsgeschwindigkeit. Zum dritten gibt es schließlich noch die Koordinationsanspannung, die dann auftritt, wenn der Sportler neue Bewegungen oder Fertigkeiten einstudiert; die Unsicherheit der Bewegung führt in diesem Fall zu ungewollten Verspannungen.

Die folgenden Übungen dienen zur Entwicklung der kinästhetischen Differenzierung.

Übung 1

- Nehmen Sie eine bequeme sitzende oder liegende Stellung ein. Schließen Sie die Augen.
- Spreizen Sie die Finger einer Hand so weit auseinander, wie Sie können, während Sie zugleich die Hand aus dem Gelenk heraus im Bogen nach hinten dehnen. Atmen Sie tief durch und halten Sie Unterarm, Hand und Finger 4-5 Sekunden lang angespannt. Beobachten und spüren Sie die Spannung in Fingern und Hand. Nun atmen Sie langsam aus und lösen die Spannung wieder. Entspannen Sie die Muskeln in den Fingern, in der Hand und im Unterarm. Achten Sie darauf, inwieweit sich dies anders anfühlt als die Anspannung.
- Ballen Sie Ihre dominierende Hand zur Faust. Spannen Sie die Muskeln an, während Sie gleichzeitig tief einatmen. Halten Sie diese Position 4-5 Sekunden. Werden Sie voll und ganz der Empfindung Ihrer sich anspannenden Hand gewahr. Nun atmen Sie langsam aus und entspannen die Muskeln wieder. Lassen Sie los. Wiederholen Sie diese Übung jetzt nacheinander mit allen wichtigen Muskelgruppen des Körpers.
- Wiederholen Sie die beiden vorangegangenen Übungen (mit denselben Muskelgruppen) mit einer Änderung: Stellen Sie diesmal eine weniger starke Spannung her. Unverändert bleibt allerdings die Aufgabe bestehen, sich auf den Unterschied zwischen dem Zustand der Anspannung und dem der Entspannung zu konzentrieren. Wiederholen Sie die Übung mehrere Male, wobei Sie die Anspannung immer mehr reduzieren.
- Als nächstes wiederholen Sie die gleiche Übung mit verschiedenen Muskelgruppen, die in Ihrer spezifischen sport-

lichen Disziplin vergleichsweise wenig belastet werden. Bemühen Sie sich um präzise Abgrenzung und konzentrieren Sie sich auf eventuelle Problembereiche.

Es folgen nun Beispiele dafür, was man unternehmen kann, wenn sich in einer bestimmten Muskelgruppe zuviel Spannung aufbaut, wie es im Schulterbereich durch Hieb- und Stoßbewegungen beim Fechten geschehen kann:

- *Schultern:* Heben Sie die Schultern an die Ohren, halten Sie die Spannung und lassen Sie wieder los. Wiederholen Sie mehrfach mit immer geringer werdender Spannung.
- *Nacken:* Legen Sie den Kopf zurück und spannen Sie die Nackenmuskeln an. Halten Sie die Spannung und lassen Sie wieder los. Nun senken Sie den Kopf, bis das Kinn die Brust berührt, gleichzeitig spannen Sie wieder die Nackenmuskeln. Halten Sie die Spannung eine Weile, dann lösen Sie sie wieder auf. Wiederholen Sie diesen Vorgang mehrfach mit immer geringer werdender Anspannung.
- *Gesicht:* Auch wenn die Gesichtsmuskeln in den meisten sportlichen Disziplinen keine unmittelbare Rolle spielen, manifestiert sich Streß und Sorge doch oft gerade in Gesichtsverspannungen. Entspannen Sie also die Gesichtsmuskeln, um dem gegenzusteuern. Beginnen Sie die Übung mit einer zornigen Grimasse. Spannen Sie dabei die Gesichtsmuskeln kräftig an und lassen Sie danach wieder los. Nun tun Sie das gleiche mit den Muskeln im Augen- und Stirnbereich. Halten Sie diese Stellung und entspannen Sie sich wieder. Wiederholen Sie mehrfach diesen Vorgang mit immer geringer werdender Anspannung. Danach spannen Sie die Muskeln im Mund- und Kieferbereich an, indem Sie die Zähne zusammenbeißen und den Unterkiefer vorschieben, dann lösen Sie die Spannung wieder auf.

Mit Ihrem Trainer zusammen sollten Sie eine konkrete Übungsreihe erarbeiten, die auf die in Ihrer Sportdisziplin besonders geforderten Muskelgruppen abgestimmt ist. Sollten Sie ohne Trainer sein, stellen Sie fest, welche Muskelgruppen in Ihrer Sportart beteiligt sind, welchen die Hauptbelastung zukommt und welche entspannt werden müssen. Analysieren Sie Ihr Trainingstagebuch auch daraufhin, welche Aktivitäten zu deplazierten Spannungen führen und welche Muskeln Sie verkrampfen. Auch diese sollten individuell ausgeschaltet werden, da jeder Athlet Spannungen auf unterschiedliche Weise manifestiert. Diese Entspannungsübung ist besonders gut dazu geeignet, die Auswirkungen tonischer Spannung aufzuheben.

Übung 2

Ein weiterer Übungstypus, der die kinästhetische Differenzierung zu vermehren vermag, ist die progressive Entspannung einer besonderen Muskelgruppe. Das Gefühl der Entspannung läßt sich dadurch verstärken, daß man es mit dem Sinken oder Fallen bestimmter Gliedmaßen oder Muskelgruppen als Schwerkraftwirkung verbindet. Wird die Bewegung mit dem Gefühl der Entspannung verknüpft, verstärkt dies die Beziehung zwischen den beiden. Bei dieser Übungsart wird die Muskelgruppe erst zusammengezogen, um sie danach langsam und stückweise wieder freizugeben. Während sich der Muskel langsam entspannt, verändert sich das Gefühl der Anspannung in eins der Schwere; und wenn sich die Muskeln entspannen, unterliegen sie der Wirkung der Schwerkraft. Hier folgt nun ein Beispiel für eine solche Übung.

- Die Füße stehen schulterbreit auseinander, die Arme hängen locker seitlich am Körper herab.
- Nun beugen Sie sich vor, bis der Oberkörper parallel zum Boden ist. Dabei heben Sie seitlich die Arme, bis für sie das gleiche gilt.
- Spannen Sie die Muskeln in Armen und Schultern an und ballen Sie die Hände zu Fäusten.
- Entspannen Sie die Muskeln in Armen, Schultern und Händen vollständig. Spüren Sie, wie die Muskeln langsam die Spannung wieder lösen.
- Lassen Sie die Arme von der Schwerkraft in die Tiefe ziehen, bis sie vollkommen locker geworden sind. Während die Schwerkraft an den Armen zieht, spüren Sie, wie sich die Spannung auflöst. Bemerken Sie, wie die Schwerkraft Ihnen bei der Entspannung hilft.

Ähnliche Übungen lassen sich auch für die Beine zusammenstellen.

Übung 3

Im nächsten Schritt können Sie Übungen praktizieren, bei denen der Übergang von der Anspannung zur Entspannung auf langsame, abgestufte Weise erfolgt. Die Kobra ist dafür ein hervorragendes Beispiel. Ebenso die folgende Anordnung:

- Sie liegen auf dem Bauch, die Stirn auf dem Boden und die Arme seitlich neben dem Körper.
- Atmen Sie ein und heben Sie langsam den Kopf, wobei Sie sich nach vorne in die Höhe strecken. Zugleich heben Sie die Schultern und halten die Position 3-4 Sekunden lang.

- Nun legen Sie die Hände schulterbreit auseinander auf den Boden unter die Schultern. Die Arme sind gekrümmt.
- Aus dieser Stellung heraus heben Sie nun weiterhin Brustkorb und Kopf, wobei Sie sich auf die Arme stützen. Allerdings sollte der Bauch stets am Boden bleiben.
- Atmen Sie gleichmäßig und halten Sie diese Stellung einige Sekunden.
- Jetzt atmen Sie langsam aus und senken wieder den Oberkörper, wobei Sie ebenfalls langsam die Spannung wieder auflösen.
- Ist Ihr Kopf wieder am Boden, entspannen Sie sich und halten diese Stellung einige Augenblicke lang.
- Nun wiederholen Sie diese Bewegungsfolge insgesamt dreimal. Schließlich führen Sie die Arme seitlich an den Körper und entspannen sich vollständig.

Übung 4

Nachdem Sie nun gelernt haben, wie man die Muskeln schrittweise entspannt, gehen Sie nun zu einer Übung über, bei der die Spannung des Muskels ganz plötzlich der Entspannung weichen soll. Das wird Ihnen mit der Heuschrecke gelingen.

- Zunächst nehmen Sie die Bauchlage ein. Setzen Sie das Kinn auf den Boden und legen Sie die zu Fäusten geballten Hände neben sich an den Körper.
- Nun atmen Sie ein, pressen die Fäuste gegen den Boden und heben beide Beine so hoch wie möglich. Atmen Sie gleichmäßig und halten Sie diese Stellung 5 Sekunden lang.

- Atmen Sie aus und senken Sie die Beine, wobei Sie der Schwerkraft die Arbeit überlassen. Wiederholen Sie diese Übung dreimal.

Sie können auch Ihre eigenen, auf Ihre jeweilige Sportdisziplin zugeschnittenen kinästhetischen Übungen entwickeln. So haben Fechter beispielsweise häufig mit Verspannungen in den Schulter- und Armmuskeln zu tun, was von den Stoßbewegungen herrührt. Dieses Problem kann der Fechter praktisch völlig beheben, indem er die folgende Übung ausführt:

Der Fechter macht einen Stoß und trifft dabei entweder die Strohpuppe oder den Trainer. Ist der Kontakt hergestellt, lockert der Student bewußt den Ellenbogen, was die Verspannung im Schulter- und Armbereich lösen hilft. Das ist nämlich die Wirkung dieser Konzentration auf das Lockern des Ellenbogens. Der Sportler sollte sich stets auf die jeweils auftretenden Empfindungen konzentrieren.

Die folgende Übung dient als Beispiel dafür, wie sich das Bewußtsein für den plötzlichen Übergang von Spannung zu Entspannung steigern läßt:

- Achten Sie beim Seilspringen besonders auf die Entspannung in Füßen und Beinen, die sofort nach dem Sprung einsetzt.
- Beim Dribbeln eines Korbballs versuchen Sie, nach jedem Ballkontakt Handgelenk und Arm zu entspannen.
- Beim Werfen des Medizinballs konzentrieren Sie sich darauf, unmittelbar nach jedem Wurf die Hand- und Armmuskeln zu entspannen.

Weitere Methoden zur Entwicklung des kinästhetischen Bewußtseins

Das kinästhetische Bewußtsein läßt sich auch durch folgende Methoden schärfen:

- Üben Sie einen Teil Ihrer sportlichen Betätigung mit verbundenen Augen – beispielsweise das Dribbeln eines Korbballs.
- Üben Sie Ihren Sport einmal mit einem Gerät aus, das sich vom normalen durch Größe oder Gewicht leicht unterscheidet, um auf diese Weise ein Gespür für die Unterschiede zu entwickeln. (Benutzen Sie beispielsweise beim Tennis einen schwereren Schläger oder beim Fußball einen kleineren Ball.)
- Gehen Sie Ihre Bewegungen einfach mal im Geist durch, vor allem jene, die unrichtig ausgeführt wurden. Bemühen Sie Ihr Unterscheidungsvermögen und versuchen Sie genau festzustellen, was da geschah. War da etwa zu viel Verspannung im Arm, im Schulterbereich usw.?
- Beschreiben Sie Ihrem Trainer, wie gut Sie Ihrer Meinung nach eine Bewegung ausgeführt haben und was Sie dabei richtig und möglicherweise falsch gemacht haben. Vergleichen Sie nun Ihre Einschätzung mit der Ihres Trainers. Beide können aus den Gemeinsamkeiten und Unterschieden lernen.
- Arbeiten Sie mit dem Trainer daran, Ihre Technik nachhaltig zu verändern.
- Experimentieren Sie mit Yoga-Übungen (s. Kapitel 2) und Biofeedback.
- Beobachten und registrieren Sie subjektive Gefühle und Bilder nach der Durchführung bestimmter Bewegungen.

- Unterziehen Sie Ihr sportlich-technisches Können regelmäßig einer Überprüfung.

Ein weiteres unschätzbares Werkzeug des Selbst-Studiums ist Biofeedback. Biofeedback ist eine Form von «Hightech»-Yoga oder, wenn man so will, eine «Hightech»-Methode der Selbstbeobachtung. Biofeedback-Sensoren können Ihnen manches über winzige Veränderungen auf dem Gebiet der Entspannung, Verspannung, Erregung oder Aufgeregtheit mitteilen.

Biofeedback ist auch ein überzeugendes Werkzeug zum besseren Verständnis dafür, daß passive Aufmerksamkeit, also die Teilnahme an einem Vorgang ohne Streben oder das Bemühen, ihn «geschehen zu machen», die Technik zur Erlangung von Kontrolle über die autonomen oder unwillkürlichen Körperfunktionen ist. Durch Biofeedback gelangen Sie zu einem besseren Verständnis der Macht der Einbildungskraft (Absicht).

Die weiter unten beschriebenen autogenen Übungen demonstrieren die Macht der Bildlichkeit (Absicht), Ergebnisse herbeizuführen (beispielsweise unbewußte Muskelaktivität oder die Verhinderung gezielten Tuns), wenn man sich passiv ohne Mühe und Streben konzentriert – wenn man den Vorgang also einfach geschehen läßt. Praktizieren Sie diese Übungen eine nach der anderen, bis Sie damit Erfolg haben. Konzentrieren Sie sich dabei passiv, lassen Sie alles geschehen.

Richten Sie die Aufmerksamkeit auf das, was Sie tun, und wie Sie die Übung ausführen. Nutzen Sie Ihre Einbildungskraft – so wie ein Schauspieler, der sich selbst dabei zuschaut, wie er eine Rolle spielt.

Die Pendelübung

Für diese Übung brauchen Sie einen kleinen, leichten Gegenstand, etwa einen Ring oder einen kleinen Ball. Befestigen Sie einen Faden oder eine Kette von etwa zehn Zentimeter Länge daran. Halten Sie Faden oder Kette zwischen Daumen und Zeigefinger, der Ellenbogen ruht dabei auf der Armlehne des Sessels. Nun stellen Sie sich vor (dies geschieht mit Absicht), wie das Pendel sich von rechts nach links oder vor und zurück bewegt. Beachten Sie, wie das Bild in Ihrem Geiste die gewünschte Richtung herstellt. Nun können Sie Ihr Bild (Ihre Absicht) bei schwingendem Pendel ändern, um es in die Gegenrichtung zu führen.

Diese Übung macht deutlich, daß eine Absicht oder eine Idee oder ein geistiges Bild bestimmte Muskelgruppen aktivieren kann. Die Idee oder das Bild in Ihrem Geiste erzeugt einen Impuls in Ihrem Nervensystem und bringt dadurch unwillkürliche Muskelaktivität zustande.

Die Ballonübung

Einen ähnlichen Effekt unwillkürlicher (ideomotorischer) Muskelbewegung können Sie auch in den Armen herstellen. Dazu strecken Sie die Arme vor sich in Schulterhöhe geradeaus. Schließen Sie die Augen und stellen Sie sich ein schweres Eisenstück vor, daß an Ihre rechte Hand festgebunden ist; nun stellen Sie sich einen großen Ballon vor, der an Ihrer linken Hand befestigt wurde. Malen Sie sich im Geiste aus, wie dieser große, mit Gas gefüllte Ballon Ihren Arm hebt und emporhebt. Spüren Sie dann, wie das schwere Eisen den rechten Arm tief hinunterzerrt.

Übung mit geschlossenen Augen

Sitzen oder liegen Sie bequem, schließen Sie die Augen und konzentrieren Sie sich darauf, den ganzen Körper zu entspannen. Nun drehen Sie bei geschlossenen Augen die Augäpfel nach oben und konzentrieren sich dabei auf die Stirn. Wiederholen Sie nun etwa 2 Minuten lang: *«Meine Augen sind geschlossen.»* Während Sie noch immer diesen Satz wiederholen, befehlen Sie sich selbst zugleich die Augen zu öffnen. Sie werden feststellen, daß Ihnen dies nicht gelingt.

Diese Übung zeigt, wie sich eine bewußte, gezielte Tat durch eine andere, damit nicht zu vereinbarende Idee behindern läßt. Da Ihre Augen geschlossen sind, blockieren Sie die für das Öffnen derselben erforderliche Nervenaktivität.

Die Schwereübung

Sitzen oder liegen Sie bequem. Die dominierende Hand auf dem dominierenden Oberschenkel (als Rechtshänder also die rechte Hand auf dem rechten Schenkel). Schließen Sie die Augen und entspannen Sie den Körper. Stellen Sie sich vor, wie ein an Ihrem Arm befestigtes schweres Gewicht den Arm zu Boden zieht. Bilden Sie sich auch möglichst lebhaft ein, daß das Gewicht Ihren Körper in die Tiefe zieht, immer tiefer und tiefer, und wie Ihre Hand und Ihr Arm langsam heruntergleiten. Jedes Mal, wenn Sie das Wort «schwer» wiederholen, stellen Sie sich vor, daß ein schweres Gewicht Ihren Arm herunterzieht. In dieser Übung konditionieren Sie sich darauf, das Gefühl der Schwere mit dem Wort «schwer» zu assoziieren.

Die Wärmeübung

Nehmen Sie eine bequeme Sitzhaltung ein. Sitzen Sie ganz still. Entspannen Sie sich. Legen Sie die Arme in den Schoß und halten Sie zwischen Daumen und Zeigefinger Ihrer Arbeitshand ein gewöhnliches Thermometer. Schließen Sie die Augen. Konzentrieren Sie die Aufmerksamkeit aufs Atmen. Nun nehmen Sie sich vor, daß Ihre Arbeitshand wärmer werden soll. Stellen Sie sich vor, wie Sie an einen heißen Ofen fassen oder am Strand unter strahlender Sonne liegen, was immer Ihnen am meisten behagt. Strengen Sie sich dabei nicht an, konzentrieren Sie sich auf Ihre Atmung und halten Sie das Bild aufrecht. Lassen Sie es geschehen. Schauen Sie nach einer Weile auf das Thermometer. Sie werden feststellen, daß die Temperatur sich erhöht hat.

Die Kälteübung

In derselben Haltung wie bei der vorangegangenen Übung stellen Sie sich vor, wie Ihre Hand kalt wird. Stellen Sie sich einen Schneeball vor, der Ihre Hand kalt werden läßt, oder benutzen Sie ein beliebiges anderes Bild, das Ihnen behagt. Mit jedem Einatmen achten Sie auf die kühle Luft in den Nasenlöchern. Nach einigen Minuten schauen Sie auf das Thermometer. Sie werden feststellen, daß sich die Temperatur um einige Grad gesenkt hat. (Falls Sie keinen Unterschied bemerken sollten, versuchen Sie es ruhig noch einige Minuten länger.)

Die Herzschlagübung

In der gleichen Körperhaltung wie oben stellen Sie sich bildlich vor, wie Sie hinter einem Zug herhetzen, den Sie unbedingt noch erwischen müssen, oder wie Sie gerade in die letzte Runde zur Goldmedaille laufen, während Ihr Gegner einen kleinen Vorsprung hat. Beachten Sie den erhöhten Pulsschlag am Pulsmeßgerät, das Sie vorher an Ihrem Zeigefinger befestigt haben.

Zur Herabsetzung der Herzschlagfrequenz rufen Sie sich das Bild vor Augen, wie Sie im Bett liegen und ein Nickerchen machen.

Der russische Neurologe A.R. Luria hat demonstriert, wie wirksam solche Bilder (Intensionen) sein können. Luria berichtete über die bemerkenswerten Fähigkeiten seiner berühmten Versuchsperson, die dazu in der Lage war, alle möglichen unwillkürlichen Körperfunktionen zu beeinflussen. Sie konnte beispielsweise die eigene Handtemperatur steigern oder senken, indem sie sich einfach nur vorstellte, wie sie mit der Hand an einen warmen Ofen griff oder einen Eiswürfel hielt. Den eigenen Herzschlag beeinflußte die männliche Versuchsperson, indem sie sich vorstellte, wie sie hinter einem Zug herlief, der gerade aus dem Bahnhof fuhr, oder wie sie im Bett ein Nickerchen machte. Der Mann konnte außerdem seine Pupillen enger werden lassen oder sie weiten, indem er sich vorstellte, in die Sonne zu blicken oder im Dunkeln dazusitzen.

Durch das Selbststudium wird Ihnen deutlich werden, welch große Bedeutung der Achtsamkeit zukommt. Ebenso werden Sie aber auch lernen, daß sich Achtsamkeit trainieren läßt.

Um Muskelspannungen und Emotionen in den Griff zu bekommen, muß man ihrer erst gewahr werden. Was außerhalb des Bewußtseins liegt, läßt sich nicht beherrschen. Es ist die Macht der Aufmerksamkeit, derer Sie sich bedienen, wenn Sie den Beschluß fassen, vom unwillkürlichen (beispielsweise unregelmäßigen) Atmen zum willentlichen (etwa zum tiefen, regelmäßigen) überzuwechseln, oder wenn Sie beim Tennisaufschlag die Schultern entspannen.

Die Achtsamkeit kann Ihnen dazu verhelfen, Irrtümern und Fehlentwicklungen innerhalb der eigenen sportlichen Leistungsfähigkeit gegenzuwirken.

Jede Intension ist ein Auslöser der Transformation – der Veränderung. Es ist wie bei einem Schalter: wird er betätigt, nehmen Sie sich also etwas vor oder setzen Sie sich ein Ziel, reagiert das Nervensystem, um dieses Ziel zu erreichen.

Indem Sie Aufmerksamkeit/Bewußtsein neu zentrieren, können Sie Ihre emotionale Verfassung verändern und damit auch Ihre Leistungsstärke. Wie Deepak Chopra im Jahre 1993 in seinem Buch *Ageless Body, Timeless Mind* ausführt, bringt ein neues Bewußtsein auch eine neue Biochemie hervor.

Weil Ihre innere Programmierung unbewußt ist, erkennen Sie nicht, welche gewaltige Wirkung die Aufmerksamkeit/das Bewußtsein darauf hat, wie entspannt, wachsam, zuverlässig und gelassen Sie in fast allen Lebensbereichen bleiben können.

Sie können die Achtsamkeit also durchaus zu Ihrem Vorteil nutzen.

10. Selbstbeherrschung durch Yoga: Raja Yoga und Mentalkontrolle

Ich halte die Techniken des Raja Yoga für die vollkommensten Werkzeuge zur Erlangung der Selbstbeherrschung, weshalb ich sie auch in das Mentaltrainingsprogramm meiner Schüler und Studenten integriere.

Höchstes Ziel des Raja Yoga ist es, den Geist von Gedanken, Bildern und Wünschen zu befreien. Dies geschieht durch den achtstufigen Prozeß, wie er in der ersten schriftlich festgehaltenen Übersicht über den Yoga beschrieben wird – nämlich in Pantanjalis *Yoga Sutras*. Es sind diese, die *yamas* oder Einschränkungen/Verbote; die *niyamas* oder Observanzen/Gebote; die *asanas* oder Stellungen/Posituren; *pranayama*, die Atemkontrolle; *pratyhara* oder das Zurückziehen der Sinne nach innen; *dharana* oder die Konzentration; *dhyana* oder die Meditation; und schließlich *samadhi* oder das Überbewußtsein. Einige dieser Stufen habe ich in die folgende Übungsreihe eingebaut und entsprechend angepaßt (s. auch Kapitel 2):

1. Körperbewußtsein – Kontrolle durch Yoga-Stellungen
2. Atembewußtsein – Kontrolle durch Yoga-Atemübungen
3. Gezielte Aufmerksamkeitsbündelung – Kontrolle durch Selbstdisziplin
4. Konzentration

Diese Übungen führen zu gesteigerter Kontrolle von Körper und Geist (s. Abb. 5 auf S. 15). Auch für sich allein praktiziert, kann jedes dieser Elemente bereits hilfreich sein, in seiner Ganzheit aber ist das Programm noch wirkungsvoller. Jede Stufe verstärkt die andere. Abb. 6 (S. 17) veranschaulicht die innere Beziehung zwischen diesen Stufen und Übungen. Die Körperbeherrschung erleichtert die Atemkontrolle, während umgekehrt die Atemkontrolle wiederum die Körperbeherrschung vereinfacht. Ganz ähnlich erleichtern Körper- und Atemkontrolle die gezielte Aufmerksamkeitsbündelung, welche ihrerseits wiederum die Entwicklung der Konzentration fördert. Wird also jede dieser vier Stufen ausgeübt, fördert dies zugleich die Fertigkeiten der jeweiligen anderen Stufen.

Körper Bewußtseins-Kontrolle durch Yoga-Stellungen

Die folgenden Beispiele zeigen Ihnen, wie ich meine Studenten durch Yoga-Stellungen an die Entwicklung der Körperbeherrschung heranführe. Ich habe in den vorhergehenden Kapiteln bereits die Ausführung der Yoga-Stellungen beschrieben und auch erläutert, wie durch ihre Hilfe die Körperbeherrschung gesteigert werden kann. Meine Athleten beginnen ihr Training und ihre Wettkampfvorbereitungen damit, daß sie still und ruhig dasitzen und sich auf die Atmung konzentrieren. Athleten haben mir berichtet, daß schon das einfache «Stillsitzen» oder die Atembeobachtung zur sofortigen Beherrschung der Gemütsverfassung führen können. Es folgt nun die erste Übung, mit der meine Studenten jedes Training und jeden Wettkampf eröffnen.

Übung

Nehmen Sie an einem ruhigen Ort eine bequeme Sitzhaltung ein. Das kann ein einfacher Schneidersitz sein. Wirbelsäule Nacken und Kopf bilden zusammen eine Gerade. Die Hände ruhen auf den Knien, Daumen und Zeigefingerkuppen berühren sich leicht. Schließen Sie sanft die Augen, aber pressen Sie sie nicht zu.

Falls Ihnen der Schneidersitz unbequem sein sollte, nehmen Sie statt dessen auf einem Holzstuhl Platz. Achten Sie darauf, daß Oberkörper, Nacken und Kopf aufrecht sind, und stellen Sie die Füße flach und fest auf den Boden. Gleich welche Grundhaltung Sie wählen, der Rücken muß auf jeden Fall aufrecht und gerade sein, in einer Linie mit Nacken und Kopf und zugleich in bequemer Haltung, während die Atmung sanft und locker ist.

Sitzen Sie ganz still. Bewegen Sie sich nicht. Körper und Geist sind eins. Gerät der Körper in Bewegung, bewegt sich auch der Geist und umgekehrt. Seien Sie sich Ihres Körpers bewußt, wie er dasitzt, bewegungslos und entspannt. Achten Sie darauf, daß Sie dabei immer noch bequem, entspannt und ruhig sitzen.

Nun entspannen Sie alle Muskeln. Visualisieren Sie dies und gestatten Sie sämtlichen Muskeln, sich zu entspannen, weich und locker zu werden. Beginnen Sie dabei oben am Kopf, visualisieren und entspannen Sie die Muskeln der Stirn, um die Augen, um den Mund, die gesamte Gesichtsmuskulatur, sowie die Muskeln an Nacken, Schultern, Armen und Händen. Gehen Sie nach und nach jeden Körperteil durch, wie Sie es bereits beim kinästhetischen Training gelernt haben. Entspannen Sie die Muskeln im Brustbereich, im Rücken, Unterbauch sowie um Hüften und Becken, ferner die der Oberschenkel, Knie, Waden und Füße. Überprüfen Sie Ihren Körper, ob Sie noch irgendwo eine Spannung bemerken, lassen Sie an diese Stelle einfach Entspannung einströmen, während Sie gelassen und ruhig ausatmen. Diese Prozedur können Sie ein weiteres Mal wiederholen.

Atmen Sie nun tiefer, aber bequem durch und steuern Sie Ihren Körper aus. Sitzen Sie ruhig und still da – diese stille, entspannte Position wird Ihren Körper ebenfalls besänftigen und beruhigen. Sie werden verschiedene körperliche Empfindungen wahrnehmen, etwa Zucken oder das Gefühl der Schwere.

Das Stillsitzen unterstützt die Entwicklung von Atemkontrolle und Konzentration, die Kontrolle der Gedanken und Gefühle, und es merzt äußere Ablenkungen aus. Später werden Sie diese Stellung auch dazu benutzen, um Yoga-Atmung, Konzentration und Meditation auszuüben.

Ruhig und gelassen stillzusitzen ist außerordentlich wichtig, wird aber gemeinhin übersehen. Der französische Philosoph Pascal sagte einmal dazu: «Alles Leid des Menschen entspringt seiner Unfähigkeit, still im Zimmer zu sitzen, die Augen zu schließen und nichts zu tun.» Trainer bringen ihren Sportlern Bewegung bei. Doch stillzusitzen lehren sie sie nicht. Manche Trainer von Olympiamannschaften schützen ihre Athleten vor den störenden Reizen des Olympischen Dorfs, indem sie sie einen Tag vor dem Wettkampf in einem ruhigen, angenehmen Hotelzimmer unterbringen. Dabei vergessen sie freilich die Tatsache, daß das Zimmer noch so ruhig sein mag – wenn es im Geist der Athleten lärmt, hilft dies auch nicht weiter.

Neben dem Stillsitzen kann die Praxis einiger Yoga-Stellungen Ihnen zu einer größeren Körperbeherrschung verhelfen. Dazu empfehle ich die Rumpfbeuge und die modifizierte Rumpfbeuge im Sitzen (Beschreibung s. Kapitel 5), die nach dem Stillsitzen selbst ausgeführt werden (halten Sie sich aber stets vor Augen, daß Sie zu diesem Zweck auch jede andere Yoga-Stellung einnehmen können.) Es ist von größter Wichtigkeit, das Stillsitzen zu erlernen. Sie können erst dann den nächsten Schritt tun, wenn Sie das Stillsitzen und Ruhigstellen Ihres Körpers bemeistert haben.

Atemkontrolle (-bewußtsein) durch Yoga-Atemübungen

Nachdem Sie gelernt haben stillzusitzen und den Körper ruhigzustellen, geht es nun im nächsten Schritt darum, den Atem zu kontrollieren, also um Atembewußtsein. Dabei handelt es sich um eine außerordentlich wichtige Technik. Ich habe bereits in der Einleitung erwähnt, daß der Yoga eine entscheidende Rolle bei der Heilung meines Lebens und auch in meiner Sportlerkarriere gespielt hat. Tatsächlich waren es Atembewußtsein und Atemübungen, die mich erkennen ließen, daß ich meinen Geist, meine mentale Verfassung und meine Gefühle unter Kontrolle bringen konnte. Der Atem ist die Brücke zwischen Körper und Geist.

Die Yoga-Atmung ist ein sehr mächtiges Werkzeug. Allerdings müssen Sie wissen, daß es auch Schäden zur Folge haben kann, wenn man falsch damit umgeht. Als Junge, ohne eigenen Lehrer, versuchte ich sämtliche Pranayama-Übungen auszuprobieren, die ich in verschiedenen Yogabüchern fand. Erst später wurde mir klar, daß fortgeschrittene Pranayama-Übungen nur mit Hilfe qualifizierter Ausbilder gelernt werden können.

Die Atemübungen in diesem Buch lassen sich unbeschadet ausführen, solange Sie sich an die Anleitungen halten, und genügen vollauf zur Erreichung Ihrer Ziele. Wenn Sie fortgeschrittenere Techniken lernen und praktizieren wollen, halten Sie Ausschau nach qualifizierten Lehrern. Und wenn Sie mehr über den Yoga erfahren möchten, empfehle ich sehr die Schriften von Swami Rama, dem spirituellen Lehrer und Gründer des «Himalayan Institute of Yoga Science» in Pennsylvania.

Übung

Nachdem Sie den Körper durch Stillsitzen beruhigt und Körperbewußtsein hergestellt haben, konzentrieren Sie die Aufmerksamkeit auf die Atmung. Beobachten, visualisieren und verfolgen Sie im Geiste Ihre geschmeidige, tiefe Zwerchfellatmung, wie im vorigen Kapitel beschrieben.

Wie bereits zuvor erwähnt, besteht das höchste Ziel der meisten Yoga-Atemübungen darin, den Gemütszustand durch positive Beeinflussung des Nervensystems zu regulieren. Die Yoga-Atemtechniken erleichtern Konzentration und Meditation. Durch Yoga-Atmung erlangen Sie bewußte Kontrolle über unbewußte Aktivitäten des autonomen Nervensystems.

Veränderungen des mentalen Zustands, des Gefühlshaushalts, der körperlichen Sensationen und der Körperhaltung spiegeln sich sofort im Atemmuster wider. So führen beispielsweise Furcht und Zorn zu einer flachen Atmung; Leid bewirkt ungleichmäßiges, krampfhaftes Atmen. Positive Emotionen sorgen für eine gleichmäßige Atmung. Jede Veränderung der mentalen Verfassung spiegelt sich in der Atmung und auch im Körper wider. Dies gilt aber auch umgekehrt – indem wir das Atemmuster ändern, können wir auch das Gefühl beeinflussen.

Die Bündelung der Aufmerksamkeit

Die Schulung der Aufmerksamkeit ist die Vorbedingung für die Konzentration. Sie müssen lernen, allem, was Sie tun, mit voller Aufmerksamkeit zu begegnen. Ihr Geist sollte stets auch dort sein, wo Ihr Körper ist. Einige Sportler genießen nicht einfach die Ruhephase oder den Schlaf, sondern schleppen ihre Sorgen und Probleme mit ins Bett. Ganz ähnlich richten manche Athleten ihre Aufmerksamkeit woanders hin, wenn sie gerade essen. So stopfen sie sich mechanisch den Bauch voll, während sie gleichzeitig fernsehen oder lesen. Das führt dazu, daß das natürliche Gefühl der Sattheit erst später einsetzt, nämlich wenn sie schweren Druck im Bauch registrieren.

Der erste Schritt zur Schulung der Aufmerksamkeit besteht darin, allem, was man im Alltag tut, die Aufmerksamkeit zu widmen. Wenn Sie beispielsweise lernen, sollten Sie voll darin eintauchen. Ruhen Sie sich aus, so genießen Sie es voll und ganz. Und wenn Sie Ihren Sport ausüben, tun Sie dies unter Einsatz Ihrer vollen Aufmerksamkeit.

Die Aufmerksamkeit kann unwillkürlich sein, was wiederum bedeutet, daß sie im Prinzip einen Reflex darstellt. Wenn Sie die Aufmerksamkeit im Reflex auf etwas richten, geschieht dieses spontan und bedarf keiner Anstrengung. Hören Sie beispielsweise die Sirene eines Feuerwehrautos, so heben Sie vielleicht den Kopf und halten Ausschau danach, ohne erst darüber nachzudenken. Gezielte, willentliche Aufmerksamkeit dagegen bedarf der Selbstdisziplin. Dabei richten Sie Ihre Aufmerksamkeit durch einen Akt des Willens oder der Willensanstrengung auf einen bestimmten Gegenstand oder eine Idee. Das willentliche Aussteuern der Aufmerksamkeit verlangt Entschlossenheit und Übung.

Selbstdisziplin bedeutet, daß Sie Ihre volle willentliche Aufmerksamkeit auf das richten, was Sie gerade tun. Beschließen Sie, alles nur noch mit voller Aufmerksamkeit durchzuführen. Fortgesetzte Aufmerksamkeit führt zur Konzentration – also dazu, daß man bei der jeweils anstehenden Aufgabe auch bleibt.

Der menschliche Geist neigt dazu, schnell davonzuwandern. Die konzentrierte Analyse der Leistungsfähigkeit von

Spitzensportlern (S. Kapitel 16) beweist, wie übermächtig Gedanken sein können, vor allem in Streßsituationen. Jedem Sportler wird es schwerfallen, zentriert bei einer Sache zu bleiben, wenn er nicht vorher gelernt hat, den Geist zu zügeln und ruhigzustellen.

Die Entwicklung von Konzentration

Die vierte Stufe auf dem Weg zur Beherrschung des Geistes ist die Konzentration. Sie stellt die wichtigste mentale Fähigkeit dar und bedeutet, sich der jeweils anstehenden Aufgabe voll zu widmen – also Konzentrationsmangel ist die Hauptursache für Fahrigkeit und Unaufmerksamkeit des Sportlers.

Man kann nicht gleichzeitig zwei wichtige Gedanken im Geist präsent halten. Wenn Sie sich auf einen negativen Gedanken konzentrieren, können Sie sich nicht zugleich auch konzentriert der anstehenden Aufgabe widmen. Konzentrationsmangel ist eine Hauptursache für negatives Denken und auch der Hauptgrund für alle Denkfehler. Wenn man von negativen oder nebensächlichen Gedanken abgelenkt wird kann man sich nicht auf das konzentrieren, was getan werden muß, um den Sieg davonzutragen.

Die an früherer Stelle beschriebenen Körper- und Atembewußtseinsübungen fördern die Konzentration. Diese sollte passiv und mühelos sein. Sie sollte hergestellt werden, ohne Urteile dabei zu fällen – man sollte sich also einfach nur in einen entspannten Zustand zentrierter Aufmerksamkeit gleiten lassen.

Die einzige Möglichkeit, die Aufmerksamkeit zu schärfen und ablenkende Gedanken auf ein Minimum zu reduzieren, ist die Übung. Sie sollten daher regelmäßig Körper- und Atembewußtsein schulen. Am effektivsten steigern Sie die

Konzentration durch Meditation, worauf wir später noch eingehen werden.

Konzentration im Wettkampf

Es ist nicht immer leicht, im Wettkampf unter Hochdruck den Geist konzentriert zu halten. Schließlich schweift er ja ständig ab. Viele Sportler konzentrieren sich im Wettkampf nicht auf die Gegenwart; vielmehr schweift ihr Geist beispielsweise in die Vergangenheit ab und hängt Gedanken wie den folgenden nach: «Ich habe ja schon einmal gegen ihn verloren, da könnte es wieder passieren.» Oder die Zukunft wird zum Thema gemacht, etwa indem man über das Ergebnis des Wettbewerbs und seine Konsequenzen nachdenkt. Die meisten Athleten denken beim Wettkampf zu viel nach und versuchen viel zu angestrengt, ihre Bewegungen unter Kontrolle zu bringen. Emotionen, Sorgen und Bangigkeit hinsichtlich des Ausgangs der Veranstaltung stellen gewichtige Hindernisse auf dem Weg zur Konzentration dar.

Die konzentrierte Analyse der Performanz von Spitzensportlern beim Erbringen ihrer schlechtesten Leistungen zeigte deutlich, welch einem umfassenden Spektrum von Gedanken und Sorgen sie dabei unterworfen waren. Sie reagierten regelrecht schockiert, als ihnen klar wurde, was sie während eines wichtigen sportlichen Wettkampfs tatsächlich alles gedacht hatten (s. Kapitel 16).

Die entscheidenden Situationen beim Wettkampf sind die nicht aktiven Phasen – die Augenblicke vor, zwischen und nach den eigentlichen Geschehnissen. Das können beispielsweise die Mikropausen zwischen den Touchés beim Fechten sein oder wenn man gerade auf den Aufschlag des Gegners beim Tennis wartet. In dieser Zeit kann der Geist abschweifen, und eine Vielzahl von Gedanken tritt auf.

Tägliche Konzentrationspraxis wird Ihre Fähigkeit steigern, sich selbst unter Hochdruck beim Wettkampf auf die gerade anstehende Aufgabe zu konzentrieren. Wie bereits erwähnt, haben die meisten Sportler, mit denen ich zusammenarbeitete, die Feststellung gemacht, daß sie mit der Konzentration auf das Atmen und auf ein Mantra am besten ihre Konzentration fördern konnten. Eine der wirkungsvollsten Praktiken zur Steigerung der Konzentrationsfähigkeit ist die Meditation. Sportler berichten von gesteigerter Zentriertheit und Wachheit als Ergebnis ihrer Meditationspraxis. Auch hier wird am liebsten auf die Atmung oder ein Mantra meditiert.

Während des Wettkampfs müssen Sie Ihre Gedanken unter Kontrolle bekommen, sonst werden diese die Herrschaft über Sie ansichreißen. Eine erfolgreiche Leistung (im Spiel, beim Match, im Stechen) verlangt die volle Konzentration – auf eine Berührung, auf das Spiel usw. Stets darf dabei nur eine Sache allein im Vordergrund stehen. Um Konzentration und Leistung zu steigern, sollten Sie einen Renn- oder Wettkampfplan haben. Ein solcher bietet Ihnen einen geeigneten Zeitrahmen, innerhalb dessen Sie sich auf spezifische Dinge konzentrieren können.

Sie haben bereits in Kapitel 9 gelernt, daß Sie nicht Ihre Gedanken und Gefühle sind. Sie können selbst entscheiden, womit Sie sich verbinden. Außerdem haben Sie erfahren, daß sich viele Dinge beim Wettkampf durchaus in den Griff bekommen lassen, etwa Gedanken, Emotionen, Selbstgespräche, Muskelspannungen, Spielablauf, Routine, Reaktionen und die Konzentrationsspanne.

Nehmen wir als Beispiel einen beherrschten Fechter: Er beobachtet seinen Gegner, seine Aktionen, Bewegungen, Reflexe, Gewohnheiten, Stärken und Schwächen sowie Intensionen auf konzentrierte Weise. Er analysiert die Wettkampfsituation. So werden die Bewegungen des Gegners für ihn zu Signalen, auf die sofort eine Erwiderung erfolgt. Dann läßt er mental die ausgeführte Aktion «los» und konzentriert sich aufs neue.

In einer anderen Sportart mag es angezeigt sein, die Aufmerksamkeit – Konzentration – auf ein Objekt zu richten, das dem Sportler entspricht, und allein dabei zu bleiben. Beim Tennis, beim Golf, beim Baseball, Basketball oder Fußball könnte dieses Objekt der Konzentration beispielsweise der Ball sein. In diesem Fall würde sich Ihre Aufmerksamkeit auf die Verfolgung des Balls in der Bewegung richten. Vielleicht konzentrieren Sie sich aber auch außerdem noch auf das Geräusch des Balls, wenn Sie gerade schlagen, schießen, fangen oder passen. Ebenso können Sie sich auf das körperliche Gefühl konzentrieren, das Sie haben, wenn Sie den Ball treffen, schießen oder fangen.

Ich empfehle die Atmung als universales Objekt der Konzentration. Damit läßt sich jede Sportart optimieren – Golf, Basketball, Baseball, Tennis, Fußball, Fechten und die Kampfkünste, ebenso Schießsport und Schwimmen. Die Konzentration auf die Atmung bedeutet, daß man die Aufmerksamkeit auf das Strömen des Atems legt, auf das Ein- und das Ausatmen. So läßt sich beispielsweise der Geist in den Kampfpausen auf die Atmung richten, um konzentriert zu bleiben. (Die Atmung ist auch ein sehr nützliches Werkzeug gegen die Angst, die eine große Rolle bei Turnieren und Wettkämpfen spielt und die den Geist zum Abschweifen bringen kann.)

Da die Konzentration letztlich sportsspezifischer und individueller Art sein muß, können individuell zugeschnittene autogene Formeln, wie sie in Kapitel 15 beschrieben und besprochen werden, sehr wirksam dabei helfen, die Konzentration auf die gerade anstehende Aufgabe zu richten. Mit etwas Mühe – einer Mühe, die sehr interessant sein kann und eine Menge darüber offen legt, was in Ihrem Innern vorgeht – können Sie auch einige dieser schlichten Formeln selbst entwickeln. Diese Formeln beschäftigen den Geist und hindern ihn dadurch daran, vom jetzigen Augenblick abzuschweifen. So könnte das Objekt Ihrer Konzentration eine Kombination aus Atmung und individuell entwickelter autogener Formeln sein. In allen Sportarten stellt die Atmung ein wichtiges und wirksames Mittel zur erneuten Konzentration, zur Zentrierung sowie zur Wiederherstellung und Aufrechterhaltung des geistigen Gleichgewichts dar.

Die konzentrative Analyse Ihrer Leistungen legt offen, daß sich Sportler häufig nur bewußter an die Situation, ihre Gedanken und inneren Selbstgespräche beim Vollbringen von Bestleistungen zu erinnern brauchen, um durch solche Stichwortsignale die gleiche Konzentriertheit auszulösen.

Halten Sie sich an folgendes:

- Im kritischen Augenblick stets nur auf eine Sache konzentrieren
- Stets in der Gegenwart leben und ihrer gewahr sein
- Sich nicht mit der Betrachtung von Fehlern aufhalten
- Die Fähigkeit entwickeln, die Aufmerksamkeit selektiv auf kritische Merkmale zu richten.

Zusammenfassung

Die vorangegangenen Kapitel haben Ihnen gezeigt, wie man Yoga Asanas zu verschiedenen Zwecken einsetzen kann, ebenso wurden die vier Grundschritte auf dem Weg zur Selbstbemeisterung erläutert. Diese vier Grundstufen – Körperbewußtsein/-Kontrolle, Atembewußtsein/-Kontrolle, geschärfte Aufmerksamkeit und Konzentration – führen zur Meditation und schließlich zur Selbstbeherrschung.

Die Übungen dieser einzelnen Stufen sind, genau wie die in den vorangegangenen Kapiteln beschriebenen Asanas, überhaupt nicht schwierig. Schwieriger ist es da schon, sich darauf einzulassen und sie regelmäßig zu praktizieren, als sie auszuführen.

Es ist von größter Wichtigkeit zu begreifen, daß nur regelmäßige Übung zum gewünschten Ergebnis führt. Selbst die effizienteste Yoga-Übung oder mentale Fähigkeit kann nichts bewirken ohne regelmäßige Praxis. Beispielsweise läßt sich muskuläres Ungleichgewicht durch einseitiges Training nicht dadurch korrigieren, daß Sie nur einmal in der Woche ein paar Sekunden lang üben. Diese wenigen Sekunden oder Minuten der Übung stehen schließlich gegen Hunderte von Stunden – da können Sie nichts ausrichten und das Ergebnis ist gleich null! Auf ähnliche Weise werden Sie Übergewicht oder überhöhte Cholesterinwerte nicht dadurch beheben, daß Sie einmal in der Woche ein gesundes, kalorienarmes Frühstück zu sich nehmen. Es ist zwecklos, eine noch so hervorragende Technik nur gelegentlich anzuwenden, wenn man damit Herzattacken, Schlaganfälle oder Bluthochdruck verhindern möchte. Es führt kein Weg daran vorbei: Sie müssen täglich und regelmäßig üben!

Tatsächlich geht es beim Yoga darum, einen gesünderen Lebensstil zu entwickeln – eine Transformation. Das «große Geheimnis» des Yoga besteht nämlich darin, daß er falsche Lebensführung ändert und wieder normalisiert. Yoga-Übungen können nur wirken, wenn Sie sie regelmäßig und lange genug ausführen, um den negativen Effekt einer unnatürlichen Lebensführung auszugleichen, wie sie inzwischen ja allgemein üblich geworden ist. Die körperlichen Yoga-Stellungen und Übungen wurden dazu entwickelt, der einseitigen Lebensführung ein Gegengewicht zu bieten.

Aus sportlicher Sicht ist Yoga von größter Bedeutung. Ich habe in meinen vielen Jahren der Arbeit mit Sportlern feststellen können, daß der Yoga die effektivste Methode zur Erreichung der täglichen Übung von Aufmerksamkeit und mentalen Fertigkeiten ist. Diskussionen mit Sportlern haben gezeigt, daß der Yoga sie mehr als alles andere dazu motivierte, die Schulung mentaler Fertigkeiten regelmäßig zu praktizieren.

Indem Sie die Grundübungen der vier beschriebenen Stufen in Ihr Aufwärm- und/oder Abkühltraining integrieren, wird das Mentaltraining zu einer Alltagsroutine, einem «Lebensstil».

Das Bemerkenswerte am Yoga ist die Tatsache, daß er nicht nur die bereits geschilderten Vorzüge hat, sondern daß sich Yoga-Praxis auch noch gut anfühlt. Sportler berichten, daß der Yoga sie selbst nach dem härtesten Training wieder vitalisiert und Körper und Geist auffrischt.

11. Meditation

Es gibt viele Meditationsstile. Ich empfehle die Transzendentale Meditation (TM) von Maharishi Mahesh Yogi. Die Wirksamkeit von TM wurde in mehr als 500 wissenschaftlichen Untersuchungen an 210 Universitäten in über 30 Ländern eindeutig nachgewiesen. Meine persönlichen Erfahrungen mit TM sowie meine Beschäftigung mit den mentalen Vorbereitungsmaßnahmen meiner Athleten weisen ebenfalls deutlich auf TM hin.*

TM geht von der Grundannahme aus, daß, genau wie die Materie verschiedene Mengen oder Ebenen von Energie hervorzubringen vermag (Gravitationskraft, chemische und Nuklearenergie), auch der Geist das Potential hat, unterschiedliche Mengen und Stufen der Energie freizusetzen.

Je tiefer und grundsätzlicher wir in die Materie eindringen, um so mehr potentielle Energie erschließt sich uns. Die Philosophie der TM lehrt, daß Energie und kreative Intelligenz sich zunehmend steigern, je tiefere oder abstraktere Gedankenschichten man erfährt. Maharishi sagt, daß die Qualität des Tuns eines individuellen Menschen unmittelbar von der Qualität seines Denkens abhängt; wenn ein Mensch also dazu in der Lage ist, Gedanken auf feineren Stufen zu würdigen und daher über mehr Gedanken- oder Mentalpotential verfügt, wird er auch mit gesteigerter Effizienz, Kreativität und Klarheit handeln. Indem man systematisch und regelmäßig Kontakt zum Feld des maximalen Potentials herstellt, so meint Maharishi, also zur Grundkonstituente sämtlicher Existenzfelder, die zugleich der Ursprung des Denkens ist, kann der Mensch seine vollen mentalen und kreativen Potentiale

* Ich möchte an dieser Stelle Herrn Richard LaMarita meinen Dank aussprechen, der mich in TM einführte.

entfalten. Dieser Prozeß des systematischen Kontakts mit dem Ursprung des Denkens wird TM genannt. Maharishi beschreibt TM folgendermaßen: «Die Technik läßt sich so definieren, daß die Aufmerksamkeit nach innen auf die feinsten Gedankenebenen gerichtet wird, bis der Geist schließlich die feinsten Gedankenzustände transzendiert und zur Quelle des Denkens selbst vorstößt.»

Bei TM handelt es sich um eine sehr spezifische Technik, die sich von anderen Meditationsstilen unterscheidet. Sie ist ihnen insofern unähnlich, als sie mühelos, leicht und ohne jede Konzentration, Kontemplation oder körperliche wie mentale Kontrolle abläuft. Tatsächlich ist die Mühelosigkeit gerade der Schlüssel zu ihrer Effizienz.

Die meisten Meditationssysteme behaupten, daß der Geist dazu neige abzuschweifen und daß man ihn daher erst unter Kontrolle bringen muß, wenn man zum Ursprung des Denkens vorstoßen will. Um diese Kontrolle zu erlangen, bedarf es sowohl während der Meditation als auch während der Vorbereitung darauf einer rigorosen Disziplin. Maharishi dagegen lehrt, daß der Geist nicht ziellos umherwandert, sondern dazu neigt, sich von Natur aus in die Richtung jener Erfahrungen zu bewegen, die größeres Glück und Zufriedenheit versprechen. Das Erfahren immer feiner werdender Aspekte des Denkens wird auch als immer beglückender empfunden. Deshalb braucht man auch nur zu lernen, wie man damit anfängt, feinere Aspekte des Denkens zu erleben, denn dann wird die Aufmerksamkeit spontan nach innen gelenkt, bis sie alles transzendiert und zur Quelle des Denkens gelangt. Diese Technik bedarf keiner Suggestion, keiner Glaubenssätze, keiner Mentalkontrolle oder körperlichen Manipulation.

Anders als bei anderen Systemen der Meditation und der persönlichen Weiterentwicklung werden dem einzelnen keine Vorschriften in Bezug auf Ernährung und tägliche Gewohnheiten gemacht. Maharishi betont vielmehr, daß TM als Vorbereitung für erfolgreiches Tun praktiziert wird und nicht als Flucht vor den Problemen des Lebens. Er sagt ferner, daß der einzelne Mensch sein volles Potential entfalten kann, wenn er zweimal am Tag für 20 Minuten in Kontakt mit der Urquelle des Denkens tritt.

TM verwendet ein Mantra, doch sollte man sich auf dieses nicht konzentrieren. Ein Mantra ist ein Vehikel, um den Geist zu seiner eigenen Quelle zurückzuführen, ein Reservoir der Energie, Kreativität und Intelligenz. Die Technik wird zweimal am Tag für jeweils 20 Minuten in bequemem Sitz und mit geschlossenen Augen praktiziert – einmal am Morgen und einmal am Nachmittag. Das kann man überall tun – zuhause, im Flugzeug, in der Bahn, im Büro. Wenn Sie zu meditieren beginnen, nutzen Sie den Denkprozeß mit dem Mantra als Medium, und zwar genau auf jene präzise, aber entspannende Weise, wie Sie Ihnen beigebracht wurde.

Wenn sich der Geist beruhigt, wachsen von Natur aus Kreativität, Intelligenz und Energie. Die tiefste Schicht des Geistes ist auch das Feld maximaler Energie und Intelligenz. Hier begegnen wir einem unerschöpflichen Reservoir aus reiner Energie und kreativer Intelligenz. Hier entstehen alle Gedanken. Dies ist die Quelle des Denkens. Die Quelle des Denkens ist das Feld des reinen Bewußtseins. Eine Stufe der Bewußtheit, auf der das Bewußtsein für sich selbst geöffnet ist, seinem eigenen vollen Potential aufgeschlossen. Es bleibt stumm, und doch bereit, mit maximaler Dynamik, Klarheit und Geordnetheit zu funktionieren. Nach zwei Minuten der Praxis können Sie sich in die Aktivität stürzen, ausgeruht und verjüngt durch ein Mehr an Kreativität und Intelligenz.

TM läßt sich leicht erlernen, und die Ausführung macht Spaß. Sie werden die Vorzüge von TM auf der Stelle erfahren, und diese wachsen mit der Zeit noch weiter an. TM läßt sich auch leicht verstehen – die Technik ist schlicht, natürlich und frei von Anstrengung.

Durch TM können wir die eigenen normalen Fähigkeiten bis an die Spitze treiben, eine Entwicklungsstufe, wie sie die meisten Menschen nur selten erfahren.

Das TM-Programm ist auch sicher und effizient; es läßt sich systematisch und einheitlich unterrichten und führt schnell zu Ergebnissen. Darüber hinaus lassen sich alle diese Eigenschaften auch objektiv vorführen.

TM ist zwar ein müheloser, schlichter Prozeß, bedarf aber eines qualifizierten Ausbilders. TM läßt sich nicht aus einem Buch lernen. Der Grund dafür liegt darin, daß jeder etwas anders auf die ersten Stufen dieser Erfahrung reagiert, die ja immerhin recht neu ist, weshalb die Instruktionen auch auf der Grundlage subjektiver Berichte entsprechend angepaßt werden müssen, um eine mühelose Fortsetzung des in Gang gesetzten Prozesses zu gewährleisten. Dieses läßt sich aber effizient nur durch die Anwesenheit eines ausgebildeten Lehrers bewerkstelligen. (Zur Veranschaulichung dieses Problems stellen Sie sich einmal vor, wie schwierig es wäre, jemandem das Träumen beizubringen – also einen Bewußtseinszustand, den er noch nie erlebt hat –, und zwar ausschließlich durch schriftliche Beschreibungen.)

Ein TM-Kurs besteht nach dem Einführungsvortrag und -gespräch aus jeweils einer zweistündigen Sitzung an zwei aufeinanderfolgenden Tagen. Dies dürfte die beste Investition werden, die Sie jemals getätigt haben.

Das Denken: Errungenschaft und Gegner

Das Denken ist die Grundlage jeglicher Aktivität. Jedes Projekt, jede Brücke, jedes Denkmal, jedes Flugzeug begann einmal als Gedanke. Die eigene Zielsetzung, das Training und der Spielplan – sie alle entstehen im Denken. Der Gedanke ist die Grundlage jedes Tuns, das wiederum die Grundlage des Erfolgs darstellt. Doch wie Ihnen die konzentrierte Analyse athletischer Schlechtestleistungen (wie auch sicherlich die eigene Lebenserfahrung) lehrt, kann ein negativer Gedanke Ihr schlimmster Feind sein, vernichtet er doch das Selbstvertrauen, die Konzentration und schließlich auch die Leistung. Je klarer, kreativer und intelligenter Ihre Gedanken sind, um so erfolgreicher Ihr Entwurf, Ihre Umsetzung und Ihre Leistung.

Gedanken strömen ständig durch den Geist, Wasserfällen gleich. Jeden Tag erfahren wir Tausende davon. Wir erkennen sie als Bild, als Wort, als Idee oder als Gefühl.

Normalerweise werden Sie den Gedanken nur komplett in seiner vollentwickelten Form bemerken. Doch entstehen Gedanken nicht bereits fertig. Sie entspringen erst einem Feld, das auf einer abstrakten, feineren Ebene existiert, bevor sie schließlich völlig klar geworden sind.

TM befaßt sich direkt mit der Aktivität des Geistes – der Aktivität des Denkens. Im Prinzip handelt es sich dabei um eine Prozedur, mit deren Hilfe die Mechanik des Denkprozesses aus einer neuen Warte erfahren wird. Wie ich bereits erwähnte, wird man sich des Denkens meist nur in seiner vollentwickelten Form bewußt. Alles Denken aber muß bereits früher einsetzen und sich erst entwickeln. Es ist jedoch möglich, diese Stufen auf systematische Weise ins Bewußtsein zu holen. (s. Abb. 7)

Der Geist ist wie der Ozean. Jeder Gedanke entspringt den tiefsten Schichten des geistigen Ozeans. Die Oberfläche gleicht dem Bewußtsein. Gedanken setzen sich aus den tiefsten Schichten in Bewegung wie eine Luftblase am Meeresboden. Je höher die Blase steigt, um so größer wird sie, bis sie

		Geist	Körper
relativer Zustand, ständig wechselhaft (R)	Schlaf Traum Wachzustand	geringe Aktivität etwas Aktivität Aktivität	verringerte Stoffwechselrate (8-15%) etwas Ruhe aktiv
absoluter Zustand, es ist, was es ist (A)	tranzendentales, reines Bewußtsein	ruhig, still, nicht aktiv, gleichzeitig ausgeruhte Wachheit	verringerte Stoffwechselrate (18-25%) ausgeruhte Wachheit

Abb. 7: Die Stufen des Bewußtseins

schließlich an die Oberfläche vorstößt und bewußt als Blase (oder Gedanke) wahrgenommen wird. Dabei steigt sie durch das gesamte Bewußtsein empor. Wobei durch die Praxis der TM die Gedankenblase eben durch die jeweiligen Bewußtseinsstufen und nicht nur an der Oberfläche gewürdigt werden kann, was die Macht des bewußten Geistes um ein Vielfaches steigert. Wenn Ihr Bewußtsein also seine eigene Schicht bis zum Boden dieses Ozeans transzendiert, ist es damit zur Quelle aller kreativen Intelligenz vorgestoßen.

TM verwendet den Gedanken und verknüpft ihn mit einem «Laut» zu eben diesem Zweck. Der Grund dafür liegt in der Struktur subjektiver sinnlicher Erfahrung. Dieser Laut wird «Mantra» genannt. Es gibt verschiedene Reihen von Lauten (Mantras), die seit Jahrhunderten tradiert werden und die die besondere Eigenschaft aufweisen, als immer beschwingender und angenehmer erfahren zu werden, je weiter man mit ihnen vorstößt. Die alte Überlieferung hat nicht nur diese

Laute (Mantras) vermittelt, sondern auch ein System von Regeln oder Formen, nach denen Sie den einzelnen Menschen zugewiesen werden sollen. Dahinter steht der Gedanke, daß jedem Laut eine bestimmte Kapazität eignet, die nur mit einem besonderen, individuellen Nervensystem in Resonanz zu treten vermag.

Es gibt drei Bewußtseinsstufen: Schlaf, Traum und Wachzustand. Das Wissen unterscheidet sich je nach Bewußtseinsstufe (Schlaf – Illusion, Wachzustand – Ursache und Wirkung). Schlafen, Traum und Wachzustand sind relativ (R), weil veränderlich.

TM produziert einen vierten Bewußtseinszustand: das transzendentale oder reine Bewußtsein. Dies ist ein absoluter (A) Zustand. (s. Abb. 8)

TM umfaßt sämtliche Zustände. Beim Meditieren begeben wir uns auf die (A)-Stufe.

Während der Transzendentalen Meditation wird ein vierter Bewußtseinszustand eingeführt. Dieser ist höher als die anderen und einzigartig. Bei der TM erleben wir ihn als transzendentales, reines Bewußtsein – keine Gedanken, kein Mantra, einfach nur das schiere Bewußtsein. Das reine Bewußtsein ist stets vorhanden, nämlich in den Pausen zwischen den Gedanken, nur daß wir seiner nicht bewußt werden.

Indem wir TM praktizieren, erweitern wir das transzendentale Bewußtsein, und zwar nicht nur während der TM allein – sondern auch sonst –, wir weiten es aus, bis es unser gesamtes Denken und unsere Alltagsaktivitäten durchdringt. TM ist ein Prozeß der systematischen Reinigung des Nervensystems, der zu einer immer klarer werdenen Erfahrung des vierten Bewußtseinszustandes (transzendentales – reines Bewußtsein) führt und danach sogar zu einem fünften Zustand, bei dem das reine Bewußtsein zusammen mit dem Wachbewußtsein, dem Traum und dem Schlaf aufrechterhalten wird.

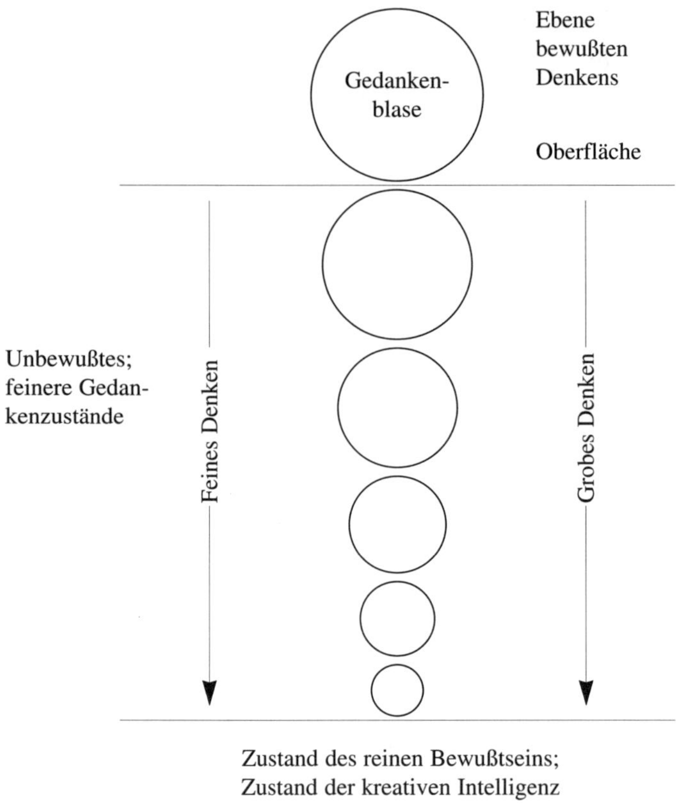

Abb. 8: Ebenen des Denkens Grafik: Patrica Drake Hemingway

Dieser fünfte Bewußtseinszustand ist die «Erleuchtung». Jahrhunderte lang bezeichnete der Begriff Erleuchtung auf vage, kaum näher definierte Weise einen Grad der Reinheit, Integration und persönlichen Entwicklung, den nur wenige aufzuweisen hatten.

Maharishi hat zum ersten Mal den Zustand der Erleuchtung klar definiert und beschrieben. Erleuchtung ist identisch mit der fünften Bewußtseinsstufe. Auf dieser Stufe wird das reine Bewußtsein stabilisiert und mit der Wachaktivität, dem Traum und dem Tiefschlaf integriert.

Dafür gibt es spezifische Kriterien, einmal die subjektive Erfahrung sowie Kriterien auf der Basis physiologischer Meßwerte.

Die Erlangung kosmischer Erleuchtung ist dauerhaft. Es ist ein Leben der wahren Freiheit. Völlig frei seiend, unser volles Potential in sämtlichen Aktivitäten nutzend, verfügen wir über mehr Können, mehr Selbstsicherheit, mehr Selbstzufriedenheit und inneres Glück. So fängt man an, 200 Prozent zu leben (100 Prozent im Innen, 100 Prozent im Außen).

Zur weiteren Einführung in TM empfehle ich die folgenden drei hervorragenden Werke:

Hemingway, Patrica Drake. *The Transcendental Meditation Primer: How To Stop Tension and Start Living.* New York, Dell Publishing Co., Inc.

Denniston, Denise. *The TM Book How To Enjoy The Rest Of Your Life.* Fairfield, Iowa: Fairfield Press.

Roth, Robert. *Maharishi Mahesh Yogi's TM.* New York: Donald L. Fine.

Wer etwas analytischer einsteigen möchte, der sei verwiesen auf:

The collected papers *Scientific Research On The TM Program*, Maharishi European Research University Press.

TM als Mittel der Leistungssteigerung

Weitaus mehr als der Durchschnittsmensch sind Sportler dem Streß ausgesetzt. Nicht nur daß sie den Alltagsstreß der Arbeit, des Studiums, der Familie und der persönlichen Probleme bewältigen müssen, bei Spitzensportlern kommen auch noch gewaltige tägliche Trainingsbelastungen dazu, die den Körper physisch wie mental auslaugen. Weiterer Streß rührt daher, daß solche Sportler unter dem Druck stehen, ständig Spitzenleistungen zu erbringen, schließlich auch durch die Wettkampfbelastung sowie die Angst vor dem Scheitern und seinen Konsequenzen.

TM bietet Sportlern viele Vorteile. Bei regelmäßiger Praxis kann der Athlet damit den Streß auflösen. Das bedeutet, daß das Nervensystem kräftiger, widerstandsfähiger und frei von Streß wird. Forschungen haben außerdem ergeben, daß TM die wirkungsvollste Technik zur Auflösung von Streß und Herstellung von Tiefruhephasen ist. Durch TM verringert sich der Stoffwechseldurchsatz schon nach wenigen Minuten um 18-25 Prozent. Im Schlaf dagegen verringert er sich erst nach 5-6 Stunden, und auch dann nur um 15 Prozent.

Die große Trainingsbelastung, der Druck des Wettbewerbs, Siegestaumel, die Qual des Verlierens, die Angst davor usw. machen den Sportler sehr emotional, verpassen ihm eine Achterbahnfahrt der Stimmungen und Gefühle. Praktiziert er jedoch zweimal am Tag, am Morgen und am Nachmittag, TM, erfährt er Tiefenentspannung, lösen sich die Verspannungen im Körper und wird derselbe verjüngt. Das Nervensystem wird gereinigt, und Energie sammelt sich an.

Unsere Gedanken können klar, kreativ und intelligent oder weniger kreativ, unklar und negativ sein. Negative Gedanken aber sind der größte Feind des Athleten. Die Sportpsychologie befaßt sich sehr intensiv mit diesem Thema. Positives Denken, das Ersetzen negativer Gedanken durch positiv formulierte, die Zentrierung der Aufmerksamkeit auf das Rennen, den Spielplan – auf die gerade anstehende Aufgabe usw. –

sind alles effektive Techniken. TM aber stößt zu den Wurzeln vor, zum Entstehungspunkt des Denkens.

Gedanken entspringen dem Feld aus reiner Energie tief im Innern des Geistes, wo sie erst auf einer abstrakten, feineren Ebene existieren, bevor sie schließlich völlig klar oder «negativ» werden.

Ihr Denken wird immer mächtiger, kreativ und intelligent sein, wenn Sie mit Hilfe der TM den Speicher der Energie und Intelligenz anzapfen. Jeder Gedanke besitzt eine Art intelligentes Ziel oder eine Richtung. Wir erfahren täglich Tausende von Gedanken, die Energie benötigen. Jeder Gedanke hat irgendeine Richtung, die der Kreativität bedarf. Alle Gedanken, die wir gewöhnlich erfahren, richten sich nach außen, durch denken und sprechen (Selbstgespräch), und schließlich münden sie in die Tat.

Bei der TM benutzen wir ein Vehikel, einen bestimmten Gedanken namens Mantra. Es liegt an der Natur des Vehikels und an der Art, wie wir es erleben, daß der Geist ihm automatisch folgt; er verfolgt also den Gedanken des Mantras zurück zur Quelle allen Denkens ins Feld der reinen Energie, tief verborgen im Innern des Geistes, wo er schließlich den Prozeß des transzendentalen (reinen) Bewußtseins erfährt. Als Ergebnis dieses Prozesses werden Ihre Gedanken mächtiger, klar, kreativ und intelligent.

Ich möchte an dieser Stelle aber auch noch auf einen weiteren Aspekt hinweisen. Alle sportlichen Aktivitäten bedürfen der Anstrengung, der Konzentration, der zentrierten Aufmerksamkeit sowie der körperlichen wie mentalen Kontrolle. Auch die mentalen Fertigkeiten und Techniken bedürfen einer Art von Kontrolle, Konzentration und Suggestion. So werden Sportler durch Anstrengung, Suggestionen und Kontrolle überfordert. Da es sich bei TM aber um eine mühelose, natürliche Technik ohne jede Kontrolle, Suggestion oder Konzentration handelt, stellt sie einen guten Ausgleich und eine Ergänzung für das sportliche Programm und das Leben des Athleten dar.

Athleten berichten davon, daß sie sich durch TM besser ausruhen können und Zugang zu größeren Kraftreserven finden. Weitere Berichte weisen darauf hin, daß die Konzentration sich bessert, die Gedanken klarer werden und die Praktizierenden weniger Streß erleben müssen.

Untersuchungen über die Auswirkungen von TM auf den Sport berichten von schnelleren Reaktionszeiten, überragender motorischer Aussteuerung, Geschwindigkeitssteigerung, Präzisionsoptimierung und allgemeiner sportlicher Leistungsverbesserung. TM erhöht das Durchhaltevermögen und die Fähigkeit, bis zum Ende eines Spiels, eines Rennens oder eines anderen Wettkampfes Spitzenleistung zu bringen, und außerdem verfeinert TM das Denken.

Alle Aktivität beruht auf dem Denken. Wenn wir den Ursprung des Denkens anzapfen können, zapfen wir damit auch den Ursprung unserer kreativen Intelligenz an. Durch regelmäßiges Üben der TM über eine gewisse Frist können Athleten ihr eigenes Potential nicht nur im Sport, sondern auch im Privatleben realisieren und zur Gänze ausfüllen.

Wie soll nun TM in die sportliche Vorbereitung integriert werden? Sollte TM andere Mentalfertigkeiten ersetzen?

Nein, denn TM ist kein Ersatz für andere mentale Fertigkeiten oder Trainingsaktivitäten. TM stellt vielmehr eine effiziente, natürliche, wohltuende Ergänzung zum sportlichen Training wie auch zu den Alltagsaktivitäten dar. TM ist ein Mittel, sich auf Sport und Alltag vorzubereiten.

Also meditieren Sie am Morgen 20 Minuten lang, bevor Sie mit dem Training oder den Tagesaktivitäten beginnen, dann weitere 20 Minuten am Nachmittag (oder am frühen Abend) bevor die Abendaktivitäten anfangen. Diese beiden TM-Sitzungen versorgen Sie mit frischer Energie und bereiten Sie auf die vor Ihnen liegenden Aktivitäten vor. Dadurch setzen sie mehr körperliche und mentale Energie frei, mehr Klarheit und Kreativität im Denken und eine gesteigerte Produktivität.

Als Ergebnis regelmäßiger TM-Praxis werden Sie eine allgemeine Verbesserung in allen Tätigkeitsbereichen feststellen, etwa in den Beziehungen und der Kommunikation mit Trainer und Mannschaftskameraden wie auch Kollegen; auch gesteigerte Klarheit, Kreativität und Intelligenz in allem Denken und Tun gehören dazu, ebenso ein erweitertes Bewußtsein. Sie werden die Feststellung machen, daß Sie alles um sich herum mit größerer geistiger Schärfe und gesteigerter Sensibilität gegenüber Ihren eigenen Gefühlen und Wünschen wahrnehmen. Es wird Ihnen auffallen, daß Sie für Ihre Aktivitäten über mehr Energie und Begeisterungsfähigkeit verfügen, während Sie unter Druck gelassen bleiben und bei der Verwirklichung Ihrer Ziele offener und flexibler vorgehen. Auch Ihre geistigen Fähigkeiten werden eine Steigerung erfahren.

12. Die Macht des Bewußtseins im Sport und im Leben

Bewußtsein beeinflußt signifikant sämtliche Aspekte des Lebens, von der Alltagsroutine über die sportliche Leistung bis zum Prozeß des Heilens und Alterns. Im allgemeinen unterschätzen wir seine Macht und machen sie uns nicht zunutze.

Sie können nichts kontrollieren, dessen Sie nicht auch bewußt sind. So verbessern Sportler beispielsweise häufig ihre Leistung einfach dadurch, daß sie sich beim Tennis oder Fechten einer Muskelverspannung in den Schultern bewußt werden.

Das Bewußtsein kann auch eine Menge dessen erklären, was im Körper vorgeht. Wie es Deepak Chopra, M.D. in seinem Bestseller *Ageless Body, Timeless Mind* formuliert: «Die Biochemie des Körpers ist ein Produkt des Bewußtseins. Glaubenssätze, Gedanken und Emotionen erzeugen chemische Reaktionen, die in sämtlichen Zellen das Leben aufrechterhalten.» Jeder Gedanke, jedes Gefühl und jede Glaubensannahme oder Überzeugung wirkt sich auf Ihre Leistung ebenso aus wie auf Heilung, Ganzwerdung und den Alterungsprozeß, und zwar entweder direkt oder indirekt. Es gibt keine Trennung zwischen Körper und Geist, denn Körper und Geist sind eins. Das eine beeinflußt das andere.

Furcht, Bangigkeit und Zweifel können der Leistungsfähigkeit und jahrelangen sportlichen Vorbereitung den Garaus machen. Depressionen schwächen das Immunsystem. Die Erinnerung an einen verlorenen Wettkampf oder der Gedanke an das Scheitern setzt dieselben zerstörerischen Hormone frei wie der tatsächliche Streß selbst.

Ihre sportliche Leistungsfähigkeit, Heilung und das Altern sind komplexe Prozesse. Sie sind nicht allein körperlicher, sondern auch mentaler Natur. Daher lassen sie sich auch durch das, was man denkt, glaubt und fühlt, verändern.

Ich habe es immer als faszinierend empfunden, daß meine Fechter in einem Kampf hervorragende Ergebnisse zeitigten, nur um im nächsten ganz erbärmlich abzuschneiden. In einer derart kurzen Zeitspanne konnten sich Fitness und Technik unmöglich so drastisch verschlechtert haben. Dieses Phänomen läßt sich aber durch Verlagerungen im Bereich des Glaubens, Denkens und Fühlens erklären.

Ganz ähnliche Verlagerungen des Bewußtseins, schreibt Chopra, finden auch bei spontanen Krebsheilungen statt. «Untersuchungen über spontane Krebsheilungen haben ergeben, daß offenbar jeder Patient unmittelbar vor der Heilung eine dramatische Bewußtseinsveränderung durchläuft.» Der Patient weiß, daß er geheilt werden wird, so wie der Athlet weiß, daß ihm der Sieg sicher ist.

Der Körper verarbeitet alles, was wir sehen, hören, riechen und berühren, auch wenn wir uns dessen nicht bewußt sind. Fühlt man sich glücklich oder deprimiert, so erfährt jede einzelne Körperzelle davon und reagiert entsprechend darauf.

Glück, Freude und Liebe stärken das Immunsystem. Angst und Depressionen können sich als Geschwüre oder Krämpfe manifestieren. Der Körper projiziert Gedanken und spiegelt jeden geistigen Vorgang wider.

Es kommt häufig vor, daß Sportler die Absicht ihres Gegners einfach anhand von Körpersprache, Gestik und Mimik erraten.

Studien haben gezeigt, daß Fechter, die an ihren Sieg glauben, mehr Kämpfe gewinnen und in der Regel auch aktiver fechten. Der Glaube des Fechters an den Sieg steht in unmittelbarem Zusammenhang mit der tatsächlichen Zahl seiner gewonnenen Runden. Dieser Glaube wirkt sich auch darauf aus, wie sich der Fechter während der Runde verhält, und er steht auch in deutlichen Zusammenhang zum aktiven Fechten. Aktives Fechten bedeutet hier, die Initiative zu ergreifen. Der aktive Fechter gibt im Kampf den Ton an.

Weitere Studien haben sich mit dem Vergleich von fechterischen Leistungen unter hohem Druck bei wichtigen Wettkämpfen mit jenen unter weniger Druck bei unwichtigeren Kämpfen befaßt. Bei weniger wichtigen Kämpfen war die Relation zwischen dem Glauben an den Sieg und den fechterischen Attacken statistisch zwar nicht signifikant, wies aber eine Tendenz in Richtung Signifikanz auf. Bei wichtigen Kämpfen jedoch wird diese Beziehung signifikant verstärkt.

Bewußtsein und Aufmerksamkeit können die Leistungsfähigkeit signifikant steigern und die sportliche Vorbereitung effizienter machen.

Die Übungen in den Kapiteln über das Selbststudium und das Autogene Training nutzen die Macht des Bewußtseins und der Aufmerksamkeit, um die unwillkürlichen Funktionen zu beeinflussen und zu beherrschen, um zu beweisen, daß entspannte Absicht (passive Aufmerksamkeit) automatisch dazu neigt, sich zu verwirklichen. So zeigen beispielsweise die Ballon-, die Pendel- oder die Übung mit geschlossenen Augen (s. Kapitel 9), wie eine bestimmte Absicht auch bestimmte Muskelgruppen aktiviert, Impulse im Nervensystem und unbewußte Muskelaktivität auslöst, wenn sie nicht gerade zeigen, wie sich ein willentlicher Akt durch die entsprechende Absicht verhindern läßt. Die Übungen, die sich mit Wärme, Kälte und Herzschlag befassen (s. Kapitel 9), wie auch die autogenen Grundübungen, demonstrieren die Möglichkeit, unwillkürliche Körperfunktionen beherrschen zu lernen.

Die im Kapitel über ideomotorisches Training beschriebenen Studien haben gezeigt, daß die perfekte Ausübung einer sportlichen Fertigkeit, eine perfekte Performanz also nicht nur auf

Technik und Fitness beruhen, sondern ebenso auf der Aufmerksamkeit, die der Athlet darauf richtet.

Ideomotorische Studien haben nachgewiesen, daß die zentrierte Aufmerksamkeit, die der Athlet im Geiste der Bewegung widmet, die Struktur eben dieser Bewegung hochgradig beeinflußt. Diese Aufmerksamkeitszentrierung oder ideomotorische Ausrichtung ist ein psychologischer Faktor, der bei der Bewegung eine Rolle spielt. Er gehört zu den wesentlichen Elementen, die über Form und Vervollkommnung der Bewegung entscheiden.

Studien haben außerdem ergeben, daß die Konzentration des Athleten von entscheidender Bedeutung für den eigentlichen Bewegungsablauf ist. Verlagert der Athlet den Konzentrationspunkt, so verändert er damit die Grundstruktur der Bewegung und modifiziert seine Technik. Zu den untersuchten Beispielen gehörten Weitsprung, Dreisprung, Turnen und Fechten.

Im Sport gibt es zwei unterschiedliche Arten ideomotorischer Ausrichtung. Sie können sich je nach Sportart und aktueller Situation unterscheiden. Die eine nennt man das stabile oder fixe ideomotorische Setup (IS), die andere ist ein veränderliches oder variables IS. Das stabile IS ist typisch bei Sportarten, bei denen die Bewegungen sich nicht verändern und die Wettkampfbedingungen ebenfalls relativ stabil sind. Dazu gehören beispielsweise Hochsprung, Weitsprung, Tauchen, Tontaubenschießen, Turnen und Bogenschießen. Ein stabiles IS erzeugt beim Athleten die Bereitschaft, Körper und Geist auf die spezifische Bewegung zu konzentrieren, die von ihm gefordert wird.

Das veränderliche ideomotorische Setup findet in Sportarten Verwendung, bei denen sich der Athlet auf eine sich schnell verändernde Umgebung einstellen muß. Die entsprechenden Reize können entweder von den Bewegungen des

Athleten selbst vor dem Hintergrund eines sich verändernden Geländes herrühren (beispielsweise beim Skilaufen), oder von einem Gegner, der wiederum auf die Bewegungen des Sportlers reagiert (so im Tennis, beim Fechten und Ringen). Das veränderliche ideomotorische Setup ist eine Art Plan oder Modell zur Bewältigung der Situation, vor der der Athlet steht. Ziel ist es, seine Leistungskraft zu maximieren, indem sämtliche früheren Erfahrungen des Athleten sowie seine gegenwärtig entwickelten Fertigkeiten aktiviert werden.

Das ideomotorische Setup stellt einen psychologischen Faktor dar, der eine Bindung zur Bewegung aufweist. Es gehört zu den maßgeblichen Elementen, die über die Form der Bewegung und ihre Vervollkommnung bestimmen. Das Bild, das der Athlet sich von der Bewegung im Geiste macht und dort bewahrt, übt großen Einfluß auf die Gesamtstruktur der Bewegung aus.

Der sinnliche Inhalt des ideomotorischen Setups – also die Sinneswahrnehmungen, auf die der Athlet sich während der sportlichen Betätigkeit konzentriert – ist von entscheidender Bedeutung für die tatsächliche Form der Bewegung. Sobald der Sportler durch das ideomotorische Setup den Schwerpunkt seiner Konzentration verlagert, verändert er damit sogleich Struktur der Bewegung und Technik selbst.

Dieses Phänomen wurde in Osteuropa ausgiebig erforscht. So haben die Forscher Dschachkow, Gerimin, Ceresnevowa und Tishler (1965) durch ihre Untersuchung der Auswirkungen ideomotorischer Setups in verschiedenen Sportarten die große Bedeutung derselben nachweisen können. So wurden beispielsweise Weit- und Dreispringer mit zwei verschiedenen ideomotorischen Setups untersucht. Die Sportler mußten während des Trainings zwischen beiden Setups abwechseln. Es wurden folgende Setups verwendet:

- Die Konzentration auf die Kraft beim Start
- Die Konzentration auf die Geschwindigkeit, mit der der Springer auf den Absprungpunkt zulief

Die Studie erbrachte den Nachweis, daß ein Wechsel des ideomotorischen Setups zu unterschiedlicher sportlicher Leistung hinsichtlich Zeit, Plazierung und Krafteinsatz führte. Das auf die Kraft beim Absprung konzentrierte ideomotorische mentale Setup führte zu einer aktiven, reißenden Bewegung des Körpers. Das auf die Geschwindigkeit beim Anlauf gerichtete Setup dagegen bewirkte eine reaktive, explosive Bewegung. So hängt die Gesamtaktion des Sportlers hinsichtlich Geschwindigkeit und Kraft nicht nur von seiner physischen Kondition, sondern auch von seiner mentalen Ausrichtung ab.

Ganz ähnliche Ergebnisse wurden beim Hochsprung beobachtet, als man die Wirksamkeit des mentalen Setups untersuchte. Bei diesem Experiment gab Ceresnevowa den Springern zwei Aufgaben zu bewältigen, während sie den Sprung ausführten: sich entweder auf die Geschwindigkeit beim Anlauf oder auf die Höhe des Sprungs zu konzentrieren. Die Sportler, die sich auf den schnellen Anlauf konzentrierten, brachten nicht nur sehr hohe Sprünge zustande, Ihre Bewegungen waren auch insgesamt besser koordiniert, als wenn sie sich allein auf die Höhe des Sprungs konzentrierten. Was einmal mehr demonstrierte, daß die Art der Konzentration des Athleten erheblichen Einfluß auf das sportlerische Gesamtergebnis haben kann.

Ein weiteres Beispiel dafür fand sich auf dem Gebiet des Trapezspringens. Die Athleten mußten von einer Plattform springen und dann so hoch wie möglich kommen. Je höher die Plattform befestigt wurde, um so kleiner wurde der Hochsprung nach der Landung. Dies traf auf sämtliche mentalen

Setups zu. Da übten die Setups einen deutlichen Einfluß darauf aus, wie schnell die Athleten wieder emporschnellten. Wenn sie sich auf die Geschwindigkeit konzentrierten, setzten sie den Sprung um einiges schneller an als bei der Umsetzung der anderen Setups. Wieder machte sich die Konzentration auf die Geschwindigkeit statt auf die Kraft als positiver Einfluß bemerkbar.

Alle diese Forschungen führten zu einer bedeutsamen Schlußfolgerung: Bei allen Bewegungen, bei denen es um Geschwindigkeit und Kraft geht, ist das optimale mentale Setup jenes, das sich nicht auf die Kraft, sondern eben auf die Geschwindigkeit konzentriert. Beim Weitsprung, Dreisprung, Hochsprung und Kunstspringen bringt die Konzentration auf die Geschwindigkeit statt auf Kraft die besten Ergebnisse zustande.

Die Anpassung des mentalen Setups an die Leistungsstärke des Athleten

Das geeignete mentale Setup hängt ferner von der persönlichen Leistungsstärke und Erfahrung des Sportlers ab. So kann es sein, daß ein mentales Setup, das bei einem Spitzensportler hervorragende Ergebnisse bringt, beim Anfänger oder einem Athleten der mittleren Leistungsklasse nicht so gut funktioniert – und umgekehrt.

Dieses Phänomen wurde in Osteuropa erforscht. So befaßte sich Tishler in einer Studie mit der Zeitspanne, die Fechter benötigen, um eine «direkte Attacke» durchzuführen. Er stoppte die Zeit, die Fechter vom Beginn ihrer Bewegung bis zur vollständigen Ausführung eines Kopfstoßes mit Ausfall brauchten.

Im Rahmen dieser Untersuchung mußten die Fechter verschiedene mentale Setups versuchen, während sie ihre Fechtbewegungen ausführten. Erst wurden alle Fechter angehalten, eine direkte Attacke ohne jedes mentale Setup auszuführen. Dann sollten sie das gleiche tun, aber unter Verwendung eines von vier verschiedenen mentalen Setups. Dies wurde pro Setup jeweils dreimal wiederholt. Dabei handelt es sich um folgende Anordnungen:

- Konzentration auf den Start der Bewegung im Vorderbein des Fechters – Herstellen einer explosiven Bewegung mit dem Bein
- Konzentration auf einen explosiven Start mit dem hinteren Stützbein
- Konzentration auf die Koordinierung oder «Synchronisierung» der Bewegung beider Beine
- Konzentration auf die Armgeschwindigkeit (mit Waffe) – möglichst schnelles Treffen des Ziels ohne den Versuch, die Beinbewegungen unter Kontrolle zu bringen

Fechter der unteren und mittleren Leistungsklasse brachten die schnellsten Attacken mit mentalen Setups zustande, die sich auf die Beinbewegung konzentrierten. Das technische Leistungsniveau dieser Fechter machte es erforderlich, den Schwerpunkt auf den Start und die ihn bedingenden Faktoren zu legen. Wenn diese Fechter sich statt dessen auf ihre Armgeschwindigkeit (also das letzte der oben aufgelisteten mentalen Setups) konzentrierten, geschah der Start zu spät und es kam zu Fehlern bei der Koordinierung von Hand- und Fußbewegungen.

Für Fechter der obersten Leistungsklasse galt genau das Gegenteil. Wenn diese sich auf den Start und die Beinarbeit konzentrierten, verringerte dieses tatsächlich die Wirksamkeit ihrer Attacken. Konzentrierten sie sich auf die Koordinierung der Beinbewegungen, erzielten sie dasselbe Resultat wie ohne jedes mentale Setup. Richteten sie die Konzentration dagegen auf die Armgeschwindigkeit, erhöhten sie Wirksamkeit und Schnelligkeit der Attacke. Bei diesen Fechtern verbesserte sich durch die Konzentration auf die Armbewegung sowohl der gesamte Start als auch die Geschwindigkeit der Attacke überhaupt.

Was wiederum veranschaulichte, daß die fortgeschritteneren Fechter Geschwindigkeit und Wirksamkeit ihrer Attacken durch ein anderes mentales Setup erhöhten als es die Fechter der unteren Leistungsstufen taten. Das lag möglicherweise daran, daß diese Spitzenfechter ihre Beinbewegungen bereits zu gut bemeistert hatten, daß sie überhaupt nicht mehr der Konzentration auf die Beine oder der Unterstützung der Beinbewegungen bedurften, sondern eben nur die Geschwindigkeit des Fechtarms zu steigern hatten.

Der Yoga lehrt, daß das Bewußtsein den Körper erschafft. Bewußtsein und Aufmerksamkeit haben die Macht, den Körper zu verändern. Wie Chopra bemerkte: «Das menschliche Gehirn verwandelt seine Gedanken sekündlich in Tausende von Chemikalien. Der Körper tut es dem Geist gleich; er bewegt sich durch Gedanken.

Wenn Sie beschließen, etwas haben zu wollen, wenn Sie sich ein Ziel setzen, dann reagiert der Körper darauf, um das Ziel zu erreichen; die Absicht löst die Reaktion aus. Das Bewußtsein ist ein Energiefeld und eine mächtige Kraft, aber es kann auch gegen Sie arbeiten.

Das wichtigste Hilfsmittel zur Beeinflussung und Programmierung des Bewußtseins ist der Glaube.

Die Qualität Ihrer sportlichen Leistung und schlußendlich auch Ihres Lebens hängt von der Qualität Ihrer Aufmerksamkeit und Intension ab. Nutzen Sie daher die Macht der Aufmerksamkeit zu Ihren Gunsten!

Jetzt, da Sie um die Macht des Bewußtseins wissen, verwenden Sie diese Techniken zur positiven Beeinflussung des unwillkürlichen Nervensystems.

- Praktizieren Sie zweimal täglich jeweils 20 Minuten lang TM.

TM verhilft zu einem ausgeruhten, tiefgreifenden ruhevollen Zustand und löst Streß auf. Mit dieser Übung können Sie Ihr tägliches Übungsprogramm beginnen, ebenso Ihre Arbeitsaktivitäten und alle Heilungs- und Alterungsprozesse.

Der grundlegendste Rhythmus der Natur ist jener, der sich aus Aktivität und Ruhe zusammensetzt. Das ist auch das wichtigste Prinzip des sportlichen Trainings.

TM ist zugleich eine hochwirksame Heiltechnik. TM bringt einen tiefen, entspannten Zustand hervor, der die Grundbedingung eines jeden Heilungsprozesses darstellt, sei es zur Heilung irgendwelcher Störungen oder zur Übung mentaler Fähigkeiten wie bildlichem Vorstellungsvermögen oder Konzentration.

TM beeinflußt auch den Alterungsprozeß. Untersuchungen haben gezeigt, daß der Praktikant nach fünfjähriger oder längerer täglicher Praxis 12 Jahre jünger wirkt als es tatsächlich der Fall ist.

TM verbindet den denkenden Geist mit seiner Urquelle: mit reiner Energie und Bewußtsein.

- Halten Sie Verbindung zur Natur.

Falls Ihre Sportart Training im Gebäude verlangt, seien Sie darauf bedacht, etwas Zeit für das Training im Freien zu verwenden. Das könnte Ihr Ergänzungssport sein, etwa Laufen, Schwimmen, Skifahren, Spiele usw. Planen Sie Ihren Urlaub so, daß Sie sich viel im Freien aufhalten und Waldspaziergänge machen, sich in der Sonne aalen oder sonstige Aktivitäten in der Natur unternehmen können. Nehmen Sie sich jeden Tag wenigstens ein paar Minuten Zeit, um im Park spazierenzugehen, den Himmel zu betrachten, auf eine schöne Blume oder einen blühenden Baum zu achten. Werden Sie der Schönheit der Natur gewahr und genießen Sie sie wenigstens für einen Augenblick.

Die Natur ist ein Heiler. Legen Sie sich ins Gras, blicken Sie zum Himmel und betrachten Sie die Wolken, spüren Sie die Wärme der Sonne, tun Sie, wann immer es geht, ein paar tiefe Atemzüge. Achten Sie bewußt auf Ihre Körperfunktionen. Werden Sie gewahr, daß sich jede Ihrer unwillkürlichen Funktionen auch bewußt kontrollieren läßt.

- Seien Sie sich bewußt, daß Zweifel, Sorgen und Verhaftetsein zum Scheitern führen.
- Beseitigen Sie das Verhaftetsein, arbeiten Sie mit Feedback.

13. Die Macht der Suggestion

Unser ganzes Leben besteht aus Suggestion. Unsere Eltern haben bereits am Tage unserer Geburt auf uns eingeredet. Wir haben ständig von unseren uns umsorgenden Eltern gelernt und Suggestionen unserer Lehrer aufgenommen. Ein Trainer versorgt seine Sportler mit Suggestionen; Freunde, Mannschaftskameraden und Kollegen versuchen unentwegt, uns von ihren Ideen zu überzeugen, und wir reagieren darauf.

Die Übertragung einer Idee oder eines Gedankens von einem Menschen zum anderen geschieht in der Regel durch den Dialog. Diese ist aber auch durch Suggestion möglich. Uns soll es hier darum gehen, die Übertragung von Gedanken auf die effizienteste Weise zu gestalten.

Sie können Ihren Dialog effizienter machen, wenn Sie in kürzeren Abschnitten sprechen und nicht mehr als drei Sätze auf einmal verwenden. Vergessen Sie nie, daß die Aufmerksamkeitsspanne Ihres Gegenübers begrenzt ist. Meistens achtet der andere nur auf die ersten Sätze, dann denkt er schon über seine Antwort nach. Sie dagegen werden sich eher an Ihre letzten Sätze erinnern, wenn Sie länger gesprochen haben, und dadurch einen falschen Eindruck von der Reaktion Ihres Partners erhalten. Indem Sie in kurzen Sätzen sprechen, immer nur zwei oder drei auf einmal, stellen Sie eine schnelle, effiziente Kommunikation sicher.

Auch Gefühlszustände beeinflussen Ihr Gespräch. Erfahrene Trainer wissen, daß es nach einer schmerzlichen Niederlage, wenn der Sportler möglicherweise wütend und gefühlsgeladen reagiert, das beste ist, erst eine Weile abzuwarten und es dem Athleten zu ermöglichen, sich wieder zu beruhigen, bevor man zur Suggestions- oder Manöverkritiksitzung übergeht.

Am effizientesten lassen sich Gedanken durch Suggestion übertragen. Um diese Methode zu optimieren, muß ein Mentalzustand hergestellt werden, der für Suggestionen empfänglich macht; diesen nennen wir einen veränderten Bewußtseinszustand.

Unter welchen Bedingungen läßt sich nun ein solcher, für die Aufnahme von Suggestionen geeigneter Mentalzustand herstellen? Was ist das überhaupt genau, ein veränderter Bewußtseinszustand?

- Lassen Sie den freien Fluß der Energie, Prana, in Ihrem Körper zu.

Der Yoga lehrt, daß unsere Essenz aus einem Energiestrom namens Prana besteht. Die Hauptquelle des Prana ist die Atmung. Indem Sie den Atem gemächlich, gleichmäßig und fließend gestalten, stellen Sie den regelmäßigen Strom des Prana in Ihrem Körper sicher. Achten Sie auch auf richtige Atmung und praktizieren Sie diese regelmäßig.

Eine weitere Quelle des Prana ist die Nahrung. Essen Sie frisches Obst, Gemüse und gesunde, nahrhafte Speisen. Trinken Sie reines Quellwasser und Saft. Achten Sie bewußt auf Ihre Ernährung und essen Sie nicht übereilt und hastig.

Sie sollten nicht nur Ihren Sport im Geist des Wettkampfs praktizieren, sondern sich auch auf die harmonische Entwicklung Ihres Körpers konzentrieren. Praktizieren Sie ergänzende regenerierende und ausgleichende Yoga-Übungen. Gönnen Sie sich Spaß und Freude, genießen Sie Ihre körperliche Aktivität. Vergessen Sie nicht, daß Ihr Gehirn Ihre Gedanken jede Sekunde in Tausende von Chemikalien verwandelt. Ihr Körper entspricht Ihrem Geist.

- Vermeiden Sie negative Emotionen.

Gedanken wie Furcht, Zorn usw. vergiften den Körper, verstärken den Alterungsprozeß, machen Sie häßlicher und verringern den Prana-oder Energiestrom.

- Vermeiden Sie Streß, Konflikte und Gewalt.

Kultivieren Sie statt dessen positive Gefühle wie Liebe, Freude, Freundschaft und Glück, die «gute» Hormone produzieren, eine «gute» Körperchemie, den Alterungsprozeß verringern und den Strom des Prana verstärken.

Was einem widerfährt, ist ein Ergebnis dessen, wie man sich selbst sieht. Wenn Sie Ihre Leistung verändern wollen, müssen Sie zunächst Ihr Bewußtsein ändern. Wenn Sie Ihren Körper verändern wollen, ändern Sie als erstes Ihr Bewußtsein.

- Die Wahrnehmung beeinflußt das Bewußtsein.

Wahrnehmung ist ein erlerntes Phänomen. Wir alle sehen alles anders. Ist man traurig oder deprimiert, sieht man alles ganz anders, als wenn man glücklich wäre.

Wenn Sie mit dem Bewußtsein und dem Gedanken in die Kampfrunde oder das Spiel gehen: «Gegen diesen Burschen habe ich schon einmal verloren, das könnte jetzt schon wieder passieren», oder mit dem Gedanken: «Ich habe hart und gründlich trainiert. Ich habe diesen Burschen schon einmal geschlagen, ich werde es jetzt wieder tun», dann wird Ihr Körper den jeweiligen Gedanken entsprechend ins Stoffliche umsetzen. Denn Ihr Körper weiß, wie Sie sich selbst fühlen.

Schon lange teilen Trainer ihren Athleten mit, daß nicht der Streß, die Außenbedingungen und der Druck das Entscheidende sind, sondern vielmehr die Art und Weise, wie man darauf reagiert. Äußere Ereignisse können Ihnen nicht schaden. Schaden kann Ihnen nur, wann und wie Sie diese interpretieren.

Die meisten Fünfkämpfer, die ja immerhin gleich in fünf Disziplinen dem Wettbewerb ausgesetzt sind – Schwimmen, Laufen, Schießen, Reiten und Fechten –, wissen sehr genau, daß jede dieser fünf Sportarten eine andere Form von Bewußtsein verlangt. Die Forschung zeitgenössischer Fünfkämpfer hat ergeben, daß im Fechten stets jene Sportler die besten Ergebnisse zeitigten, die in «kalter Wut» vorgingen und ihren Gegner als Feind betrachteten. Beim Schießen dagegen bringt ein ruhiger, gelassener und entspannter Geist die besten Ergebnisse.

Aufmerksamkeit, Bewußtheit und Intension sind eng miteinander verknüpft. Beim Praktizieren sollten Sie die folgenden Richtlinien beherzigen:

- Seien Sie sich Ihrer Sache sicher; zweifeln Sie nicht an der Verwirklichung Ihrer Absicht.
- Sorgen Sie sich nicht wegen des Ergebnisses. Bemühen Sie sich um eine unverkrampfte Herangehensweise.
- Ihre Intension sollte spezifisch und klar definiert sein.
- Bemühen Sie sich um eine Einstellung der Nichteinmischung, des «Geschehenlassens», ohne krampfhaft zu streben oder den ganzen Prozeß ständig irgendwelchen Bewertungen zu unterziehen.
- Achten Sie nicht auf die Einzelheiten des Prozesses.

Die folgenden Schritte werden Ihnen beim Praktizieren der Achtsamkeit helfen:

- Setzen Sie sich bequem hin und entspannen Sie den Körper.
- Erzeugen Sie das Gefühl völliger Ruhe und Gelassenheit.

- Intendieren Sie nun das gewünschte Ziel. Seien Sie dabei spezifisch und genau.
- Visualisieren Sie die Verwirklichung des Ziels und/oder wiederholen Sie es im Geiste.
- Forcieren Sie nichts – konzentrieren Sie sich vielmehr! Ihre Intension sollte so natürlich sein, als würden Sie spazierengehen oder die Hand heben.
- Erwarten Sie das Ziel und glauben Sie daran – zweifeln Sie nicht!
- Wissen Sie, daß die Verwirklichung des Ziels gewiß ist!

Bei Tag und bei Nacht befinden wir uns in unterschiedlichen Bewußtseinszuständen. Jede unserer Aktivitäten bedarf einer bestimmten Bewußtseinsstufe, unterschiedlicher Gehirnkontrolle. Wenn wir uns also sportlich betätigen, arbeiten oder schlafen, befinden wir uns dabei jeweils in unterschiedlichen Bewußtseinszuständen. Wenn Sie beispielsweise die Totenlage einnehmen, wird die Gehirnaktivität verringert, die Kontrolle durch das Gehirn gewissermaßen wieder abgeschaltet. Sie fühlen sich dann gut, weil dieser Zustand Angst und Sorge reduziert und Ruhe und Gelassenheit hervorbringt.

Ein ähnlicher «Abschaltmechanismus» ist beim Schlaf am Werk, bei der Meditation, dem Autogenen Training sowie bei der Beschäftigung mit Hobbys. Alle diese Tätigkeiten haben dasselbe Ziel – das Kontrollsystem des Gehirns «abzuschalten» und für die danach folgenden Aktivitäten neue Kraft zu schöpfen.

Die äußere Grundbedingung zur Herstellung eines veränderten Bewußtseinszustands ist die Beseitigung aller äußeren Ablenkung und Reize, um die Konzentration zu stärken, sowie die Erschaffung einer ruhigen Umgebung (stiller Ort, entspannte und bequeme Haltung, Schließen der Augen usw.).

Zu den inneren Grundbedingungen gehört die Zügelung der Gedanken, die sich sonst den ganzen Tag lang wie ein Wasserfall in den Geist ergießen, sowie die Verringerung der mentalen Kontrolle. Dazu verwenden wir mentale Hilfsmittel, die uns darin unterstützen, die Gehirnaktivität zu verringern und die Aufmerksamkeit einzuengen. Die einfachste Methode, dieses zu erreichen, ist die Wiederholung von Lauten, Wörtern oder Sätzen.

Man kann auch «ganz natürlich» in einen veränderten Bewußtseinszustand eintreten, etwa im Schlaf. Darüber hinaus heben auch die alten Systeme der Entspannung – Yoga, Hypnose, Meditation – auf dieses Ziel ab.

Diese Grundprinzipien sind auch die Grundlage der Hypnose, der Selbsthypnose und des Autogenen Trainings, wie es in diesem Buch detailliert beschrieben wird.

Wenn wir in einen veränderten Bewußtseinszustand eintreten, reduziert sich die Gehirnaktivität, verengt sich die Aufmerksamkeit und fällt es uns leichter, einer bestimmten Suggestion Aufmerksamkeit zu zollen und für sie empfänglicher zu werden.

Meine Methode macht Gebrauch von der konzentrativen Analyse: dem spontanen Selbstgespräch, den Suggestionen, die wir uns selbst geben, wenn wir uns am wirksamsten darum bemühen, unsere Suggestionen zu erschaffen.

Dr. Michael Ben-Menachem, ein anerkannter Psychologe, empfiehlt, positive Ereignisse der Vergangenheit zur Grundlage neu zu erschaffender Suggestionen zu machen. Das ist besonders hilfreich für Menschen, die unter mangelndem Selbstwertgefühl leiden.

Er empfiehlt, ein Tagebuch zu führen, in das man am Abend die wichtigsten Geschehnisse des Tages notiert. Man hält fest, worüber man nachgedacht hat, mit wem man über was gesprochen hat, kommentiert die eigene Arbeit, das Studium usw.

Nun wird jede der aufgelisteten Aktivitäten entweder mit einem «+» oder einem «-» versehen, abhängig davon, wie Sie es einschätzen. Ist man damit fertig, zählt man die Plus- und die Minuszeichen zusammen. Im nächsten Schritt empfiehlt er, vier oder fünf positive Ereignisse (Sätze) als Grundbausteine für die Herstellung neuer Suggestionen zu verwenden.

Bei dieser Methode werden also positive Ereignisse der Vergangenheit zur Herstellung von Suggestionen, zur Stärkung von Selbstvertrauen und Selbstwertgefühl herangezogen.

In der letzten Stufe begibt man sich in einen tiefentspannten Zustand; hat man diesen erreicht, liest man die Suggestionen zweimal durch, um dann die Augen zu schließen und sich wieder der Entspannung hinzugeben.

Wie Sie beim Erlernen der Grundlagen des Autogenen Trainings noch sehen werden, kann die Entwicklung eines veränderten Bewußtseinszustands als Grundlage oder Vehikel dafür dienen, sich auf der Grundlage der eigenen Bedürfnisse spezifische Suggestionen zu geben.

Wenn Sie Ihr Bestes geben und tun, sind Sie in einem veränderten Bewußtseinszustand. Oder wie der Yogi sagen würde: Ihr Prana strömt vollkommen.

Im folgenden Kapitel über Autogenes Training werden Sie nun lernen, sich der Macht der Suggestion zu bedienen.

14. Autogenes Training für Sportler*

Autogenes Training (AT) stellt eins der wichtigsten selbstregulativen Systeme für Athleten unserer Zeit dar. In Osteuropa findet es viel Verwendung. Beim AT geht es um Entspannung und Konzentration. Es handelt sich dabei um eine Methode, die, sofern regelmäßig praktiziert, der schnellen Regenerierung der Kräfte dient und die Symptome von Streß und Rastlosigkeit beseitigt. AT korrigiert auch falsche Gewohnheiten, negative Gedanken und Angstzustände, und es verhilft dem Sportler dazu, alle Grundbedingungen für den Erfolg herzustellen. AT gestattet es dem Athleten, die eigene natürliche Energie zu mobilisieren und sie zur Erlangung eines festgelegten Ziels zu nutzen. Durch AT ist es möglich, sowohl die Emotionen als auch die Funktionen des autogenen Nervensystems zu beeinflussen.

Vor 1960 hielt man es in der westlichen Welt für unmöglich, die autonomen und unbewußten Funktionen gezielt zu kontrollieren. Dennoch weckten die von Yogis vorgeführten Phänomene der Selbstaussteuerung von Körper und Geist bereits vor mehr als 200 Jahren Neugier und Interesse britischer Ärzte. Später begannen britische und andere europäische Ärzte damit, die Beziehung zwischen Körper und Geist genauer zu untersuchen.

Es war um das Jahr 1910, als der deutsche Arzt Dr. J. Schultz mit der Entwicklung eines Trainingsprogramms für Körper und Geist namens Autogenes Training (AT) begann, auch als selbstgeneriertes oder selbstmotiviertes Training be-

* Dieses Kapitel ist dem Buch des Autors *Clearing the Path to Victory: A Self-Guided Mental Training Program for Athletes*, Counter Parry Press, PA. entnommen.

zeichnet. Schultz leitete das AT aus Hypnose und Yoga ab. An der Hypnose störte ihn die Unberechenbarkeit, die davon herrührt, daß der Patient dem Arzt oft unbewußt Widerstand leistet. Wenn er die Patienten dazu bringen könnte, den Vorgang selbst zu steuern, vom Arzt nur noch als Ausbilder unterstützt, würde sich dieser Widerstand verringern.

Schultz bestimmte korrekt einige der wirksamsten Komponenten der Hypnotherapie und des Yoga und vereinigte sie zu einem System der Selbstkontrolle. Er erkannte, daß diese Selbstkontrolle einfach und schlicht sein mußte, um wirksam zu sein. Doch weder Hypnose noch Yoga sind einfach. Hypnose ist sogar besonders komplex, da sie eines Psychologen bedarf, der mit dem Patienten zuvor ein Vertrauensverhältnis und einen geeigneten Rapport hergestellt hat. Und selbst wenn dieser gegeben ist, leisten manche Menschen trotzdem noch Widerstand gegen das Verfahren. Also entnahm Schultz sowohl der Hypnose als auch dem Yoga wirksame Elemente und schuf daraus eine Methode, die um einiges leichter praktikabel war.

Einen entscheidenden weiteren Schritt tat Schultz bei der Entwicklung des AT, als er seinen Patienten auftrug, ihre körperlichen Empfindungen während der Hypnose aufzuzeichnen. So konnte er feststellen, daß das Gefühl der Schwere und der Wärme in den Gliedmaßen, das ruhige Atmen, der verlangsamte Herzschlag sowie die Entspannung im allgemeinen sämtlichen Patienten gemeinsam war. Wenn sich diese Empfindungen methodisch erzeugen ließen, so schloß er, müßte auf die Entspannung des Patienten eigentlich ein Zustand folgen, der einer hypnotischen Trance gleichzusetzen war. (Dabei stellt die Prozedur nicht unbedingt auf eine tatsächliche Trance ab; eine abgemilderte Variante, ähnlich der Selbsthypnose, genügt vollauf.)

Das war der Grundansatz der Methode von Schultz, und so gehörten Techniken zur Herstellung der gewünschten körperlichen Empfindungen – zusammen mit autosuggestiven Sätzen – schon bald zu den Grundübungen des AT. Die autosuggestiven Sätze (verbale Formeln) sind in sechs standardierte, am Körperlichen orientierte Übungen eingeteilt, die sich auf Schwereempfinden in den Extremitäten, Wärme in den selben, auf ruhigen und regelmäßigen Herzschlag, ebensolche Atmung, auf das Gefühl der Wärme im Sonnengeflecht und das der Kälte auf der Stirn konzentrieren. Schultz bemühte sich, das Ruhigstellen des Körpers und des Nervensystems mit verbalen Stichworten und Einflußnahmen zu beschleunigen.

Dann entwickelte Schultz seine Standardübungen dergestalt weiter, daß er die Patienten dazu anhielt, die im Körper entstehenden Empfindungen zu verstärken, indem sie sich darauf konzentrierten. Dazu bediente er sich klassischer Yogatechniken. Der Yoga findet sich in vielen Bereichen seiner Methode wieder: Muskelentspannung (ähnlich dem Savasana), die Methode der Konzentration (Raja Yoga), Körperbewußtsein oder Selbstbeobachtung (Laya Yoga), die Wiederholung mantraähnlicher autosuggestiver Phrasen (Mantra Yoga) und das Schließen der Augen zur Verringerung externer und interner Reize (Pratyhara).

Die beiden Grundprinzipien des AT: Entspannung und Konzentration

Das AT beruht auf zwei Grundannahmen: 1. Der Mensch ist eine psychosomatische Einheit (mit anderen Worten: Körper und Geist beeinflussen einander); 2. Worte oder verbale Reize oder die diese begleitende Bildlichkeit können physiologische, kognitive und emotionale Zustände potentiell ändern. Die physiologische Grundlage des AT findet sich in der Tatsache, daß zwischen der Aktivität der Hirnrinde und den autonomen Prozessen (in jenem Teil des Nervensystems, der über unwillkürliche Aktivitäten gebietet) eine enge Kausalverbindung besteht.

Das folgende Beispiel veranschaulicht Mechanismus und Auswirkung des AT. Wenn man einen Menschen darum bittet, eine bestimmte Art von Magenflüssigkeit abzusondern, wird er natürlich antworten, daß dieses unmöglich sei, weil die Absonderung von Magenflüssigkeit ein unwillkürlicher Prozeß sei. Wenn wir ihn aber unterweisen, sich möglichst lebhaft vorzustellen, wie er gerade in eine Zitrone beißt, kommt es überraschender Weise zu einer physiologischen Reaktion im Magen, der nämlich dieselbe Flüssigkeit auszusondern beginnt, die er auch von sich gäbe, müßte er eine Zitrone verdauen. Diese Reaktion weist darauf hin, daß sich hier ein konditioniertes Reiz-Reaktionsschema entwickelt haben muß. Der verbale Reiz bringt dieselbe Reaktion hervor wie die tatsächliche Zitrone. Das sympathische und parasympathische Nervensystem wurden durch verbale Reize und Visualisation beeinflußt. (Anmerkung: Sympathisches und parasympathisches Nervensystem sind Teile des unwillkürlichen Nervensystems. Sie bestimmen über Sekretion, Muskeltonus sowie Blutgefäßerweiterungen und -verkrampfungen.)

Im Grunde unterliegt die Entspannung demselben physiologischen Mechanismus. Die Suggestion der Schwere, der Wärme und der Entspannung macht die Muskeln empfindlicher, reduziert Muskelspannung und erhöht die Entspannung. Deshalb sieht Schultz als wesentliches Element des AT die konzentrierte Entspannung an: Während sich die Muskeln des Körpers in einem völlig entspannten Zustand befinden, wird die innere Aktivität auf festgelegte Ziele gerichtet. Diese bewußt gelenkte Mentalaktivität gestattet einen größeren bewußten Einfluß auf verschiedene biologische Prozesse, die sich vorher der bewußten Kontrolle entzogen und unabhängig blieben.

Psycho-physiologisch betrachtet, gründet AT auf drei Hauptprinzipien: 1. die mentale Wiederholung topographisch orientierter Verbalphrasen; 2. die als «passive Konzentration» bekannte Mentaltechnik und 3. die Reduktion äußerer und selbstgenerierter Reizelemente.

Das AT kennt zwei Hauptkomponenten: Entspannung und Konzentration. Entspannung bedeutet die Lockerung sämtlicher Muskeln. Diese körperliche Entspannung ist der erste Schritt zur mentalen Entspannung, mit der das Gefühl der Harmonie und der Ausgeglichenheit einhergeht. Konzentration bedeutet die geistige Fixierung auf ein bestimmtes Bild, die dann wiederum den gesamten Organismus beeinflußt. Dieser Einfluß wird durch Entspannung noch verstärkt. Im AT werden physiologische Veränderungen durch Bündelung der Aufmerksamkeit gelenkt.

Die Konzentration wird beim AT passiv hergestellt, nämlich durch Visualisation und Imagination. Sie geschieht nicht durch Willenskraft. Zielbezogene Anstrengung und aktives Interesse werden gemieden. Die Konzentration wird in keiner Weise erzwungen, man läßt sie einfach geschehen. Passive Konzentration tritt ein, wenn sich der Körper in einem tiefentspannten Zustand befindet, der Geist aber wach ist – die Aufmerksamkeit wird passiv auf ein bestimmtes Bild und von dort auf den Selbstsuggestionssatz gerichtet. Diese Sätze oder Formeln werden in den Kapiteln 7, 8 und 13 eingeführt.

Das Autogene Training optimiert die passive Aufmerksamkeit und hilft bei der Bemeisterung der Kontrolle über das autonome System durch passive Aufmerksamkeit. Beim AT richtet man die Aufmerksamkeit passiv auf bestimmte Körperbereiche (etwa auf die Arme) und spricht stumm mit dem eigenen Körper. («Meine Arme sind schwer, meine Arme sind warm.») Dort, wo sich die passive Aufmerksamkeit konzentrierte, veränderte sich dadurch die Muskelspannung.

Körperbeherrschung wird durch passive Aufmerksamkeit und nicht durch aktives Bemühen hergestellt. Und das eigentlich Wichtigc daran sind der Prozeß und die Aufmerksamkeit selbst, und nicht das Ergebnis.

AT bedeutet letztlich Selbstbeherrschung. Der Student bleibt verantwortlich für seine eigene Weiterentwicklung und seine geistige Verfassung. Niemand kann Sie dazu zwingen, sich selbst zu beherrschen. So kommt es zu einer anders gelagerten Verantwortung – diese ruht nun beim Athleten selbst und bei niemand anderem.

Fassen wir noch einmal zusammen: AT basiert auf zwei miteinander in Interaktionen stehenden Grundprinzipien, nämlich Entspannung und Konzentration. Konzentration entsteht durch Bündelung der Aufmerksamkeit auf bestimmte Bilder; sie wird nicht durch Gewalt oder Willenskraft hergestellt. Passive Konzentration – die Konzepte des Geschehenlassens – ist eine der wichtigsten Faktoren beim AT. Entspannung und Konzentration arbeiten Hand in Hand und ermöglichen es dem Athleten, Macht und Kontrolle über seinen Körper zu gewinnen, was wiederum zu einer größeren Freude am Sport und zum sportlichen Erfolg überhaupt beiträgt.

Klassisches AT nach Schultz

Das klassische AT nach Schultz kennt sechs Übungskategorien: für Muskeln, Blutgefäße, Herz, Atmung, Unterleibsorgane und Kopf. AT beruht auf einem exakten System und besteht aus den folgenden Standardübungen, die mit ergänzenden autosuggestiven Folgen gekoppelt werden.

Das klassische AT wurde zu klinischen Zwecken in der Psychotherapie entwickelt, und die Ausbildung verlief sehr langsam – üblicherweise über 7 bis 8 Monate. So wurde beispielsweise die Schwereübung jeweils mit einem Arm oder Bein allein praktiziert, dem dann auch eine ganze Woche gewidmet blieb, und so ging es sinngemäß mit den anderen Übungen weiter.

Die klassischen Übungen des AT	
Standardübungen	**Autosuggestion**
1. Schwereübung	Mein rechter Arm ist schwer. Mein linker Arm ist schwer. Mein rechtes Bein ist schwer. Mein linkes Bein ist schwer. Mein ganzer Körper ist schwer.
2. Wärmeübung	Mein rechter Arm ist warm. Mein linker Arm ist warm. Mein rechtes Bein ist warm. Mein linkes Bein ist warm. Mein ganzer Körper ist warm.
3. Atemübung	Meine Atem ist ruhig. Ich atme unbeschwert.
4. Herzübung	Mein Herzschlag ist kräftig und ruhig.
5. Sonnengeflechtsübung	Mein Sonnengeflecht ist warm. Wärme strömt ins Sonnengeflecht.
6. Stirnübung	Meine Stirn ist angenehm kühl. Meine Gesichtsmuskeln sind entspannt.

Abb. 9: Die klassischen Übungen des AT

AT für Sportler

Autogenes Training für Sportler ist nicht nur anders als der Prozeß, den Schultz in der Psychotherapie eingeführt hat, die Lernzeiten sind auch beträchtlich kürzer. Im Sport dient AT dazu, die mentale wie körperliche Leistung des gesunden Athleten zu steigern, ebenso seine Leistungsfähigkeit beim harten Training. Man geht davon aus, daß ein gesunder, körperlich durchtrainierter Athlet seine Muskeln leichter und schneller entspannen kann als die Patienten in der Psychotherapie. Weitere Grundannahmen über das zum Zwecke der sportlichen Ausbildung modifizierte AT beruhen auf Erfahrungen sowie wissenschaftlichen Untersuchungen zur Anwendung des AT im Sportbereich, wie sie im östlichen Europa durchgeführt wurden.

Der Einsatz des AT kann dem Athleten viele Vorzüge bieten. AT hilft ihm dabei, seine Mentalverfassung zu beruhigen oder zu aktivieren und sein Denken, sein Gefühlsleben sowie sein Selbstvertrauen zu beeinflussen. Es hilft dem Athleten auch dabei, beim Wettkampf und im Training schneller wieder zu Kräften zu kommen. Außerdem kann es Sportlern dabei behilflich sein, sich noch mehr zu entspannen, damit sie sich konzentrierter den gerade anstehenden Aufgaben widmen können. AT ist auch eine Hilfe, wenn es darum geht, unerwünschte Gedanken, Bilder und Gewohnheiten zu meiden. Im sportlichen Wettkampf hilft es dabei, das emotionale Gleichgewicht aufrechtzuhalten und vor oder während des Wettkampfs die geeigneten Emotionen zu aktivieren oder zu beruhigen. AT kann die Leistungskraft steigern und die aufwühlenden inneren Gedanken und Gefühle ausmerzen, die so oft vor wichtigen Wettkämpfen auftreten. Mit Hilfe des AT ist es möglich, schneller und müheloser neue Fertigkeiten und Techniken zu steigern und zu verbessern.

Will man AT im sportlichen Sektor einsetzen, so müssen dazu die spezifischen, konkreten Anforderungen des Sports und die besonderen Probleme des Athleten selbst Berücksichtigung finden, ebenso seine Fähigkeiten und Schwächen. Mit anderen Worten: AT wird sowohl sportspezifisch als auch personenbezogen eingesetzt.

Das Erlernen des Autogenen Trainings

Dieser Abschnitt unterweist Sportler in der schnellen Herbeiführung des autogenen Zustands zur Kontrolle von Gedanken und Emotionen selbst unter unangenehmen und stressigen Bedingungen. Er wird Sportlern dabei helfen zu lernen, wie sie ihre Kraft und Energie voll nutzen und auch individuelle autogene Formeln und Suggestionen entwickeln, die an bestimmte Wettkampfsituationen angepaßt sind. Die Prozedur, wie sie hier ausführlich beschrieben wird, findet sich in zusammengefaßter Form auf den Abb. 10-12 auf S. 297, 298 und 299.

Das für sportliche Zwecke modifizierte AT benötigt 4 Wochen Übung, jeweils 3 mal täglich 2 bis 3 Minuten. Sie beginnen mit den vorbereitenden Übungen, die Ihnen zu Ruhe und Entspannung verhelfen. Beendet wird das ganze mit Aktivierungsübungen, die das Gefühl der Schläfrigkeit vertreiben und es Ihnen erlauben, in vollständiger Wachheit Ihr Training oder den Wettkampf wieder aufzunehmen.

Im Laufe der vier Wochen des Anfangstrainings werden Sie nach und nach immer mehr Übungen und Körperbereiche einschließen. Während der ersten beiden Wochen praktizieren Sie folgende vier autogene Übungen:

1. Förderung des Gefühls der Schwere (Schwereübung)
2. Förderung des Gefühls der Wärme (Wärmeübung)

3. Förderung des Gefühls der ruhigen und gleichmäßigen Atmung (Atemübung)
4. Förderung des Gefühls eines kräftigen und ruhigen Herzschlags (Herzübung)

Diese Übungen konzentrieren sich in der Ersten Woche auf beide Arme, in der zweiten auf beide Beine. Während der dritten und folgenden Woche kommen noch zwei weitere Übungen hinzu:

5. Förderung des Gefühls der Wärme im Sonnengeflecht (Sonnengeflechtsübung)
6. Förderung des Gefühls einer kühlen Stirn (Stirnübung)

Außerdem wird die Aufmerksamkeit auf die Gefühle der Schwere und Wärme nicht nur in Armen und Beinen, sondern im gesamten Körper gelegt.

Erste Woche: Das Üben mit beiden Armen

Suchen Sie sich einen ruhigen, bequemen Raum zum Üben. Legen Sie sich auf den Rücken (vielleicht auf einem Bett oder Sofa) und nehmen Sie eine bequeme Lage ein. Der Kopf kann auf einem Kissen ruhen. Allerdings darf der Hals nicht zu einer unnatürlichen Beugung oder Streckung gezwungen werden. Legen Sie beide Arme seitlich neben den Körper. Alternativ dazu kann diese Übung auch im Sitzen praktiziert werden.

Vorbereitungsübungen

Schließen Sie die Augen und lassen Sie los. Tun Sie drei tiefe, bequeme Atemzüge. Bereiten Sie sich auf die Konzentration vor. Dazu müssen Sie sich Ihrer ruhigen Gelassenheit bewußt werden. Wiederholen Sie im Geiste: *«Ich bin ruhig, völlig ruhig.»* Visualisieren Sie im Geiste diese ruhige Gelassenheit. Konzentrieren Sie sich auf das Bild der Ruhe. Es sollte sich um eine passive und keine aktive Konzentration handeln, wie man sie sonst normalerweise für wirklichkeitsbezogene Aufgaben benötigt. Versuchen Sie also nicht, diesen Zustand zu erzwingen, lassen Sie sich statt dessen einfach in ihn hineingleiten.

Wenden Sie Ihre Aufmerksamkeit vom Tun ab, sei es in der Vergangenheit oder Zukunft. Seien sich darüber klar, daß Sie ausreichend Zeit zum Üben haben und sich völlig entspannen werden. Erlauben Sie Ihren Muskeln, sich zu lösen. Lassen Sie alle Muskeln weich werden. Ja, sie sollen richtig schlaff werden. Wiederholen Sie langsam im Geist die autogene Formel: *«Mein ganzer Körper ist entspannt.»* Wiederholen Sie das ganze 2-3mal.

Die Schwereübung

Nachdem Sie Entspannung hergestellt haben, gehen Sie nun zur Wahrnehmung des Gefühls der Schwere über.

Wiederholen Sie langsam bei sich: *«Meine Arme sind entspannt.»* Wiederholen Sie dies 2-3mal.

Dann wiederholen Sie bei sich: *«Meine Arme sind schwer, ganz schwer.»* Wiederholen Sie dies 3-4mal.

Richten Sie die Aufmerksamkeit auf die Arme. Spüren Sie, wie die Arme sich entspannen und sich immer schwerer und schwerer anfühlen. Benutzen Sie die Imagination, um dieses Gefühl mit auszulösen. Dies soll jedoch stets nur passiv erfolgen, also ohne jede Anstrengung oder Verkrampfung. Lassen Sie es einfach geschehen.

Verlieren Sie nicht den Mut, falls sich diese Empfindung zu Anfang nur sehr geringfügig zeigt oder überhaupt nicht zustande kommt. Mit etwas Übung wird sich das schon ändern, und mit der Zeit wird es sehr viel deutlicher.

Die Wärmeübung

Nachdem Sie die Schwereübung absolviert haben, befassen Sie sich nun mit der Herstellung des Wärmegefühls.

Wiederholen Sie langsam bei sich 3-4mal: *«Meine Arme sind warm, ganz warm.»* Konzentrieren Sie die Aufmerksamkeit darauf, indem Sie die Arme «sehen» und dabei Wärme empfinden. Benutzen Sie die Imagination, um dieses Gefühl auszulösen. So könnten Sie beispielsweise die Wärme der Sonne auf Ihre Haut visualisieren, oder das Gefühl, in einer Badewanne mit heißem Wasser oder einem Whirlpool zu sitzen oder etwas ähnlich Vertrautes. Tun Sie dies unter Einsatz der passiven Konzentration und lassen Sie es einfach geschehen.

Das Bild und die Visualisation der Wärme geht einher mit einer Entspannung der Arterien und Kapillargefäße. Das bedeutet, daß diese sich weiten und einen vermehrten Blutzustrom in jene Körperbereiche ermöglichen, auf die Sie sich gerade konzentrieren – in diesem Fall die Arme. Nachdem Sie diese Übung gemeistert haben, werden Sie nicht nur ein Gefühl der Wärme verspüren, Sie werden in den betroffenen Körperbereichen auch einen tatsächlichen Temperaturanstieg verzeichnen können.

Die Atemübung

Nachdem Sie die obigen Übungen praktiziert haben, gehen Sie nun zur Atemübung über. Konzentrieren Sie sich auf die autogenen Formeln: *«Mein Atem ist ruhig und gleichmäßig»* und : *«Ich atme unbeschwert.»* Wiederholen Sie diese Formel langsam 4-5mal. Ziel dieser Übung ist die lockere, gleichmäßige Atmung. Atmen Sie ein, indem Sie den Bauch blähen und ziehen Sie diesen beim Ausatmen wieder ein. Dieses ruhige Atmen wird eine angenehme, beruhigende Wirkung auf Sie haben. Wird die Übung richtig ausgeführt, werden Sie feststellen, wie Sie sich auf die Atmung konzentrieren und zugleich die Gleichmäßigkeit Ihres automatischen Atmens wahrnehmen. So werden Sie der Ruhe in Ihrer Atmung äußerst deutlich gewahr.

Beklemmung und Streß hängen häufig mit ungleichmäßiger Atmung zusammen. Diese Übung ist hilfreich, um die Symptome des Streß zu beseitigen und somit das ganze autonome System zu beruhigen.

Die Herzübung

Im Anschluß an die Atemübung bearbeiten Sie nun die Herzübung. Falls Sie allerdings unter irgendwelchen Herzbeschwerden leiden sollten, ziehen Sie vorher bitte unbedingt Ihren Arzt zu Rate.

Ziel der Herzübung ist es, zu lernen, das ruhige, gleichmäßige Schlagen des Herzens zu spüren. Die meisten Menschen sind sich ihres Herzschlags nur unter Streß oder bei angestrengten Aktivitäten bewußt. Das sind die Phasen, da das Herz am schwersten arbeiten muß. Wer jedoch ruht, bemerkt seinen Herzschlag normalerweise nicht.

Nachdem Sie die oben geschilderten Empfindungen aufgerufen haben – Entspannung, Schwere, Wärme und ruhiges Atmen –, konzentrieren Sie sich auf die Formel: *«Mein Herzschlag ist ruhig und kräftig.»* Diesen Satz wiederholen Sie langsam 5-6mal. Diese Übung setzt eine Sequenz in Bewegung, deren verschiedene Elemente einander stimulieren: Hat das Herz einen ruhigen Rhythmus hergestellt, stärkt dies auch die innere Ruhe. Die innere Ruhe des Geistes wiederum stärkt die Entspannung. Und die Entspannung fördert ihrerseits den ruhigen Herzrhythmus.

Vielleicht legen Sie während der Übung auch mal die Hand aufs Herz – möglicherweise machen Sie die Feststellung, daß dies das Bewußtsein für den Herzschlag stärkt. Das stört dann zwar die Entspannung im Arm, aber es ist ja nur ein vorübergehendes Manöver.

Aktivierungsübungen

Jede AT-Sitzung endet mit drei Übungen, die den Wiedereintritt in den normalen Wachzustand gewährleisten. Man atmet tief durch, öffnet die Augen und bewegt kräftig Arme und Beine. Diese Übungen werden folgendermaßen ausgeführt:

Geben Sie sich (in der hier vorgestellten Reihenfolge) die folgenden Befehle: *«Tief durchatmen!»*, *«Augen auf!»* und *«Arme bewegen!»*

Als nächstes wiederholen Sie die folgenden Selbstsuggestionen: *«Kraft kehrt in meine Arme und Beine zurück»* und *«Ich fühle mich frisch und gekräftigt.»*

Die Arme werden dabei gestreckt und gebeugt, gefolgt von energischen Bewegungen.

Regeln und Richtlinien für die Praxis des AT

- *Häufigkeit:* Versuchen Sie, mindestens dreimal täglich zu üben. Wenn das nicht gehen sollte, ist es besser, nur zweimal täglich, aber regelmäßig zu praktizieren, als es nur gelegentlich gleich viermal am Tag zu tun.
- *Dauer:* Die Praxis sollte nicht länger als 2-3 Minuten dauern, selbst wenn die gewünschten Effekte sich nicht ein-

stellen. Längere Praxis kann kontraproduktiv wirken und die Verspannung erhöhen.

- *Übungszeiten:* Stellen Sie nach Möglichkeit einen täglichen Übungsrhythmus her. Wählen Sie dazu eine Tageszeit, in der dies am besten geht, und üben Sie täglich zur gleichen Zeit.
- *Körperhaltung:* Ich empfehle, AT sowohl im Liegen als auch im Sitzen auszuführen. Zwar stellen sich die gewünschten Wirkungen schneller in liegender Körperhaltung ein. Doch kann es vorkommen, daß Sie dazu gezwungen sind, im Sitzen zu praktizieren (beispielsweise bei Wettkämpfen). Deshalb schlage ich vor, daß Sie zwischen liegender und sitzender Position abwechseln. In beiden Fällen muß die Stellung bequem sein, damit der ganze Körper sich auch entspannen kann. Im Liegen sind die Füße leicht auseinander, die Zehen zeigen etwas nach außen. Die Arme liegen neben dem Körper, sie sind an den Ellenbogen leicht gekrümmt.
- Die Sitzposition kennt verschiedene Varianten, was in erster Linie vom Stuhl abhängt. Im Sitzen kann es sich oft als schwieriger erweisen, Muskelverspannungen zu vermeiden. Daher ist es auch wichtig, der Körperstellung große Aufmerksamkeit zu zollen. Wenn möglich, lehnen Sie sich bequem an die Rückenlehne. Die Beine sind etwas auseinander, die Zehen zeigen ein Stück nach außen, die Füße ruhen flach am Boden. Sollte der Stuhl zu hoch sein, so daß Ihre Füße den Boden nicht berühren können, legen Sie zur Stütze ein Kissen oder eine Decke darunter.

  Hat der Stuhl Armlehnen, legen Sie die Unterarme darauf, wobei die Hände vorne frei herabhängen. Sonst ruhen die Unterarme auf dem Oberschenkel. Die Arme sollten einander nicht berühren. Natürlich steht an erster Stelle immer die Bequemlichkeit, sollte es sich also als erforderlich erweisen, die hier beschriebenen Stellungen zu variieren, so tun Sie dies ruhig.

- *Beendigung des AT:* AT sollte stets mit Aktivierungsübungen beendet werden, auch wenn die gewünschten Empfindungen nicht eingetreten sein sollten.
- *Trainingstagebuch:* Ich empfehle dringend, über alle AT-Übungen sorgfältig Buch zu führen. Halten Sie fest, wie oft Sie üben, notieren Sie Fortschritte, besondere Empfindungen während jeder Sitzung und weitere Vorkommnisse, die ein Resultat Ihrer Praxis sind, beispielsweise ein allgemeines Wohlbefinden oder eine Steigerung der sportlichen Leistungsfähigkeit. Diese Information ist von größter Wichtigkeit, falls Sie einmal Gelegenheit bekommen sollten, sich mit einem AT-Spezialisten zu beraten. Ein Beispiel für ein AT-Trainingstagebuch findet sich in Anhang B.
- *Übergang zur nächsten Übung:* Die in diesem Kapitel geschilderten allgemeinen Richtlinien geben vor, wieviel Zeit Sie Ihrer Übung widmen sollten. Sie können jedoch auch nach einer alternativen Richtlinie verfahren, indem Sie nämlich jede Übung so lange durchführen, bis Sie an zwei aufeinanderfolgenden Tagen das gewünschte Ergebnis erzielt haben. Das kann bei manchen Sportlern früher oder später als angenommen eintreten.
- *Wann man nicht trainieren sollte:* Im Falle einer Erkrankung sollte kein AT praktiziert werden. Krankheit kann die Praxis stören und die Ergebnisse oft negativ beeinflussen.
- *Benutzung eines Tonbandgeräts:* Im allgemeinen empfehle ich nicht den Einsatz eines Tonbandgeräts zum Erlernen der AT-Übungen. Die Formeln sind kurz, und wenn man sie

erst einmal auswendig gelernt hat, hat dies den zusätzlichen Vorteil, daß man Sie jederzeit und überall verwenden kann. Sollten Sie ein Tonbandgerät jedoch für wichtig halten, dann sprechen Sie die Formeln eben langsam auf Band. Wenn Sie das Band wieder abspielen, konzentrieren Sie sich dabei voll auf die Suggestionen.

- *Die Wichtigkeit der Aktivierung:* Ich kann nicht oft genug betonen, daß jede AT-Sitzung mit Aktivierungsübungen beendet werden sollte. Jede Sitzung endet mit diesen energischen inneren Befehlen: *«Tief durchatmen»*, *«Augen auf!»* und *«Arme bewegen!»* Danach setzt oder stellt man sich auf und macht energische Bewegungen mit den Armen, um die Schwere zu vertreiben. Praktiziert man im Bett vor dem Einschlafen, braucht man die Entspannung natürlich nicht durch diese Befehle zu stören.

- Während des Wettbewerbs und beim Training müssen Sie schnell wieder in den Wachzustand zurückgelangen. Das heißt, Schläfrigkeit und das Gefühl der Schwere wieder loszuwerden. Sie werden lernen müssen, den ganzen Vorgang automatisch auszuführen, damit Sie schnell wieder in Höchstform zurückkehren und weiterhin Leistung zeigen. Vergessen Sie bei alledem aber auch nicht die Geduld – Sie müssen diese Prozeduren beharrlich üben, doch ohne sie zu forcieren.

- *Fortschritt braucht Zeit:* Während des AT werden Sie eine Reihe körperlicher Empfindungen erleben: Schwere und Wärme in den Gliedmaßen, Wärme im Magen- Darmtrakt, einen Zustand der Schläfrigkeit und das Gefühl der Schwere oder des Schwebens, wenn man in einen ruhigen Zustand überwechselt (dies bezeichnet man als «parasympathische Dominanz»). Zu Anfang mag es scheinen, als machte man keinerlei Fortschritt bei der Herstellung dieser

Empfindungen. Manchmal kommt es beim Erlernen der Technik sogar zu gesteigerter Erregtheit und Verspannung. Die positiven Wirkungen des AT setzen erst nach systematischer Praxis und Training ein. Mit der Zeit wird sich Ihr Fortschritt dann beschleunigen. Dann wird die Entspannung tiefer, die Visualisation klarer, werden die Körperempfindungen von beruhigender Wirkung sein.

- *Der Prozeß der Konzentration im AT:* Auf die autosuggestiven Formeln können Sie sich mit zwei verschiedenen Methoden konzentrieren. Sie sollten auch beide Techniken lernen und verwenden. Die erste besteht aus dem mechanischen Wiederholen der autosuggestiven Formel im Geist. Bei der zweiten geht es darum, sich die Eigenschaften des angestrebten Zustands so vollständig wie möglich vorzustellen oder sie zu visualisieren. Versuchen Sie es beispielsweise gerade mit einer Schwereübung, könnten Sie sich dazu die Eigenschaften der Schwere so lebhaft wie möglich vorstellen. Stellen Sie sich beispielsweise vor, wie viel Anstrengung es bedarf, um einen schweren Baumstamm zu bewegen. Oder Sie stellen sich vor, wie der betroffene Körperteil auf der Couch oder dem Boden, wo Sie liegen, fest aufgepreßt wird. Malen Sie sich seine Größe und sein Gewicht aus.

Praktische AT-Richtlinien

Bei der Anwendung des AT im Sport können die folgenden Richtlinien die Gesamteffizienz des Programms steigern helfen:

- Die Aufmerksamkeit sollte sich passiv auf den bestimmten Körperbereich konzentrieren, und die autosuggestiven Formeln werden innerlich gesprochen, während der betroffene Körperbereich visualisiert wird.

- Autosuggestive Formeln sollten mehrmals langsam wiederholt werden, bis die Autosuggestion gleichermaßen «registriert». Die Autosuggestionen werden mit bildlicher Imagination durchsetzt. So kann sich der Athlet beispielsweise auf die Arme konzentrieren, sich vorstellen, wie sie völlig entspannt sind, auf dem Boden ruhend, losgelöst von seinem Körper, schlaff und entspannt mit einem Gefühl herbeigeführter Schwere.
- Vorangehende Übungen oder Erinnerungen («helfende» Bilder) können dazu dienen, den Effekt noch zu steigern. So können Sie sich beispielsweise vorstellen, wie die Sonne warm auf Ihre Haut scheint, oder ein heißes Bad, oder das Gefühl einer kühlen Brise an der Stirn.
- Es sollten keinerlei bewußte Anstrengungen unternommen werden, um während der Atemübung die Atmung tiefer werden zu lassen oder sie zu kontrollieren. Der Athlet sollte seine Aufmerksamkeit auf den natürlichen, gleichmäßigen Rhythmus des Zwerchfells richten. Atmen ist etwas Natürliches und völlig Automatisches. In allen Fällen wird der Athlet lediglich die autosuggestiven Formeln wiederholen und passiv die auf diese folgenden Empfindungen wahrnehmen.

Zweite Woche: Das Üben mit beiden Beinen

Ruhe

Beginnen Sie jede AT-Sitzung mit den Vorbereitungsübungen aus der ersten Woche und den Formeln: *«Ich bin ruhig, völlig ruhig»* und *«Mein ganzer Körper ist entspannt.»*

Die Schwereübung

Zunächst führen Sie in den Armen, wie Sie es gelernt haben, die Empfindung Schwere herbei. Als nächstes sorgen Sie für die Wahrnehmung der Schwere in den Beinen. Wiederholen Sie langsam bei sich: *«Meine Beine sind entspannt.»* Sagen Sie dies 2-3mal.

Dann sagen Sie: *«Meine Beine sind schwer, ganz schwer.»* Sagen Sie dies 3-5mal. Wieder benutzen Sie Ihre lebhafte Einbildungskraft, um das Gefühl der Schwere mit auslösen zu helfen.

Konzentrieren Sie die Aufmerksamkeit, indem Sie die Beine visualisieren. Spüren Sie, wie die Schwere einsetzt, visualisieren Sie sie und lassen Sie alles geschehen. Und behalten Sie dabei im Auge, stets alles nur passiv aufzunehmen – ohne Streben oder Anstrengung.

Die Wärmeübung

Nachdem Sie die Schwere geübt haben, gehen Sie nun zur Empfindung der Wärme über.

Zunächst stellen Sie, wie Sie es gelernt haben, die Empfindung der Wärme in Armen und Beinen her. Dann richten Sie die Aufmerksamkeit allein auf die Beine.

Sagen Sie langsam 2-3mal bei sich: *«Meine Beine sind warm, ganz warm.»* Wie zuvor, konzentrieren Sie auch diesmal die Aufmerksamkeit, indem Sie die Beine lockern und die Wärme darin spüren. Achten Sie darauf, wie die Wärme vom Oberschenkel ins Knie strömt, dann in die Wade, in den Fuß und die Zehen. Wieder sollten Sie eine lebhafte Imagination dazu verwenden, die Wärme zu visualisieren.

Die Atemübung

Genau wie während der ersten Woche sorgen Sie auch nun für die Empfindung eines ruhigen, gleichmäßigen Atmens. Verwenden Sie Formeln wie: *«Mein Atem ist ruhig und gleichmäßig.»* Im übrigen gilt das für die erste Woche Gesagte.

Die Herzübung

Gehen Sie wie schon in der ersten Woche vor, um einen kräftigen, ruhigen Herzschlag herzustellen.

Sagen Sie stumm 5-6mal: *«Mein Herzschlag ist kräftig und ruhig.»*

Aktivierungsübungen

Genau wie während der ersten Woche beenden Sie das ganze AT mit folgenden Formeln: *«Tief durchatmen»*, *«Augen auf!»* und *«Arme bewegen!»; «Kraft kehrt in meine Arme und Beine zurück»* und *«Ich fühle mich frisch und gekräftigt»*.

Dritte Woche: Das Üben mit dem ganzen Körper

Ruhe

Verwenden Sie die gleichen Vorbereitungsübungen wie während der ersten beiden Wochen. Beginnen Sie mit diesen Formeln: *«Ich bin völlig ruhig»; «Mein ganzer Körper entspannt sich.»*

Schwere

Wiederholen Sie 4-5mal: *«Beide Arme und Beine sind schwer»*, gefolgt von: *«Der ganze Körper ist schwer.»* Während Sie diese Erklärungen wiederholen, visualisieren und imaginieren Sie so perfekt und lebhaft wie Sie nur können die Schwere.

Wärme

Wiederholen Sie 4-5mal: *«Beide Arme und Beine sind warm»*, und dann: *«Der ganze Körper ist warm.»* Auch hier sollen Sie die Formeln und die Visualisation der Wärme so vollkommen wie möglich einsetzen.

Atmung

Gehen Sie vor wie in den ersten beiden Wochen.

Die Herzübung

Gehen Sie vor wie in den ersten beiden Wochen

Wärme im Sonnengeflecht

Konzentrieren Sie die Aufmerksamkeit auf den Solarplexus oder das Sonnengeflecht direkt unterhalb des Brustkorbs. Erleben Sie das Gefühl der Wärme im Sonnengeflecht. Vielleicht helfen Sie noch nach, indem Sie sich vorstellen, wie sich warmes Sonnenlicht über Ihren Bauch ergießt. Spüren Sie die Wärme und lassen Sie alles geschehen.

Sagen Sie 4-5mal langsam bei sich: *«Wärme strömt ins Sonnengeflecht. Mein Sonnengeflecht ist warm.»*

Im Geiste stellen Sie sich vor, wie die Wärme langsam vom Brustbereich nach unten abstrahlt, bis sie den ganzen Körperbereich von innen wie von außen erwärmt hat.

Ziel der Sonnengeflechtsübung ist es, die Bauchhöhlenorgane zu beruhigen und zu regulieren. Sie ist recht hilfreich zur Minderung von Beklemmtheit und Angstgefühlen und kann einen angenehmen, entspannten, gelassenen Gemütszustand herstellen.

Die Stirnübung

Als nächstes richten Sie die Aufmerksamkeit auf Gesicht und Stirn.

Sehen Sie die Stirn vor sich und sagen Sie langsam 5-6mal: *«Meine Gesichtsmuskeln sind entspannt»*, und dann: *«Meine Stirn ist angenehm kühl.»*

Stellen Sie sich ein angenehm kühles Gefühl auf der Stirn vor, vielleicht eine sanfte Brise.

Vierte Woche: Der letzte Schliff

In den ersten drei Wochen sind Sie mit sämtlichen grundlegenden AT-Übungen vertraut gemacht worden. In der vierten Woche geht es nun darum, diese gänzlich zu meistern, bis Sie sie ohne jede Mühe praktizieren können. Dieser Abschnitt umspannt auch mehrere Techniken zur Individualisierung des Vorgangs. Die Abb. 9-12 enthalten die in den ersten drei Wochen gelernten Formeln. Mit Hilfe der Tabellen können Sie diese nun auswendig lernen. Nachdem Sie dies getan haben, können Sie die AT-Phasen auch verkürzen. Schließlich wird noch die Herangehensweise von Erickson als alternative Methode erläutert, AT zu praktizieren.

Athleten, die AT erlernen möchten, müssen es regelmäßig und systematisch üben. Sie müssen dabei im wahrsten Sinne des Wortes einen Trainingsplan absolvieren. Im Abschnitt B findet sich ein Blankoformular für die Praxis des Autogenen Trainings.

Mit Beendigung der vierten Woche steht Ihnen ein knappes, kurzes Kompendium von Methoden zur Verfügung, um schnell in den Zustand der Tiefenentspannung und der gesteigerten Konzentration einzusteigen.

Sportwissenschaftliche Untersuchungen haben gezeigt, daß kurze, häufige Übungssitzungen wirksamer sind als lange, zeitaufwendige Praxis – vor allem dann, wenn es zwischen den Übungssitzungen lange Pausen gibt. Daher lernt man AT am besten, wenn man vorgeht, wie bereits geschrieben: 3mal täglich jeweils 2-3 Minuten lang.

Nachdem Sie die Grundform des AT erst einmal gelernt haben, können Sie auch eine verkürzte Form der Formeln verwenden. Manchmal lassen sich die Formeln auf drei bis vier Wörter abkürzen, was zu intensiveren Bildern führt. Hier einige Beispiele dazu: «Völlig ruhig», «Völlig entspannt», «Mein Körper ist ganz schwer», «Die Wärme in meinem Körper nimmt zu», «Kühle Stirn», «Klare Gedanken». Die Selbstsuggestionsformeln helfen dabei, Körper und Geist zu aktivieren, und sind ein wichtiger Bestandteil des AT. Deshalb müssen sie auch mitgeübt werden.

Nach den paar Wochen können Sie systematisch jedes äußere Hilfsmittel abschaffen, so etwa verbale Instruktionen oder Tonbandaufnahmen. So lernen Sie, sich auf sich selbst zu verlassen und nicht von äußerer Hilfe abhängig zu bleiben. Sind diese Übungen erst einmal gelernt, läßt sich AT auch in realen Situationen des Trainings und des Wettbewerbs nutzen.

Der AT-Ansatz Ericksons

Der verstorbene Milton Erickson, M.D., verwendete hypnotische Suggestionen auf ungewöhnliche Weise. Während Sie die Grundstufen des AT lernen, können Sie sich seines Nutzungsansatzes bedienen, der im Anhang A ausführlicher erklärt wird. Dazu gehört es, sich der eigenen einzigartigen Empfindungen und Erlebnisse bewußt zu sein und die autogenen Grundübungen leicht zu modifizieren.

So erfuhr einer meiner Studenten beispielsweise beim Praktizieren der Schwereübung stets eine angenehme Taubheit in den Gliedmaßen. Daraufhin änderte er die autogene Formel für diese Übung von «Meine Arme sind schwer» in «Meine Arme und Beine sind angenehm taub».

Ein anderer Student, der anstelle von Schwere die Empfindung der Leichtigkeit in den Gliedmaßen und dem Körper erfuhr, verwendete die folgenden autogenen Formeln: «Mein Körper ist leicht, ganz leicht» und «Wie Schweben in der Luft».

Ein anderer meiner Studenten, ein US-Ruderer der Weltklasse, veränderte die Reihenfolge der autogenen Übungen. Er fand es wirkungsvoller, mit der Atemübung anzufangen, weshalb er erst danach zur Schwereübung überging.

Manche Sportler sind dazu in der Lage, fast gleich zum Einstieg ins AT mit dem ganzen Körper zu arbeiten. Sie erfahren beinahe sofort die Gefühle der Schwere, der Wärme usw., und dies im ganzen Körper. Manche darunter haben schon in der ersten oder zweiten Woche alle sechs autogenen Übungen praktizieren können. Ihre Erfahrungen und Beobachtungen haben die Wirksamkeit dieser Methode bewiesen.

Damit will ich nicht andeuten, daß Sie einige der Lernschritte des grundlegenden AT überspringen sollen. Die allermeisten meiner Sportler haben vielmehr dieselben Stufen absolviert, wie Sie sie gerade kennengelernt haben. Doch möchte ich Sie dazu ermutigen – wie ich es mit meinen eigenen Athleten auch tat –, Ihre eigenen einzigartigen Erfahrungen dazu zu nutzen, den autogenen Zustand herzustellen. Das ist im Prinzip auch Ericksons Nutzungsansatz.

Woche 1: Das Üben beider Arme	
Vorbereitung	Ich bin völlig ruhig. Mein ganzer Körper entspannt sich.
Schwere	Meine Arme sind entspannt. Beide Arme sind schwer, ganz schwer.
Wärme	Meine Arme sind warm, ganz warm.
Atmung	Mein Atem ist ruhig und gleichmäßig.
Herz	Mein Herz schlägt kräftig und ruhig.
Aktivierung	Tiefatmung und Öffnen der Augen. Bewegen der Arme. Gefühle der Schwere werden eliminiert. Kraft kehrt in meine Arme und Beine zurück. Ich fühle mich frisch und gekräftigt.

Abb. 10: Das Üben beider Arme

Woche 2: Das Üben beider Beine	
Vorbereitung	Ich bin völlig ruhig. Mein ganzer Körper entspannt sich.
Schwere	Meine Beine sind entspannt. Beide Beine sind schwer, ganz schwer.
Wärme	Meine Beine sind warm, ganz warm.
Atmung	Mein Atem ist ruhig und gleichmäßig.
Herz	Mein Herz schlägt kräftig und ruhig.
Aktivierung	Tiefatmung und Öffnen der Augen. Bewegen der Beine. Gefühle der Schwere werden eliminiert. Kraft kehrt in meine Arme und Beine zurück. Ich fühle mich frisch und gekräftigt.

Abb. 11: Das Üben beider Beine

Woche 3: Das Üben des ganzen Körpers	
Vorbereitung	Ich bin völlig ruhig. Mein ganzer Körper entspannt sich.
Schwere	Meine Arme und Beine sind entspannt. Meine Arme und Beine sind schwer, ganz schwer. Der ganze Körper ist schwer.
Wärme	Meine Beine sind warm, ganz warm.
Atmung	Mein Atem ist ruhig und gleichmäßig.
Herz	Mein Herz schlägt kräftig und ruhig.
Sonnengeflecht	Mein Sonnengeflecht (Magen) ist sehr warm. Wärme strömt ins Sonnengeflecht.
Stirn	Meine Gesichtsmuskeln sind entspannt, und meine Stirn ist angenehm kühl.
Aktivierung	Tiefatmung und Öffnen der Augen. Bewegen der Arme und Beine. Der ganze Körper ist erfrischt. Gefühle der Schwere werden eliminiert. Kraft kehrt in meine Arme und Beine zurück. Ich fühle mich frisch und gekräftigt.

Abb. 12: Das Üben des ganzen Körpers

15. Individuell maßgeschneidertes Autogenes Training

Das für sportliche Zwecke modifizierte AT fußt auf einer guterforschten Grundlage. Im Osten und im Westen Europas gilt es für Tausende von Sportlern im wahrsten Sinne des Wortes als «Bibel» der Mentalvorbereitung. Hat ein Athlet erst einmal die Grundlagen des AT gelernt, kann er es in seinen spezifischen Sport und seine individuelle Situation anpassen. Hier wird Ihnen verraten, wie das geht.

In der Grundform des AT hat bereits der verstärkte autogene Zustand (veränderter Bewußtseinszustand) einen positiven Aspekt. Man kann ihn zur Entspannung von Körper und Geist einsetzen, um Erregtheit und Verspannung zu senken sowie als Mittel gegen Streß. Zudem ist der autogene Zustand das Vehikel zur Anwendung individuumsspezifischer autogener Formeln sowie weiterer Mentaltechniken.

Kurz zusammengefaßt bedarf es 4 Wochen, um das grundlegende AT zu beherrschen. Dies geht von dreimal täglicher Praxis von jeweils 2-3 Minuten Länge aus. AT schafft einen Zustand gesteigerter Bewußtheit (veränderter Bewußtseinszustand), in dem der Athlet für Suggestionen und Bilder empfänglich ist. Nachdem Sie das grundlegende AT gelernt haben, können Sie diesen gesteigerten Bewußtseinszustand auch als Vehikel nutzen, um individuelle, spezifische, also auf Ihre eigenen Bedürfnisse zugeschnittene autogene Formeln zu transportieren. Beim Wettkampf verwenden Athleten die positiven Formeln und Bilder, die sie im Training einstudiert haben, um etwaigen, während des Wettstreits auftretenden negativen Gedanken oder Gefühlen Paroli bieten zu können.

Die Entwicklung eines maßgeschneiderten AT

Die auf das Individuum zugeschnittenen autogenen Formeln sind posthypnotischen Suggestionen vergleichbar. Die Motivation spielt dabei eine wichtige Rolle. Die Formeln sollten bestimmte Bedürfnisse des Sportlers ausdrücken. Zunächst einmal muß der Athlet eine Veränderung wollen. Dieser Wunsch bestimmt seinerseits den Inhalt der Formeln.

Schultz vertrat die Auffassung, daß im Zustand der Tiefenentspannung – einem gesteigerten Bewußtseinszustand – die individuellen und spezifischen autogenen Formeln so intensiv wahrgenommen werden, daß sie später zu gegebener Zeit völlig automatisch, ohne willentliche Anstrengung verwirklicht werden. Studien auf dem Gebiet der posthypnotischen Suggestion haben gezeigt, daß sich ein derartiger Effekt durch Training herstellen läßt.

Der Schultz-Schüler Thomas rät dazu, die individualisierten autogenen Formeln kurz, positiv, rhythmisch, klar und inhaltlich eindeutig zu gestalten. Die Formeln müssen dem Betreffenden etwas sagen. Kurze, suggestive Sätze haben größere Aussicht auf Erfolg als lange, gewundene mit allzu vielen Einzelheiten. Thomas weist ferner darauf hin, daß es gelegentlich – wie bei allen Regelwerken – erforderlich sein kann, Ausnahmen zuzulassen, wenn die individuellen Erfordernisse diese nahelegen.

Ich persönlich stimme Thomas zu. Ich empfehle außerdem, daß der Athlet die geplanten Formeln aufschreibt, um sie dann zur Herstellung größerer Klarheit mit jemandem zu besprechen, der mit dem AT-Prozeß vertraut ist.

Danach sollte der Schüler die Formel üben, und zwar mit einer Technik ganz ähnlich jener, wie sie beim Praktizieren der autogenen Grundübungen (s. Kapitel 16) benutzt wird.

Der Athlet sollte die Formel also erst bei sich wiederholen, um sich selbst dann zu visualisieren, wie er sich der Formel entsprechend verhält. Dieses geistige Bild sollte so klar und präzise wie möglich sein. Im Sport werden individualisierte AT-Formeln häufig mit zwei Hauptzielrichtungen eingesetzt:

- Um den Athleten dabei zu unterstützen, die Strapazen des intensiven, harten Trainings (oft auch als Trainingsbelastung bezeichnet) durchzustehen. Es ist oft schwierig und unangenehm, sich dauerhaft auf ein anstrengendes Training zu konzentrieren. Schwierig kann es auch sein, in Anbetracht von Ablenkungen am Ball zu bleiben und weiterzuarbeiten. AT-Formeln können dazu entwickelt werden, die Entschlossenheit zu stärken und den gesamten Trainingsprozeß etwas angenehmer zu gestalten. Typische Formeln könnten dabei sein: *«Ich genieße hartes Training»*, *«Hartes Training wird meine Leistungskraft dauerhaft steigern»* und *«Ich stehe hartes Training durch»*.
- Zur Stärkung des Selbstvertrauens und der Siegesgewißheit während des Wettkampfs. Beispiele für solche Formeln: *«Ich bin völlig ruhig und voller Energie und Kraft während des Wettkampfs»* und *«Ich bin immer zu persönlicher Höchstleistung fähig, wenn es sein soll»*.

Diese Formeln sollten individuell angepaßt werden. Der Sportler muß dabei seine eigenen Worte wählen. So ist es völlig normal, daß zwei Athleten mit demselben Ziel völlig unterschiedliche Formeln konstruieren, um es zu erreichen.

Stufe 1: Konzentrative Analyse

Im Laufe der Jahre habe ich meine Fechter gut beobachten und die Feststellung machen können, daß zwischen ihren

Best- und Schlechtestleistungen gewaltige Unterschiede klaffen. Das gilt für den Gesamtkomplex der Erfahrung einschließlich dem Ausmaß der Erregtheit, Konzentration, des Selbstvertrauens, des Streß, des Selbstgesprächs und der Muskelspannung. Um diese Phänomene besser studieren und begreifen zu können, habe ich eine Methode entwickelt, die ich als «konzentrative Analyse» bezeichne. So stellte ich bei einem meiner Fechter einen leichten hypnotischen Trancezustand her und bat ihn, sich so lebhaft wie möglich an sämtliche Einzelheiten seines erfolgreichsten Wettkampfs zu erinnern. Dann stellte ich ihm Fragen der folgenden Art:

- Wie stark war deine Erregtheit (auf einer Skala zwischen 0 und 10)?
- Wie stark war deine Konzentration (auf einer Skala zwischen 0 und 10)?
- Wie stark war dein Selbstvertrauen (auf einer Skala zwischen 0 und 10)?
- Wie stark war deine Sorge (Streß), aber auch wirklich eine gute Leistung zu erbringen (auf einer Skala zwischen 0 und 10)?
- Wie groß war deine Nervosität (auf einer Skala zwischen 0 und 10)?
- Wie hoch war die Spannung in den verschiedenen Muskelgruppen (auf einer Skala zwischen 0 und 10)?
- Welche Selbstgespräche hast du geführt?
- Welche Bilder und Gedanken kamen dir dabei?
- Was hast du dir bildlich vorgestellt?
- Wie und was hast du gesehen und gehört?
- In welcher Gemütsverfassung und in welchem körperlichen Zustand hast du dich befunden?

Ich zeichnete seine lebhaften, sinnlichen und an Einzelheiten reichen Antworten auf einem Tonbandgerät auf und fragte ihn als nächstes nach seinem schlechtesten Wettkampf.

Nun verglich ich die beiden Angaben. Das half mir zu erkennen, was ihn an größeren Erfolgen hinderte. Ein Faktor, der sich dabei besonders hervorhob, war die Tatsache, daß sein Selbstgespräch während seiner besten sportlichen Leistung aus knappen, positiven, motivierenden und suggestiven Sätzen bestanden hatte. Dieses positive Selbstgespräch war ein hervorragender Ausgangspunkt auf der Suche nach individualisierten autogenen Formeln.

Ich konnte im Laufe der Jahre die Feststellung machen, daß diese Technik mir dabei hilft, die Probleme meiner Sportler genauer zu bestimmen. Zu den typischen Hindernissen des Forschritts gehören häufig mangelndes Selbstvertrauen, überzogene Erregtheit, extreme Muskelverspannungen in bestimmten Bereichen, die Furcht vor dem Wettbewerb mit bestimmten Gegnern oder auch Fehler auf dem Gebiet der Technik oder Taktik.

Wie schon erwähnt, stellte sich bei der konzentrativen Analyse das Selbstgespräch als Ausgangsbasis für die Entwicklung individualisierter autogener Sätze heraus. Dieser Art hergestellte Formeln sind vor allem deshalb so wirksam, weil sie spontan vom Athleten selbst erschaffen werden. Im erwähnten Fall spiegelten sie das Selbstgespräch des Sportler insofern wider, als sie kurz, motivierend und suggestiv ausfielen. Die Athleten hegten eine Vorliebe für diese Formeln, weil sie sich leicht merken ließen. Außerdem wurden nur Formeln aus dem Kontext der Bestleistungen verwendet; insofern assoziierten sie mit dem Selbstgespräch ohnehin schon den Erfolg.

Bei der Durchführung der konzentrativen Analyse reagierten die meisten Sportler überrascht auf das, was sie auf diese

Weise entdeckten. Sie begriffen, daß sie sich ihrer Selbstgespräche und sinnlichen Wahrnehmnung überhaupt nicht bewußt gewesen waren.

Das Erlernen der konzentrativen Analyse

Der erste Schritt bei der Entwicklung individualisierter Formeln ist die konzentrative Analyse. Wie bereits erwähnt, gehört dazu das Visualisieren der sportlichen Best- und Schlechtestleistungen, und zwar möglichst detailreich und lebendig.

Bevor Sie die konzentrative Analyse in Angriff nehmen, sollten sie zunächst die autogenen Grundtechniken aus Kapitel 14 erlernen. Wenn Sie dann bereit für die konzentrative Analyse sind, nehmen Sie eine bequeme Sitz- oder Liegestellung ein. Schließen Sie die Augen und stellen Sie den autogenen Zustand her. Nun erinnern Sie sich zunächst an Ihre beste, später an Ihre schlechteste sportliche Leistung oder an entsprechende Wettkämpfe. Halten Sie im Trainingstagebuch alles fest, woran Sie sich erinnern, und zwar möglichst detailreich und lebhaft. Die nun folgenden Tabellen und die konzentrative Analyse von Spitzensportlern in Kapitel 16 werden Ihnen dabei helfen. Die Analyse ist von größter Wichtigkeit, stellt sie doch die Hauptquelle für die Entwicklung individualisierter autogener Formeln dar.

Arbeitsblatt konzentrative Analyse (Bestleistung)											
Schließen Sie in sitzender oder liegender Stellung die Augen und führen Sie den autogenen Zustand herbei. Erinnern Sie sich so lebhaft wie möglich an Ihre sportliche Bestleistung. Um Ihr Timing anzuregen, stellen Sie sich dazu die folgenden zehn Fragen. Die Antworten darauf können von Sportler zu Sportler sehr unterschiedlich ausfallen. Wenn Sie damit fertig sind, halten Sie so viele Einzelheiten schriftlich fest, wie Sie nur können.											
Grad der Erregtheit	0	1	2	3	4	5	6	7	8	9	10
Grad der Besorgtheit wegen der sportlichen Leistung	0	1	2	3	4	5	6	7	8	9	10
Grad der Nervosität	0	1	2	3	4	5	6	7	8	9	10
Grad der Konzentration	0	1	2	3	4	5	6	7	8	9	10
Grad des Selbstvertrauens	0	1	2	3	4	5	6	7	8	9	10
Grad der Muskelspannung											
Beine	0	1	2	3	4	5	6	7	8	9	10
Arme, Schultern	0	1	2	3	4	5	6	7	8	9	10
Gesicht, Nacken	0	1	2	3	4	5	6	7	8	9	10
Bilder, Visualisationen											
Was ich um mich herum gesehen und gehört habe											
Selbstgespräch											
Gefühlszustand											
Psychologische Verfassung											

Abb. 13: Arbeitsblatt konzentrative Analyse (Bestleistung)

Arbeitsblatt konzentrative Analyse (Schlechtestleistung)											
Schließen Sie in sitzender oder liegender Stellung die Augen und führen Sie den autogenen Zustand herbei. Erinnern Sie sich so lebhaft wie möglich an Ihre sportliche Bestleistung. Um Ihr Timing anzuregen, stellen Sie sich dazu die folgenden zehn Fragen. Die Antworten darauf können von Sportler zu Sportler sehr unterschiedlich ausfallen. Wenn Sie damit fertig sind, halten Sie so viele Einzelheiten schriftlich fest, wie Sie nur können.											
Grad der Erregtheit	0	1	2	3	4	5	6	7	8	9	10
Grad der Besorgtheit wegen der sportlichen Leistung	0	1	2	3	4	5	6	7	8	9	10
Grad der Nervosität	0	1	2	3	4	5	6	7	8	9	10
Grad der Konzentration	0	1	2	3	4	5	6	7	8	9	10
Grad des Selbstvertrauens	0	1	2	3	4	5	6	7	8	9	10
Grad der Muskelspannung											
Beine	0	1	2	3	4	5	6	7	8	9	10
Arme, Schultern	0	1	2	3	4	5	6	7	8	9	10
Gesicht, Nacken	0	1	2	3	4	5	6	7	8	9	10
Bilder, Visualisationen											
Was ich um mich herum gesehen und gehört habe											
Selbstgespräch											
Gefühlszustand											
Psychologische Verfassung											

Abb. 14: Arbeitsblatt konzentrative Analyse (Schlechtestleistung)

Sollten Ihnen diese Übungen schwerfallen, könnten die folgenden Beispiele vielleicht hilfreich sein. Achten Sie jedoch stets darauf, daß Sie bei der konzentrativen Analyse tatsächlich nur Ihre eigenen Erfahrungen beschreiben. Das müssen Sie in Worten tun, die Ihnen persönlich auch sinnvoll erscheinen.

Sportliche Bestleistungen

Was ich sah, als ich meine beste sportliche Leistung erbrachte:

- Den Zaun, meinen Gegner, den Direktor, die Waffe, meinen Trainer.
- Die Markierungen am Boden des Schwimmbeckens, die Zuschauer.

Was ich visualisierte oder imaginierte, als ich meine Bestleistung erbrachte:

- Ich sah mich selbst, wie ich meinen Gegner angriff.
- Ich hatte das Bild, wie ich die Erwiderungen meines Gegners voraussah.
- Ich hatte das Bild von… (einer bestimmten Bewegung).

Was ich dabei hörte:

- Das Geräusch der fechtenden Klingen
- Das Geräusch des Balls beim Aufprall gegen den Schläger
- Das Geräusch meiner Fußbewegungen, meiner Atmung
- Jubel; den Ruf meiner Gegnerin, als sie einen Punkt machte; Hintergrundgeräusche.

Mein Selbstgespräch oder meine Selbstsuggestionen dabei:

- Bleib locker; hetz dich nicht; konzentrier dich; immer nur eine Bewegung auf einmal; bleib zielgerichtet; bleib in Deckung.

Was ich körperlich dabei empfand:

- Verspannung in der Schulter (oder anderen Muskelgruppen)
- Schwitzen
- Ein prickelndes Gefühl
- Einen Knoten im Bauch
- Mir war meine eigene Atmung oder mein Herzschlag bewußt.

In welcher Gemütsverfassung ich war:

- Ich fühlte mich locker, entspannt, wach, konzentriert, selbstbewußt, verängstigt, wütend und glücklich. Andere würden vielleicht sagen: «Voll dabei.» – also voll und ganz konzentriert.

Die Antworten auf diese Fragen fallen von einem Sportler zum anderen völlig unterschiedlich aus. Beschreiben Sie Ihre inneren und äußeren Empfindungen – Ihre Stimmung, Ihre Gefühle, Ihre Gedanken und Bilder – sowie das Selbstgespräch, das Sie dabei führten.

Nachdem Sie Ihre beste, erfolgreichste Leistung analysiert haben, führen Sie auch eine konzentrative Analyse über Ihre schlechteste, erfolgloseste Leistung durch. Dies geschieht, um festzustellen, wie Ihr Geist funktioniert, wenn Sie gerade Ihr Bestes oder Ihr Schlechtestes geben.

Eine sehr wirkungsvolle Methode der konzentrativen Analyse besteht auch darin, die sportliche Bestleistung auf Video zu verfolgen. Nehmen Sie bequem Platz und leiten Sie den autogenen Zustand ein. Dann schalten Sie den Videorecorder an und verfolgen Ihre sportliche Bestleistung. Erinnern Sie sich an alle Gefühle, Gedanken, Bilder, Selbstgespräche und an den Grad Ihrer Erregtheit, Konzentration, Ihres Selbstvertrauens usw. Bewerten Sie Ihr Tun und Ihre Technik jedoch nicht. Konzentrieren Sie sich nur auf die Empfindungen, Gefühle, Bilder, die Sie dabei hatten, und tun Sie dieses auf möglichst detailreiche, lebhafte Weise. Dann halten Sie alles in Ihrem Tagebuch fest.

Tun Sie das gleiche mit Ihrer sportlichen Schlechtestleistung. Vergleichen Sie datailliert die Unterschiede. Nun wiederholen Sie die Übung, doch betrachten Sie diesmal alles unter dem Gesichtspunkt der Technik und der Taktik. Stellen Sie auch hier die begleitenden Gefühle, Gedanken und Selbstgespräche fest.

Nach der konzentrativen Analyse ihrer besten und schlechtesten Leistungen berichten Athleten oft überrascht, welch unterschiedliche Selbstgespräche sie dabei doch geführt haben, wie sie alles ganz anders sahen, empfanden und überdachten, je nachdem ob sie gerade ihre beste oder ihre schlechteste Leistung vollbrachten.

Stufe 2: Das Erschaffen von Formeln

Ausgehend von der konzentrativen Analyse in Stufe 1, stellen Sie nun fest, was Sie am Fortschritt hindert. Was war denn der Unterschied zwischen Ihrer besten und schlechtesten Leistung?

Die autogenen Formeln, die Sie nun konstruieren, dienen als Stichworte, um positive Gefühle auszulösen, während sie zugleich negative Gedanken und Selbstgespräche in positive verwandeln. Die Formeln werden Selbstvertrauen auslösen, eine entspannte, konzentrierte Wachheit und das Siegesgefühl, das Ihre Bestleistung begleitete. Außerdem helfen sie Ihnen dabei, schlechte Gewohnheiten zu korrigieren.

Gehen Sie dabei nach folgender Methode vor:

- Machen Sie das Beste aus den positiven Selbstgesprächen, Gedanken, Bildern und Gefühlen, die mit Ihrer Bestleistung einhergingen.
- Befassen Sie sich auch mit Ihren negativen Selbstgesprächen und Gedanken in Verbindung mit Ihren schlechtesten Leistungen. Verwandeln Sie dies in positive Selbstgespräche als Schritt, um negative Gewohnheiten und Probleme auszumerzen.
- Halten Sie im Trainingstagebuch die spezifischen autogenen Formeln fest, die Sie verwenden wollen.

Die Beispiele aus dem praktischen Leben, die nun folgen, sollen Ihnen eine Hilfe zum besseren Verständnis des Vorgangs der Herstellung individuell angepaßter autogener Formeln bieten.

Einer meiner Degenfechter hatte große Probleme, weil er auf – wie er fand – ungerechte Ermahnungen des Schiedsrichters mit Wutausbrüchen, Bestürzung und Abgelenktheit reagierte. Ich schlug ihm folgende autogene Formel vor: *«Ich reagiere völlig indifferent auf die Anwürfe des Schiedsrichters»* und *«Ich bin entspannt, ruhig und konzentriert»*. Er praktizierte täglich, indem er sich ausmalte, wie er entspannt, ruhig, konzentriert und indifferent auf die Ermahnungen des

Schiedsrichters reagierte, während er seine autogenen Formeln wiederholte.

Darüber hinaus schlug ich ihm vor, sich einen Fechter vorzustellen, der ihm als Vorbild diente, und sich auszumalen, wie dieser Fechter wohl in einer solchen Situation reagieren würde. Dies übte mein Schüler täglich. Schon zwei Wochen später war sein Problem beseitigt.

Die konzentrative Analyse eines Skilangläufers wies darauf hin, daß er an einem bestimmten Punkt der Strecke ein besonderes Problem entwickelte. Ging es bergauf, fühlte er sich müde, bis zur völligen Erschöpfung, und erlebte derart Schmerz und negative Gedanken, daß es ihm unmöglich war, schnell bergauf zu laufen. Die folgenden autogenen Formeln wurden entwickelt, um ihm bei der Bewältigung seiner Schwierigkeiten zu helfen:

- Ich imaginiere und spüre ein Seil, das mit meinem Körperschwerpunkt verbunden ist und mich weiter zieht.
- Ich werde immer kräftiger den Weg entlanggezogen.
- Ich imaginiere und spüre einen kräftigen Wind, der mich vorwärts schiebt.
- Meine Schritte sind jetzt müheloser und schneller.
- Ich imaginiere und spüre, wie mein Mannschaftskamerad mich mit großer Kraft vorwärts schiebt.

Häufig werden die positiven Selbstgespräche, Gedanken und Selbstbefehle, die mit der Spitzenleistung des Athleten einhergehen, als autogene Formeln verwendet, oder sie dienen als Stichworte zur Wiederherstellung ähnlicher Gefühle oder Stimmungen oder zur Eliminierung negativer Selbstgespräche. Diese Stichworte können nach Belieben verwendet werden. Beachten Sie bei der konzentrativen Analyse am Ende des entsprechenden Kapitels, daß die dort vorgeschlagenen autogenen Formeln tatsächlich das Selbstgespräch des Athleten nutzen – es sind dieselben Dinge, die er auch unbewußt sagt, wenn er gerade sein Bestes gibt.

Ich schlage diese Vorgehensweise vor, weil ich in dem positiven Selbstgespräch des Athleten ein «Computerprogramm» sehe, daß im Unterbewußtsein gespeichert ist und spontan und unbewußt zur Affirmation und Bestätigung verwendet wird – zur Bestärkung des Selbstvertrauens, des Glaubens und der generellen Kampfmoral des Athleten. Darüber hinaus scheint dieses Selbstgespräch wie eine Art «Rennplan» zu funktionieren: spontane, kurze Anweisungen in verschiedenen Phasen, die dem Athleten helfen, sich auf die anstehende Aufgabe zu konzentrieren.

Außerdem versorgt das Selbstgespräch des Athleten während seiner Bestleistung ihn mit kurzen Kommandos, auf die er sich konzentrieren kann – beispielsweise auf ein äußeres Objekt oder einen innerkörperlichen Vorgang. Dies hilft dabei, Ablenkungen oder negative Gedanken von sich fern zu halten und den Geist daran zu hindern, ziellos in die Vergangenheit oder Zukunft abzuwandern. Wenn Sie Ihre besten Leistungen erbrachten, konzentrierten sich Athleten stets auf die Gegenwart, was sich auch im Selbstgespräch widerspiegelte. Im Gegensatz dazu konzentrierte sich das Selbstgespräch auf Vergangenheit oder Zukunft, wenn sie ihre schlechtesten Leistungen erbrachten. Dann sind sie voller Sorge und Ziellosigkeit, weshalb sich das Selbstgespräch auch nur um gespeicherte negative Probleme und angelernte Beschränkungen dreht.

Ich konnte die Beobachtung machen, daß Athleten schon von sich aus über die natürliche Fähigkeit verfügen, sich selbst erfolgreich zu organisieren. Die Untersuchung ihrer Selbstgespräche bei sportlichen Spitzenleistungen macht deutlich, daß sie sich ganz spontan positive Affirmationen geben, sich selbst ermahnen, konzentriert zu bleiben, und ganz natürlich «Wettkampfpläne» entwickeln, um ihren Geist damit unter Kontrolle zu bringen. Deshalb können die individuell zugeschnittenen autogenen Phrasen auf diese «Blaupausen» der positiven Selbstgespräche beim Erbringen der Bestleistung zugrunde gelegt werden. Dies hilft dem Athleten dabei, seine unterbewußten Affirmationen, seine der Selbststärkung dienenden inneren Befehle und unterstützenden Anweisungen ins Bewußtsein zu holen, um diese Gedanken noch gezielter und häufiger zu nutzen.

Andererseits werden individualisierte Formeln auch gelegentlich dazu verwendet, Probleme zu bewältigen, mit denen der Athlet aus eigener Kraft nicht fertig wird. So könnte beispielsweise die konzentrative Analyse eines Sportlers mangelndes Selbstvertrauen, Konzentrationsmangel und Fehler auf taktischem und technischem Gebiet usw. offenlegen. So verlor beispielsweise einer meiner Fechter, als er eine Reihe von Niederlagen erlitten hatte, sein Selbstvertrauen und den Glauben an seine eigene Fähigkeit, den Sieg zu erlangen. Ich schlug ihm daher folgende autogene Formeln vor: *«Ich habe sehr hart und gut trainiert», «Ich habe viele Fechter der Weltklasse in der Vergangenheit geschlagen», «Ich glaube an mich selbst»*. Darüber hinaus schlug ich ihm vor, in der Woche vor dem nächsten Wettkampf täglich die Videoaufzeichnungen vom Weltcup und der Weltmeisterschaft anzuschauen. Schon bald hatte er sein Selbstvertrauen wiedergewonnen.

Ich empfehle das sorgfältige Studium der Beispiele konzentrativer Analyse in Kapitel 14. Beachten Sie, welche Unterschiede hinsichtlich Wahrnehmung, Selbstgespräch, Bilderwelt und Stimmung (um nur ein paar Beispiele zu nennen) zwischen der besten und der schlechtesten Performanz bestehen. Beachten Sie ebenfalls die dort vorgeschlagenen, individuellen autogenen Formeln. Dadurch werden Sie den Prozeß der konzentrativen Analyse genau erfassen. Und diese wiederum hilft Ihnen dabei, Ihre eigenen, individualisierten autogenen Formeln zu entwickeln.

Stufe 3: Regeln für die Konstruktion autogener Formeln

Will man erfolgreich schlechte Angewohnheiten ausmerzen, sind bestimmte Regeln bei der Konstruktion individualisierter autogener Formeln zu beachten. Die folgende Liste wird Ihnen dabei helfen.

1. Die Formeln müssen stets positiv formuliert sein. Erwähnen Sie niemals negative Ideen oder Vorstellungen, denn das, was man erwartet, neigt auch zur Verwirklichung.
2. Verwenden Sie stets die Gegenwartsform. Stellen Sie sich vor, daß das, was Sie da suggerieren, nicht irgendwann in der Zukunft, sondern bereits jetzt Wirklichkeit geworden ist.
3. Verwenden Sie stets nur eine Formel auf einmal. Zahlreiche Suggestionen im selben Satz schwächen sich nur gegenseitig. Suchen Sie sich vielmehr eine Hauptsuggestion aus und bearbeiten Sie diese so lange, bis Sie sie aufgenommen haben.
4. Formulieren Sie die Sätze knapp, klar und schlicht. Verwenden Sie Wörter, wie sie auch ein Zehnjähriger verstehen würde. Vermeiden Sie lange, komplizierte Satzkonstruktionen.
5. Stellen Sie sich vor, wie Sie die Formeln ausführen. Leiden Sie beispielsweise unter Lampenfieber, verwenden Sie einen Satz wie: *«Ich bin ruhig und entspannt, wenn ich auf-*

trete» oder: *«Ich bin ruhig und mutig vor Zuschauern.»* Stellen Sie sich vor, wie Sie gelassen und zuversichtlich vor der Menge stehen.

6. Verwenden Sie die Formeln in Verbindung mit konkreten Situationen. Wenn Sie die Formel anwenden, stellen Sie sich dabei die Wettkampfsituation vor.
7. Neukonstruierte Sätze sollten es Ihnen gestatten, mit Hilfe Ihrer Imagination zu visualisieren, wie Sie die individuellen Formeln gerade ausführen.
8. Suggestionen sollten stets in einer Ihnen natürlichen Sprache formuliert sein. Denn wenn die Formulierungen nicht natürlich scheinen, haben Sie auch keinen Bezug zu Ihnen.

Stufe 4: Das Verankern

Meine Sportler praktizieren das Verankern oder das Assoziieren ihrer positiven Gefühle mit einem physischen Merkmal, wenn sie AT praktizieren. Sie stellen die gewünschten positiven Emotionen her – das Gefühl des Selbstvertrauens, der Kraft, der Entschlossenheit usw. – und pressen dann mit dem Daumen auf den Zeigefinger, während Sie sich die mit den positiven Emotionen assoziierten Bilder vors geistige Auge zurückrufen. Die Bewegung des gegen den Zeigefinger pressenden Daumens ist ganz ähnlich dem Halten der Waffe beim Fechtkampf. Sie hilft dem Fechter dabei, einen Bezug zu seinem Sport herzustellen und sich dabei auf die Macht der positiven Emotion zu konzentrieren, die sie wachruft.

Beim Wettkampf verwenden die Fechter dieselbe winzige Bewegung, zusammen mit den individuellen autogenen Formeln, sowohl beim Start als auch sonst, ganz nach Bedarf. Anker und Formel lösen somit einen konditionierten Reflex aus – die Verbindung zum Siegesgefühl, das ihnen dazu verhilft, gesetzte Ziele zu erreichen.

Bei der Verankerung geht es darum, die Erfahrung der positiven Gefühle des Erfolgs wieder ins Gedächtnis zu rufen, diese wiederum mit dem Berühren des Körpers oder der Sportausrüstung zu assoziieren.

Stufe 5: Die tägliche Praxis

Sie sollten Ihre spezifischen, individualisierten autogenen Formeln täglich praktizieren, bis Sie Ihr Ziel der Leistungsverbesserung erreicht haben. Schließlich greifen Sie ein, zwei Tage vor dem Turnier noch einmal darauf zurück, um sich erneut einzustimmen. Die Praxis sollte folgendermaßen aussehen:

- Stellen Sie den autogenen Zustand her. Wiederholen Sie Ihre individuellen Formeln.
- Stellen Sie sich vor, daß Sie sich genau so verhalten, wie Sie es haben wollen.
- Rufen Sie mit Hilfe der autogenen Formeln die positiven Gefühle Ihrer Bestleistung wieder ins Gedächtnis zurück.
- Verankern Sie Ihre positiven Gefühle beispielsweise durch Pressen des Daumens gegen den Zeigefinger, wie Sie es beim Halten der Waffe tun, während Sie zugleich diese Gefühle wieder abrufen.

Der Anker und die autogenen Formeln dienen Ihnen im Wettkampf wie beim Training als Stichworte oder Merkmale, die Ihnen stets zur Verfügung stehen, wann immer Sie die Siegesgefühle des Selbstvertrauens, der Entschlossenheit usw. aktivieren müssen.

Formeln für besondere Situationen

Viele individualisierte Formeln wurden auch für ganz bestimmte Situationen im Sport entwickelt. Obwohl sie durch konzentrative Analyse (Selbststudium) auf den jeweiligen Sportler individuell zugeschnitten werden sollten, können Ihnen die Beispiele im folgenden Abschnitt und in den Anhängen nützlich sein.

Da diese Beispiele ziemlich lang sind, ist es unter Umständen ratsam, wenn der Sportler zum Üben ein Tonbandgerät zur Hilfe nimmt.

Gegen Streß und Verspannnung im Wettkampf

Wettkampfsituationen können beim Sportler sehr viel Streß und Verspannung erzeugen. Da die motorischen Zentren des Gehirns sich in einem Zustand gesteigerter Stimulation befinden, kann der Athlet schon bald ermüden. Das aber kann sich wiederum ungut auf seine Leistungsfähigkeit auswirken. In einem solchen Fall läßt sich AT dazu nutzen, den Zustand der Verspanntheit und hochgradigen Erregtheit herunterzufahren und den Prozeß der Regeneration/Erholung zu beschleunigen. AT hilft aber auch dabei, den für die Wettkampfsituation erforderlichen, optimalen Grad der Erregtheit zu entwickeln und aufrechtzuerhalten. Während des Wettkampf kann der Sportler die Zeit langer und kurzer Pausen abseits des Kampfgeschehens für die oben beschriebenen Zwecke nutzen.

Die perfekte Beherrschung des AT hat es osteuropäischen Spitzensportlern ermöglicht, Tiefenentspannung herbeizuführen und sich selbst in kurzen Wettkampfpausen zu regenerieren. Fechter, Ringer, Karateka und auch andere Athleten verwenden AT häufig in den Kampfpausen. Spitzenboxer können einen autogenen Zustand für die Dauer von 30 Sekunden herstellen, indem sie dann empfänglicher für die Anweisungen des Trainers werden. In den folgenden 30 Sekunden können sie sich wieder aktivieren, so daß sie eine 60sekündige Pause optimal zu nutzen verstehen.

Vergessen wir auch nicht, daß das AT nicht nur die «Übererregtheit» des Athleten verringern kann, sondern sich auch einsetzen läßt, wenn es dem Athleten an Energie oder Aggressivität fehlt. Dazu werden dann spezifische autogene Formeln und die intensiven Aktivierungsübungen eingesetzt.

Schnelles Abschalten und Blitzerholung

Es folgen nun Beispiele für AT-Formeln, wie sie während kurzer Pausen beim Wettkampf verwendet werden. Diese Formeln wurden für zwei Fechter entwickelt, der eine Weltmeister, der andere Silbermedaillengewinner bei der Weltmeisterschaft. Beide Sportler nutzten diese Formeln zu intensivem Ausruhen und zur schnellen Wiederherstellung der Kräfte zwischen den Kämpfen.

- Ich bin völlig entspannt.
- Mein ganzer Körper ist ausgeruht, und ich fühle mich erfrischt.
- Mein Atem ist ruhig und gleichmäßig. (2-4mal wiederholen).
- Auch mein Herz schlägt ruhig, schlägt immer ruhiger.
- Beide Arme sind entspannt.
- Angenehme Wärme durchströmt meinen Körper.
- Meine Gesichtsmuskeln sind entspannt.
- Die Muskeln auf der Stirn, um die Augenbrauen und Lippen sind entspannt.

- Die Spannung hat sich aufgelöst.
- Ich fühle mich ruhig; mein ganzer Körper ist erfrischt.
- Mein Atem ist ruhig. Schon nach wenigen Atemzügen verschwindet das Gefühl der Schwere.
- Ich fühle mich frisch und leicht.
- Kraft kehrt in meine Arme und Beine zurück.
- Tief durchatmen.
- Augen auf!
- Arme bewegen!

Regeneration des Athleten

Die folgenden autogenen Formeln wurden von Teilnehmern an der Moskauer Olympiade in den Sportarten Fechten und moderner Fünfkampf während der Trainings- und Wettkampfpausen verwendet.

- Ich bin völlig entspannt.
- Mein ganzer Körper ist ausgeruht, und ich fühle mich erfrischt.
- Mein Atem ist ruhig und gleichmäßig.
- Ich bin völlig entspannt.
- Mein ganzer Körper ist ausgeruht, und ich fühle mich erfrischt.
- Mein Atem ist ruhig und gleichmäßig.
- Auch mein Herz schlägt ruhig, immer ruhiger.
- Beide Arme sind entspannt.
- Ein angenehmes Gefühl der Wärme durchströmt meinen Körper.

- Meine Gesichtsmuskeln sind entspannt.
- Die Muskeln an meiner Stirn, um die Augenbrauen und Lippen sind entspannt.
- Die Spannung ist aufgelöst.
- Ich fühle mich ruhig.
- Mein ganzer Körper ist erfrischt.
- Mein Atem ist ruhig.
- Schon nach wenigen tiefen Atemzügen verschwindet das Gefühl der Leere.
- Ich fühle mich erfrischt und leicht.
- Kraft kehrt in meine Beine und Arme zurück.
- Tief durchatmen.
- Augen auf!
- Arme bewegen!

Es sollte hier noch einmal betont werden, daß die autosuggestiven Formeln von den mentalen Bildern des Sportlers begleitet werden. Beim AT sollten Sie sich auf die Formeln oder Bilder konzentrieren, ohne sie zu überstürzen oder forcieren zu wollen.

Zusammenfassung

Nachdem Sie die in Kapitel 14 vorgestellten AT-Grundübungen praktiziert haben, sind Sie dazu in der Lage, Ihre eigenen, individualisierten autogenen Formeln zur Überwindung bestimmter Probleme und Schwierigkeiten zu entwickeln. Individuelle, spezifische autogene Formeln werden durch Selbststudium oder konzentrative Analyse entwickelt. Nachdem Sie die entsprechenden Formeln konstruiert haben, üben Sie sie täglich. Während des Wettkampfs verwenden Sie die individualisierten Formeln und die Verankerung als Methode, um das Gefühl der Selbstsicherheit auszulösen und sich zu konzentrieren. Wenn Sie erst einmal das AT beherrschen, sind Sie auf dem Weg zur gezielten Selbstaussteuerung schon ein gutes Stück weiter.

16. Konzentrative Analyse bei Olympiasportlern

Im letzten Kapitel wurde die Entwicklung individueller autogener Formeln geschildert. Sie beginnt mit einer detaillierten konzentrativen Analyse der besten und schlechtesten sportlichen Leistungen des Athleten. Für ein gründlicheres Verständnis dieses Prozesses wollen wir in diesem Kapitel nun die konzentrative Analyse der US-amerikanischen Olympiaathleten beispielhaft in Auszügen wiedergeben. Nach jedem Beispiel folgen dabei die empfohlenen autogenen Formeln für den jeweiligen Sportler.

Die Beispiele sind in sich genommen recht interessant und lehrreich. Immerhin bieten sie uns Einblick in das Innere von vier erfolgreichen Sportlern. Beachten Sie bitte, wie detailliert jeder der Athleten vorgeht. Die vielen Einzelheiten helfen dem Sportler dabei, sich selbst besser zu verstehen, und bieten die Grundlage für die autogenen Formeln.

Obwohl jeder dieser Sportler mir ausdrücklich gestattet hat, seinen Namen in diesem Buch zu nennen, möchte ich lieber darauf verzichten und die Privatsphäre der Beteiligten wahren. Mit großer Dankbarkeit erfüllt mich allerdings ihre Bereitschaft, mir von ihrer hervorragenden Arbeit so ausführlich zu berichten.

Konzentrative Analyse eines Olympiafechters

Die Bestleistung

Dieser Fechter zeichnete die folgenden Informationen auf, welche beschreiben, wie er seine Bestleistung selbst erfuhr.

Ich kenne diesen Fechter als äußerst willensstarken und selbstsicheren Sportler.

Ich bin aufgeladen, nervös; bereit, anzufangen. Ich sehe meinen Gegner als Feind, der mir im Weg steht. Ich will die nächste Stufe erklimmen. Ihn sehe ich da nur als Hindernis. Ich will ihn beiseite schieben, ihn aus dem Weg schaffen.

Ich bin selbstsicher und konzentriert, auf einer Skala von 0 bis 10 nimmt meine Konzentration den Rang 9 ein. Meine Erregung ist ebenfalls hoch, etwa 8 bis 9. Ich fühle mich intensiv, aber entspannt. Ich habe das Gefühl, mich im Griff zu haben.

Mein Körper ist entspannt und warm. Manchmal habe ich etwas Schmerzen in den Knien, aber die gehen schnell weg, sobald der Wettkampf beginnt. Ich spüre, wie mir der Schweiß vom Gesicht läuft (infolge meiner Aufwärmübungen). Doch unmittelbar vor dem Wettkampf bin ich etwas nervös, aber nicht allzu sehr. Ich frage mich, gegen wen ich wohl fechten werde. Gespannt warte ich darauf, aufgerufen zu werden. Im Geiste gehe ich die Möglichkeiten durch: Wer wird wohl mein Gegner sein? Aber ich fühle mich nicht verspannt. Ich lächle und rede mit den Leuten. Ich bin begierig darauf anzufangen.

Wird dann der Name meines Gegners verkündet und ist es ein Spitzenfechter, werde ich etwas nervös. Sofort denke ich: *«Oh, Junge, das wird aber hart!»* Dann beruhige ich mich wieder und sage mir: *«Den kann ich auch schlagen.»* Als erstes erinnere ich mich daran, wie der Trainer sagte, daß ich jeden da draußen schlagen kann, wenn ich tue, was ich gelernt und trainiert habe. Ich weiß, daß ich ausreichend trainiert habe, jeden Tag – mit Unterricht und im Freistil. Ich denke darüber nach und sage mir, daß ich geübt und trainiert habe, daß ich auch früher schon sehr starke Fechter geschlagen habe und daß ich auch diesen werde schlagen können. Ich lade mich auf und bin bereit anzufangen, doch zuerst sage ich mir noch: *«Das wird ein harter Kampf – aber ich habe das Zeug dazu, ihn zu gewinnen.»* Dann entspanne ich mich und mache mich ans Werk. Wieder spüre ich, daß er mir im Weg ist und daß ich ihn schlagen muß, um die nächste Stufe zu erreichen.

Wird mir ein schwächerer Gegner angekündigt, fühle ich, daß ihn schlagen kann und werde. Ich habe lediglich zu tun, was man mir beigebracht hat. Wenn ich ganz ruhig bleibe und keine Dummheiten mache, sollte sich der Kampf für mich von allein erledigen. Ich weiß zwar noch nicht genau, was ich gegen diesen Fechter unternehmen werde, bin aber zuversichtlich, daß sich das während des Kampfs schon ergeben wird. Ich kann fechten, und ich kann ihn auch schlagen. Den Kampf sehe ich als Zeit, die mir zur Verfügung steht, um eine höhere Stufe zu erreichen. Ich bin sehr zuversichtlich, daß ich ihn treffen werde, und ich mache mir auch keine Sorgen darüber, wie lange es dauern mag. Mein Erregungsgrad ist hoch. Einerseits bin ich in einer geschäftsmäßigen, kalten Stimmung, andererseits denke ich aber auch über Fehler nach, die ich manchmal begehe, und stelle sicher, daß ich die Sache nicht auf die leichte Schulter nehme, nicht davon ausgehe, daß ich diese Fehler nicht wieder begehen werde, mich nicht verspanne und nicht «ungeladen» (flach) in den Kampf hineingehe.

Kündigt man den Namen eines mir unbekannten Gegners an, frage ich mich, wer dieser Fechter wohl sein mag und aus welchem Land er stammt. Anhand seines Heimatlands versuche ich mir dann auszurechnen, wie gut er wohl sein dürfte. Doch dann wird mir klar, daß es gar keine Rolle spielt, wie gut er als Fechter ist oder wie gut sein Land im Fechtsport dasteht, weil ich schon Fechter aus den besten Ländern geschlagen habe, so daß er keine Ausnahme sein muß. Ich bin zuversichtlich, was den kommenden Kampf angeht und wie ich mich gegen ihn schlagen werde. Aber wieder versuche ich, mir mein Training ins Gedächtnis zurückzurufen und mich darauf zu konzentrieren, was ich gelernt habe.

Wenn der Kampf dann beginnt, sehe ich nur das Bild des Gegners. Ich sehe die Silhouette des Fechters. Ich konzentriere mich noch mehr auf das Bild des Fechters vor mir. Ich betrachte seinen Umriß. Ich sehe weder seine Arme noch seinen Kopf noch seine Beine. Ich sehe nur seine Silhouette und konzentriere mich auch nicht auf ihn als Individuum. Ich sehe sein Abbild – sein Gesamtbild. Ich kann den Zielbereich ausmachen, die Jacke, und an der Peripherie meines Gesichtsfelds sehe ich auch seinen Säbel.

Die Zuschauermenge sehe ich nicht, auch nicht den Schiedsrichter oder das Gesicht des Gegners. Ich bin mir der Länge des Streifens hinter mir bewußt, wo ich stehe, wo er (der Gegner) steht und wieviel Raum wir beide zur Verfügung haben. Ich sehe die Umrisse seines Oberkörpers. Ich sehe den Trainer oder Pete (Mannschaftskamerad), aber sonst niemanden. Ich weiß genau, was ich tue. Ich bin begierig darauf, das nächste zu versuchen. Ich habe alles unter Kontrolle. Alles ist auf den Gegner konzentriert. Ich gehe voll und ganz in dem Kampf auf – die Leine, der Gegner und ich. Ich bin zuversichtlich und versuche noch andere, weitere Dinge zu tun, ein größeres Repertoire zum Einsatz zu bringen.

Bevor ich zu fechten beginne, stelle ich mir vor, was ich jetzt gern täte. Vor meinem geistigen Auge sehe ich mich die gesamte Bewegung vollziehen, manchmal aber auch nur den Anfang derselben. Ich sehe mich selbst dabei wie auf einem Fernsehschirm. Ich habe eine allgemeine Vorstellung davon, was ich während des Kampfs zu tun habe, und die male ich mir aus. Ich spiele mit verschiedenen Ideen (und sehe sie auch vor dem geistigen Auge). Habe ich es beispielsweise mit einem aggressiven Fechter zu tun, sollte ich ihm vielleicht die

Initiative rauben. Er greift gern an, also werde ich ihn als erstes angreifen; vielleicht gibt er sich auch gern defensiv, dann versuche ich, ihn aus der Reserve zu locken und angreifen zu lassen. Es sind die allgemeinen Ideen dieser Art, die mir da durch den Kopf gehen.

Später im Kampf kann es vorkommen, daß ich über das nachdenke, was bisher gelaufen ist. Dann denke ich etwa: *«Ich mache zu viele Blockaden. Mach ruhig welche, aber nicht zu oft. Vorsicht, sonst kommt er noch dahinter!»* Ich frage mich, was er (der Gegner) über mich denkt. Aber ich behalte das Kommando – ich bin der Kommandant, der Diktator. Selbst wenn ich einen Rückzug tätige, will ich das Spiel noch kontrollieren, bleibt mein Geist klar. Dann sage ich mir etwa folgendes: *«In Deckung bleiben; tiefer; immer tiefer; ganz tief; jetzt grabe ich mich ein; immer tiefer wie eine Katze, wie ein Tiger; locker bleiben: konzentriert; die Hand ganz tief und entspannt.»* Das sage ich mir nicht nur, ich stelle es mir auch bildhaft vor. Außerdem sage ich mir: *«Nur noch an diese Berührung denken.»*

Die schlechteste Leistung

Der Sportler, der uns hier als Beispiel dient, erfuhr auch eine Menge über sich selbst, indem er eine konzentrative Analyse seiner bildhaft ins Gedächtnis gerufenen Schlechtestleistung durchführte. Derartige Informationen können dem Athleten und seinem Trainer dabei helfen, eine Strategie zur Leistungsverbesserung zu entwickeln. Oberstes Ziel ist es, den Athleten dazu zu bringen, eine stärkere Beziehung zu den Gedanken und Gefühlen herzustellen, die mit seiner Bestleistung einhergehen.

Meine Konzentration ist schlecht. Ich denke mehr an den Gegner als daran, mit ihm zu fechten. Ich hänge negativen

Gedanken nach. Ich will nicht an der Leine hängen. Mein Selbstvertrauen ist gering. Ich fühle mich beklemmt, verkrampft und mental verspannt. Ich male mir aus, wie ich getroffen werde. Ich hänge auch anderen Bildern nach, die nichts mit dem Fechten zu tun haben – zum Beispiel, was ich gestern alles getan habe, was ich morgen tun will, andere Sportarten und Leute, die andere Sportdisziplinen ausüben. Ich sehe mich nicht die (richtigen) Aktionen durchführen. Ich fühle mich unsicher und angespannt. Ich verspüre einen leichten Schmerz im Kreuz. Mir ist nicht besonders warm. Schultern und Beine fühlen sich etwas verspannt an, als wäre ich dort steif.

Ich fühle mich sehr unwohl an der Leine, als wäre ich irgendwie deplaziert. Meine Intensität ist schwach, und ich bin nicht ganz bei der Sache. Mein Selbstvertrauen ist gering. Ich denke über zu viele verschiedene Dinge nach. Dieser Mann kann mich schlagen! Ich spüre schon, wie er mich trifft, noch bevor er mich mit seiner Waffe berührt hat. Ich sehe alles um mich herum: die Zuschauermenge, den Schiedsrichter, die Leute um das Kampffeld, dazu haufenweise andere. Ich sehe das Gesicht meines Gegners, seine Familie, seine Freunde. Ich nehme die Person wahr anstelle des Abbilds derselben. Ich sehe meine Mannschaftskameraden und Familienmitglieder.

Ich versuche mir zu sagen, daß ich mich endlich auf den Kampf konzentrieren und mit dem Fechten anfangen soll. Jedenfalls muß ich irgend etwas unternehmen. Ich denke daran, daß ich verlieren werde. Ich sage mir auch: *«Ach, Junge! Du wirst den Kampf verlieren, aber vielleicht hast du ja Glück und erwischst ihn noch irgendwo.»* Ich sage mir, daß ich etwas anderes versuchen soll, oder ich kritisiere mich während des ganzen Kampfs selbst. Ich sage mir auch: *«Versuch es einfach – vielleicht hast du ja Glück!»* Ich höre alles, was die Leute um mich herum sagen, wie jeder mir unterschiedliche Informationen (Ratschläge) gibt. Ich höre, wie die anderen Fechter brüllen, wenn sie ihren Gegner treffen. Ich höre die Maschinen piepen. Wenn ich den Kampf endlich verloren habe, bin ich erleichtert.

Autogene Formeln für diesen Sportler

Auf der Grundlage dieser konzentrativen Analyse entwickelte ich die folgenden autogenen Formeln. Durch die eigene Analyse des Athleten und die Beobachtung seines fechterischen Gebarens wußte ich, daß er keine besonderen Performanzprobleme wie allgemeines Lampenfieber vor wichtigen Wettkämpfen oder plötzliche Lähmung und Erstarrung mitten im Kampf zu bewältigen hatte. Daher richteten sich die auf ihn zugeschnittenen Formeln auch in erster Linie darauf, seine Entschlossenheit zu kräftigen, fechterisch sein Bestes zu geben.

Wie Sie bemerken werden, stammen die Formeln fast allesamt direkt aus dem beinahe unbewußten Selbstgespräch, das der Fechter mit sich führte, als er seine Bestleistung vollbrachte. Die Formeln im Teil A wurden zum Einsatz vor dem Kampf entwickelt. Sie bestärken ihn im Glauben an seine Fähigkeiten und erhöhen sein Selbstvertrauen, indem sie bekräftigen, wie gut er sich auf den Wettkampf vorbereitet hat.

Affirmation der Vorbereitung

- Ich habe hart trainiert.
- Ich habe gut trainiert.
- Ich habe mehr Unterricht genommen als jemals zuvor.
- Ich habe schon öfter starke Fechter geschlagen.

- Ich habe Leute aus den besten Fechtländern geschlagen!

Die Formeln in Teil B werden ebenfalls unmittelbar vor dem Kampf verwendet. Sie sollen Motivation, Entschlossenheit und Selbstsicherheit stärken.

Selbstvertrauen

- Ich kann jeden schlagen!
- Ich weiß, daß ich es schaffe!
- Ich werde alles tun, um sämtliche Hindernisse aus dem Weg zu schaffen.

Auf der En-garde-Linie dienen die Formeln aus Teil C als letzte mentale Feinabstimmung, unmittelbar vor Beginn des Kampfes.

Letzte Anweisungen

- Ich bin aufgeladen, kampfwillig und bereit!

Die Selbstsuggestionsformeln im Teil D werden während des Kampfes verwendet, um Aufmerksamkeit zu bündeln, die Konzentration zu stärken und eine entspannte Wachheit zu fördern. Sie helfen dem Fechter dabei, sich auf das Geschehen und die Vorbereitung darauf zu konzentrieren, was er auszuführen gedenkt, und sie ermutigen ihn zu aktivem Fechten (die Initiative und Kontrolle zu übernehmen). Da die Formulierungen unmittelbar aus der Erinnerung des Fechters an seine Bestleistung stammen, dürften diese Formeln auch dabei helfen, die damit verbundenen positiven, angenehmen Gefühle wachzurufen und einmal mehr sein Bestes zu geben.

Während des Kampfs

- Duck dich wie ein Tiger.
- Bleib unten. Konzentriert! Bleib locker.
- Ich stelle mir meine Aktionen vor.
- Ich male mir aus, was ich tun werde!
- Ich habe das Kommando! Ich bin der Kommandant. Die Leine, der Gegner und ich!

Diese bewußt entwickelten autogenen Formeln der Autosuggestion sind wie ein mentaler Plan. Sie dienen als Vorbeugung gegen negative Gedanken. Der Geist kann sich nicht gleichzeitig auf positive, hilfreiche und auf negative, kontraproduktive Gedanken konzentrieren. Da negative Gedanken immer wieder einmal auftauchen, werden sie hier durch Einsatz der autogenen Formeln beiseite geschoben.

Weil dieser Fechter auch seine Beinarbeit verbessern mußte, wurden ihm zugleich folgende individuelle Formeln vorgeschlagen: *«Durch regelmäßiges Beinarbeitstraining wird mein Fechten immer besser», «Ich stehe ausgiebiges, hartes Beinarbeitstraining mühelos durch», «Ich liebe Beinarbeitstraining».*

Konzentrative Analyse eines olympischen Fünfkämpfers

Laufen: Die Bestleistung

Dies ist eine konzentrative Analyse des olympischen Fünfkämpfers Michael Gostigian hinsichtlich seiner Laufbestleistung. Beachten Sie die Betonung, die er auf die Kontrolle von Erschöpfung und Aggression durch Konzentration auf Atmung und Rhythmus legt.

Ich sehe den Weg. Ich halte Ausschau nach dem Gegner vor mir. Ich konzentriere mich darauf, ihn einzuholen. Wenn ich das schaffe, weiß ich, daß ich schnell laufe. Beim Laufen sehe ich nicht mehr auf meine Uhr. Ich laufe nach Gefühl. Ich konzentriere mich völlig auf meine Atmung.

Ich laufe aggressiv, halte mich aber gleichzeitig auch etwas zurück. Ich bin mir meiner Atmung und meiner Sauerstoffversorgung bewußt. Nach dem ersten Kilometer werde ich schneller und stelle mich etwas aggressiver auf einen gleichmäßigen Rhythmus und Schritt ein. An der 2-Kilometer-Marke höre ich den Trainer den anderen Athleten ihre Zeiten zurufen und stelle fest, daß ich ganz gut im Rennen liege. Beim zweiten und dritten Kilometer treibe ich mich bis an die Grenze, und auf dem letzten Kilometer laufe ich schließlich so schnell ich nur kann. Die Zeit für den letzten Kilometer ist die gleiche wie in der Runde zuvor, nur daß ich jetzt müder bin.

Mein Rennplan sieht vor, schnell zu starten, aber noch nicht mit maximaler Anstrengung zu laufen. Nach dem zweiten Kilometer treibe ich mich bis an die Grenze meiner Leistungsfähigkeit, um schließlich auf dem letzten Kilometer über alles hinauszugehen, was ich für möglich gehalten hätte. Ich teile den Lauf in Kilometern ein. Auf dem ersten Kilometer ist meine Intensität recht gut, weil ich noch frisch und nicht sehr müde bin. Das Geheimnis besteht darin, stets die Kontrolle zu bewahren. Wenn ich außer der Reihe meine Leistungsgrenze übersteige, muß ich das ganze Rennen über mit Schwierigkeiten rechnen.

Ich will stets das Gefühl der Kontrolle behalten und spüren, wie ich stärker und stärker werde, und nicht ermüde und immer schwächer zu werden drohe. Wenn ich mich gut fühle, sage ich bei mir: *«Achte auf einen kräftigen, flotten Schritt und behalte stets die Atmung im Auge.»* Nach 400 Metern bremse ich mich ein kleines bißchen, nur um an meiner Atmung zu arbeiten. Und dann, nachdem ich meine Atmung in den richtigen Rhythmus gebracht habe, fange ich erst richtig an zu laufen.

Auf dem zweiten Kilometer muß ich sehr aggressiv und zuversichtlich sein. Zwar werde ich jetzt schon müder, muß mich aber auf meinen Schritt konzentrieren und darf nicht langsamer werden. Ich muß mich wirklich darauf konzentrieren, mich bis an die Leistungsgrenze zu treiben, und das fällt mir vor allem auf dem dritten Kilometer recht schwer. Bei jedem Rennen ist der dritte Kilometer mein langsamster. Wir durchlaufen zweimal eine 2-Kilometer-Schlaufe. Die Geschwindigkeit auf dem ersten und auf dem dritten Kilometer ist stets dieselbe, wie bei allen meinen Läufen. Das gleiche gilt auch für den zweiten und vierten Kilometer.

Im allgemeinen schaffe ich den ersten Kilometer in 3 Minuten und 10 Sekunden. Für den zweiten Kilometer brauche ich 3 Minuten und 15 Sekunden. Mein dritter Kilometer liegt bei etwa 3 Minuten und 22 Sekunden. Ich bin dann also 10 bis 12 Sekunden langsamer als auf dem ersten Kilometer, aber schließlich bin ich da schon etwas erschöpfter. Für meinen vierten Kilometer brauche ich ungefähr 3 Minuten und 15 Sekunden, etwa so lange wie für den zweiten. Der größte zeitliche Unterschied liegt zwischen meinem ersten und dritten Kilometer, wahrscheinlich halte ich mich auf dem dritten Kilometer zurück, um später, auf dem letzten, aggressiver werden zu können. Außerdem liegt es auch daran, daß ich etwas erschöpft bin. Auf dem letzten Kilometer drehe ich voll auf. Mein Herzschlag liegt bei 190. Jetzt werde ich sehr aggressiv. Ich gebe alles, was ich habe, bis es schon weh tut.

Beim Laufen vollführe ich eine Menge Selbstgespräche. Dabei sage ich mir Dinge wie: *«Ich fühle mich jetzt gut. Steigen wir eine Klasse höher, schneller jetzt!»* Nach zwei bis drei

Kilometern werde ich müde und muß sehr aggressiv vorgehen, sehr zugespitzt, und das tut richtig weh, so daß der letzte Kilometer für mich der unangenehmste ist. Da sage ich mir: *«Komm schon! Wenn du siegen willst, mußt du stark sein und 100 Prozent Leistung bringen!»* So denke ich nur noch an den Sieg.

Mein Selbstgespräch ist nicht strukturiert. Es geschieht von allein und hängt davon ab, wie ich mich fühle. Das einzig strukturierte, das ich beim Laufen tue, ist das Atmen. Ich versuche, fließend und flüssig zu atmen und dabei mein Tempo zu kontrollieren.

Ich bin ruhig und gefaßt, ich bin zuversichtlich. Ich bin aggressiv, bin mir ständig meiner Atmung bewußt. Ich denke über 12 Minuten aggressiver Leistung nach. Ich glaube daran, daß ich während des ganzen Rennens 100 Prozent Leistung aufbieten kann. Ich spüre, daß meine Muskeln aufgewärmt und einsatzbereit sind. Ich spüre die Hitze, die Feuchtigkeit, die Temperatur, den Sonnenschein, meine Atmung. Ich spüre die Kraft im Gegensatz zum Gefühl der Erschöpfung, und ich spüre, wie mein Tempo wächst. Um es zusammenzufassen: Bis zum Ende des ersten Kilometers bin ich aggressiv, aber kontrolliert. Ab dem zweiten Kilometer lege ich an Tempo zu. Beim dritten Kilometer fange ich an, aggressiv zu laufen. Auf dem vierten Kilometer sage ich mir: *«Nur noch drei Minuten bis zum Ziel! Komm schon! Lauf, lauf, lauf! Du schaffst es!»*

Laufen: Die Schlechtestleistung

Auch Michaels Erinnerung an seine schlechteste Laufleistung betont erneut die Kontrolle.

Wenn ich am schlechtesten bin, neige ich dazu, zu schnell zu laufen. Der Unterschied zwischen meiner besten und schlechtesten Leistung liegt in der Kontrolle: Ich muß besonders sorgfältig auf den ersten Kilometer achten. Ich darf auf dem ersten Kilometer auf keinen Fall zu schnell laufen, denn wenn ich das tue, und sei es nur um drei Sekunden, kann ich den Rest des Rennens abhaken. Bin ich beim Start nicht allzu fit, laufe ich oft zu schnell, weil ich mir meiner Kondition nicht hinreichend bewußt bin. Verlasse ich meine optimale Lcistungszone, achte ich nicht genug auf das richtige Tempo; wenn ich das aber nicht einhalte und zu aggressiv bin, ist der Lauf für mich gestorben. Ich muß genau wissen, wie weit ich gehen darf. Wenn ich mit 60 Prozent Leistungsstärke starte, kann ich das Rennen mit 100 Prozent Einsatz beenden. Starte ich jedoch mit 90 Prozent, ende ich schließlich bei 40 Prozent.

Die angepaßten autogenen Formeln

Die folgenden autogenen Formeln unterstützen Michaels Rennplan und helfen ihm dabei, diesen mit voller Konzentration zu verfolgen. Sie basieren auf dem Rennplan selbst und auf seinem Selbstgespräch beim Erbringen der Bestleistung.

- *Ich bin aggressiv und bin mir meiner Atmung bewußt. Meine Sauerstoffzufuhr ist ausreichend.*

1. Kilometer:

- *Ich bin frisch. Ich bewege mich in meiner optimalen Leistungszone. Ich habe alles unter Kontrolle. Ich werde stärker und stärker. Ich habe einen guten, forschen Schritt drauf. Achte auf die Atmung. Sei aggressiv, aber kontrolliert.*

400 Meter:

- *Nimm dich ein Stück zurück. Arbeite an deiner Atmung. Bring die Atmung in einen Rhythmus.*

2. Kilometer:

- *Sei sehr aggressiv, sehr zuversichtlich. Konzentriere dich auf dein Tempo. Erhöhe das Tempo. Treib dich selbst bis an die Leistungsgrenze.*

3. Kilometer:

- *Sei sehr aggressiv. Leg zu! Komm schon! Du mußt jetzt sehr stark sein! Du mußt 100 Prozent bringen!*

4. Kilometer:

- *Komm schon! Los! Los! Los! Du schaffst es! Nur noch 3 Minuten bis zum Ziel! Los! Los! Los!*

Reiten: Die Bestleistung

Es folgt nun eine konzentrative Analyse von Michael Gostigians Bestleistung im Reiten. Hier betont er Gelassenheit, Konzentration und ein gutes Verhältnis zum Pferd.

Ich bin ruhig und gefaßt, freue mich darauf, mein Können zu überprüfen. Ich lächle. Ich habe eine positive Grundhaltung. Ich bin mehr mit meiner Strategie beschäftigt als damit, ob ich vielleicht ein schlechtes Pferd erwische oder nicht. Sollte ich ein schlechtes Pferd bekommen, sage ich mir: *«Dieses Pferd und ich sind uns noch fremd. Vielleicht kann ich ja beweisen, daß ich mit diesem Pferd besser sein kann als der letzte Reiter, der einfach nur sehr schlecht geritten ist.»* Also nehme ich es als neue Erfahrung und setze meine Strategie ein. Diese Konzentration wird durch nichts abgelenkt. Anstatt negative Gedanken zu hegen – daß ich das schlimmste Pferd erwische –, was mir nicht weiterhilft, konzentriere ich mich einfach nur auf meine Leistung, freue ich mich auf die Erfahrung.

Ich spreche zu dem Pferd, schaue es an, berühre es und sorge dafür, daß es sich entspannt. Ich kann erkennen, wenn ein Pferd nervös ist, wenn es sich in der Kurve nicht besonders geschmeidig biegt. Ich kann erkennen, ob ich es noch fester nehmen oder mit Hilfe der Zügel sein Maul weicher machen muß, damit es sich besser bewegen kann. Meine Grundhaltung ist sehr positiv, sehr objektiv. Daran ist überhaupt nichts Subjektives. Ich überreagiere auf nichts, tue nur, was ich tun muß. Ich hege keinerlei Gefühle, ich reagiere einfach nur ganz normal.

Bekomme ich ein schlechtes Pferd, macht mich das wachsam. Meine Aufmerksamkeit ist geschärft, und ich stelle sicher, daß ich in allem, was ich tue, sehr aktiv bleibe. Habe ich ein gutes Pferd, verhalte ich mich eher passiv und vernachlässige gelegentlich die Aufmerksamkeit. Tatsächlich bin ich öfter mit guten Pferden schlecht geritten als mit schlechten. Wenn ich nicht in Form bin, wenn ich zuviel nachdenke, werde ich übernervös, und wenn ich vom letzten Sprung her weiß, daß das Pferd vor jedem neuen Sprung scheut, könnte es passieren, daß ich überreagiere und das Pferd zu hart rannehme.

Ich versuche nicht zu überreagieren, es nicht zu übertreiben, das Pferd nicht zu schinden und übersteigerte Leistung zu erzwingen. Ich bemühe mich um große Ruhe und Gefaßtheit, darum, bei meiner Strategie zu bleiben, mein Pferd im Griff zu behalten und dafür zu sorgen, daß es mir gehorcht.

Um mich herum sehe ich alle Sprünge, ich begebe mich in Position und schaue hin. Ich bin sehr ruhig. Ich sehe das Pferd und überprüfe meine Ausrüstung, um sicherzustellen, daß alles in Ordnung ist. Ich nehme das Pferd. Ich suche meine Linie, das erste Hindernis, dann geht es los.

Vielleicht bin ich der Zuschauer um mich herum gewahr, aber ich widme ihnen keine Aufmerksamkeit, ich blicke immer hinter die Sprungstelle, dorthin, wo ich aufsetzen will, nicht auf das Hindernis selbst, das schaue ich nie an. Stets blicke ich zu dem Aufsetzpunkt hinüber.

Am Hindernis greife ich nicht an. Ich warte vielmehr geduldig. Beim Näherkommen atme ich aus, dann schaue ich über das Hindernis hinweg zur Landestelle hinüber. Nach dem Sprung halte ich Ausschau nach dem nächsten Hindernis, der nächsten Position.

Ich schaue dorthin, wo ich aufsetzen werde, das tue ich auch beim Losspringen. Wenn mein Pferd sich hebt, schaue ich stets entweder auf die Stelle, wo ich aufsetzen werde oder ich blicke zum nächsten Hindernis hinüber, denn wenn das Pferd spürt, wie ich dort hinblicke, wo ich hin will, kann es seine Beine entsprechend ausrichten und ist nach dem Aufsetzen gleich in der richtigen Position.

Die Enge meiner Konzentration stellt manchmal ein Problem dar. Dann schaue ich das Hindernis an und sehe nur noch dieses, werde aus irgendeinem Grund plötzlich verspannt. Die Verspannung findet in meinen Händen und im Bauchbereich statt.

An den Schultern bin ich ganz weich, locker. Ich spüre meinen Unterschenkel am Pferd, meine unverkrampften Knie und Hüften. Ich spüre, wie das Pferd sich an mein Bein schmiegt. Ich spüre das Pferd in meinen weichen Fingern. Mein Blick ist weich. Ich habe einen weichen Brennpunkt.

Ich kann das Pferd atmen hören, höre das Geräusch seines Galopps. Ich höre das Geräusch der Hindernisse, wenn sie von einem Pferd berührt oder gestoßen werden. Ansonsten höre ich nichts, auch die Zuschauer nicht.

Ich atme stets im selben Rhythmus wie das Pferd, weil es sich dann entspannt, sobald es dies hört. Und selbst wenn dies das Pferd nicht entspannen sollte, entspanne ich mich immerhin selbst dabei, was sich wiederum auf das Pferd auswirkt.

Ich spüre meine Beine am Pferd. Mein Unterschenkel schmiegt sich um den Bauch des Pferds. Meine Knie setzen es nicht unter Spannung. Ich bin ganz weich und habe einen guten Rhythmus, einen weichen Rhythmus, und das Pferd reagiert auf mich, strömt geschmeidig unter mir dahin.

Meine Beine sind ganz elastisch und pulsieren vor und zurück im Rhythmus mit dem Pferd, anstatt es zu pressen, was das Tier nur verspannt. Die Schultern habe ich zurückgelegt. So habe ich einen natürlichen Hebelpunkt. Ich empfinde keine Spannung. Nur ein kleines bißchen im Oberkörper, um das Pferd zu bremsen. Ich atme in einem sehr guten Rhythmus. Ich vertraue dem Pferd. Ich bewege mich geschmeidig und mein Geist ist klar.

Ich lasse meinen Atem strömen, ohne jede Erwartungshaltung, daß das Pferd vor dem Sprung scheuen wird, denn sonst würde mein Atem stocken. Ich atme einfach weiter, und ich glaube, das Pferd spürt das auch. Ich spüre immer Spannung im Bauch, und mein Herzschlag geht ziemlich schnell (140-150).

Meine Strategie ist es, stets die Kontrolle zu behalten, dem Pferd zu sagen: *«Hüa!»* und *«Warte auf den Sprung!»* Basierend auf dem, was ich über das Pferd in Erfahrung bringe, besteht meine Strategie im allgemeinen darin, nicht zu hetzen, nicht ungeduldig zu werden, nicht anzugreifen, sondern einfach nur auf den Sprung zu warten und gelassen zu bleiben. Ich tue einfach so, als seien die Hindernisse gar nicht da, denn das eigentliche Reiten findet nur zwischen den Hindernissen statt, und dort übe ich die Kontrolle aus. Und wenn ich das Pferd nur richtig zurückhalten und unter Kontrolle halten kann, brauche ich nur noch ein gutes Gleichgewicht, dann erledigen sich die Sprünge wie von selbst.

Ich muß lediglich vorausschauend planen und das nächste Hindernis im Auge behalten. Das ist meine Grundstrategie, und die funktioniert bei allen Pferden. Manche Pferde brauchen mehr Beinarbeit, andere mehr Kontrolle, müssen stärker gebremst werden. Ich spreche zu dem Pferd: *«Hüa!»; «Ganz ruhig, brrr.»; «Sachte, ganz sachte.»*

Ich sage zu mir selbst: *«Warte, warte. Ich warte. Ich warte. Ich brauche nur zu warten und dem Pferd zu vertrauen. Ich brauche mich nicht zu beeilen.»* Wenn ich das Pferd mit den Beinen antreibe, dann haste ich. Oft sehe ich die Landestelle und eile darauf zu, beschleunige das Tempo, weil ich verspannt bin. Wenn ich Furcht empfinde, wird das Pferd, so glaube ich, vor dem Sprung scheuen, dann muß ich Druck geben. Das ist mein Problem – Nervosität.

Ich muß einfach dem Pferd vertrauen und denken, daß die Hindernisse gar nicht da sind, daß alles nur ein Stück des Wegs ist.

Manchmal sage ich mir auch: *«Warte, warte»*, um im letzten Augenblick meinem Selbstgespräch eine andere Wendung zu verleihen, dann werde ich nervös, ungeduldig und gebe Druck, das ist das Problem.

Deshalb sage ich mir lieber: *«Jetzt gehe ich in die Kurve, um die Ecke. Schön, langsam, alles zusammennehmen, Gleichgewicht halten, wieder durchatmen, sammle dich, und ab zum nächsten Sprung!»*

Manche Pferde möchten nicht springen, dann muß ich warten. Andere bevorzugen größeren Abstand. Das ist auch der Grund, weshalb ich nicht auf die Absprungstelle schaue.

Habe ich einen Fehler gemacht, sage ich mir: *«Vergiß es, halt Ausschau nach dem nächsten Hindernis. Vergiß es und versuch, das Pferd wieder ins Gleichgewicht zu bringen.»*

Meine Erregung ist hoch, sie nimmt Platz 10 auf einer Skala von 1 bis 10 ein.

Reiten: Die schlechteste Leistung

Wenn ich meine schlechteste Reitleistung erbringe, ist alles ganz genauso wie sonst. Nur eins ist anders: Ich unterbreche die Konzentration auf meinen Plan. Dazu braucht es nur einen einzigen Fehler. Schon beginne ich zu hetzen und attackiere die Sprungstelle. Das Pferd wird schneller, ich verliere das Gleichgewicht und beginne Fehler zu machen. Danach reiße ich mich zwar wieder zusammen, aber nun ist das Pferd aus dem Rhythmus und macht Fehler. Also muß ich sofort wieder alles einrenken und herunterfahren, muß abwarten und wieder die Gesamtkontrolle herstellen. Wenn ich am schlechtesten reite, geschieht alles viel zu schnell. Dann habe ich keine Kontrolle. Ich befürchte, ich könnte das Hindernis umwerfen. Ich vertraue dem Pferd nicht, was zu Überreaktionen führt. Ich bin ungeduldig, nicht gefaßt, sondern nervös.

Ich traue mich nicht, das Pferd zu bremsen. Meine Konzentration ist eingeengt. Ich sehe nur noch den Sprung. Ich atme nicht richtig. Ich kneife das Pferd mit den Knien. Ich bin zu schnell. Ich packe es zu fest mit den Händen an. Ich schlage auf das Hindernis auf. Ich warte nicht ab, ich sitze nicht aufrecht. Ich lasse meine ganze Reittaktik fahren.

Die angepaßten autogenen Formeln

Auch die folgenden Formeln dienen dazu, den Rennplan zu unterstützen, nämlich die Konzentration in bezug auf die anstehende Aufgabe zu bewahren.

- *Ich freue mich auf diese Herausforderung, auf diese neue Erfahrung.*
- *In diesem Jahr habe ich im Training hervorragend abgeschnitten – ich bin ganz zuversichtlich.*

- *Ich erinnere mich an mein Training und meine positiven Gefühle im Radnor Hunt Club.*
- *Ich fühle mich gut. Ruhig und zuversichtlich.*
- *Das Pferd sehen, berühren, mit ihm sprechen.*
- *Sei sanft zu dem Pferd.*
- *Ich bin ein neuer Reiter. Ich kann beweisen, daß dieses Pferd besseres zu leisten imstande ist als beim letzten Reiter, der einfach nur schlecht geritten ist.*
- *Ich bin weich, locker, entspannt. Ich bin eins mit dem Pferd.*
- *Ruhig und gelassen.*
- *Atmen wie ein Pferd.*
- *Mit dem Pferd sprechen.*
- *Konzentration auf den Landeplatz.*
- *Geduldig abwarten.*
- *Vor dem Hindernis ausatmen.*
- *Vorausplanen. Nach dem nächsten Hindernis Ausschau halten.*
- *Weich atmen, die Augen weich, die Finger weich.*
- *Klarer Verstand. Konzentration auf jeden Sprung.*
- *Ich gehe in die Kurve. Gut, jetzt langsam. Alles sammeln. Gleichgewicht halten. Wieder durchatmen. Fassung zurückgewinnen und ab zum nächsten Sprung. Mit dem Pferd sprechen: «Hüa!»; «Ganz ruhig, brrr. Ganz ruhig, Ganz langsam.» Dem Pferd vertrauen, abwarten.*
- *Vergiß es! Achte auf das nächste Hindernis.*

Schwimmen: Die Bestleistung

Es folgt nun die konzentrative Analyse von Michael Gostigians bester Schwimmleistung. Beachten Sie, wie sehr er sich auf die Atmung konzentriert.

Ich besteige das Sprungpodest. Dann blicke ich hinunter und sehe nur meine Schwimmbahn – 50 Meter. Ich sage mir: *«50 Meter mal sechs sind 300 Meter. Also werde ich sehr aggressiv sein und dafür sorgen, daß ich sechs gute Abschnitte schwimme.»*

Ich sehe das blaue Wasser und die Wimpel. Ich höre den Schiedsrichter.

Wenn ich schwimme, sehe ich gar nichts, nur die Linie und die Wand. Sonst sehe ich nichts und niemanden. Ich brauche ungefähr 20 Züge für 50 Meter. Nach 20 Zügen blicke ich hoch zur Wand und wende. Zwischen dem 16. und 20. Zug halte ich Ausschau nach der Wand, erreiche die Wand, vollführe eine gute Wende, tauche wieder auf und werde schneller.

Ich höre auch nichts. Vielleicht gerade einmal das Wasser, wie es mir gegen die Ohren spritzt. Ich spüre den Druck des Wassers und fühle meine Züge. Aber ich höre keine Leute. Ich sehe nicht einmal meine Gegner.

Ich spüre Kontrolle. Ich spüre Kraft. Mit jedem Zug spüre ich meine Kraft. Ich spüre meine Atmung. In kritischen Augenblicken versuche ich, beim Schwimmen meinen Bauch zu spüren, wie er sich beim Atmen auf und ab bewegt. Wenn ich meine Marke spüre – zur Halbzeit des Rennens –, beginne ich erst richtig mit der Mentalarbeit. Eigentlich beginnt mein Rennen erst jetzt, da ich mich richtig auf das konzentriere, was ich da tue.

Während des Schwimmwettkampfs denke ich nicht wirklich. Es ist alles nur Selbstgespräch: *«Komm schon!»; «Das ist die 125-Meter-Marke.»; «Fang jetzt an damit.»; «Werd aggressiver, mach längere Züge.»*

An der 200-Meter-Marke sage ich mir: *«Noch 100 Meter! Jetzt kräftiger austreten!»* Also beginne ich mit kräftigeren Beinbewegungen.

Dann heißt es: *«Noch 50 Meter!»* und *«Voll durchstrecken, sehr aggressiv!»*, und dann konzentriere ich mich nur noch auf äußerst lange Züge und ganz kräftige Beinstöße.

Wenn es nur noch 25 Meter sind und ich mich halb tot fühle, denke ich daran, wie sehr ich doch gewinnen möchte. An der letzten 12-Meter-Marke bin ich mir sehr bewußt, daß ich nicht atmen möchte, nur schwimmen, denn wenn ich jetzt den Kopf wende und atme, verliere ich Zeit und meine Form. Meistens empfinde ich auf den letzten 40 Metern Schmerzen. Das tut weh, wirklich schlimm. Auf den letzten 25 Meter tut jeder Schwimmzug weh. Ich bin wild entschlossen. Ich bin aggressiv. Ich habe keine Angst, ich bin selbstsicher, weil ich mich gut vorbereitet habe. Ich weiß, daß ich der Weltbeste bin. Das hier ist mein Sport.

Schwimmen: Die schlechteste Leistung

Mein Selbstvertrauen ist am Boden. Wenn ich am schlechtesten schwimme, ist mein Selbstvertrauen am Boden, weil meine Vorbereitung und mein Training nicht gut waren. Das ist der einzige Grund für mein mangelndes Selbstvertrauen, weil ich weiß, daß ich meine Hausaufgaben nicht gemacht habe.

Manchmal halte ich aus Nervosität die Luft an und starte viel zu schnell. Wegen meiner Nervosität habe ich keine Geduld. Ich halte mich nicht an meinen Plan. Wenn ich tatsächlich einen Fehler mache (was nur sehr selten geschieht), dann den, daß ich auf die ersten 100 Meter zu schnell loslege.

Manchmal bin ich auch zu locker, zu entspannt, nicht aggressiv genug und viel zu passiv gestartet. (Möglicherweise steht da unten auf der Seite noch etwas, das ich nicht entziffern kann.) Ich fühle mich müde, verschreckt, schwach und von Schmerz geplagt.

Die angepaßten autogenen Formeln

Einmal mehr haben die autogenen Formeln hier eine ähnliche Funktion wie ein Rennplan, nämlich die, die Konzentration auf die anstehende Aufgabe zu lenken und aufrechtzuhalten.

- *Ich habe alles unter Kontrolle.*
- *Meine Muskeln sind flexibel und locker.*
- *Meine Züge sind geschmeidig. Mit jedem Schwimmzug spüre ich Kraft.*
- *Ich spüre meine Atmung! Ich spüre, wie mein Bauch sich auf und ab bewegt. Mein Bauch ist locker, meine Atmung fließend und natürlich.*

100 Meter:

- *Lange, geschmeidige Züge – aber aggressiv!*

125 Meter:

- *Da ist die 125-Meter-Marke, werd aggressiver, mach längere Züge!*

200 Meter:

- *Noch 100 Meter!*
- *Halte dich an deinen Plan!*
- *Wechsle das Tempo!*

- *Schalte aus dem ersten in den zweiten Gang!*

300 Meter:

- *Ganz aggressiv, ganz aggressiv!*
- *Halte den Rhythmus!*

Die letzten 50 Meter:

- *Noch weiter ausholen!*
- *Noch 50 Meter – benutze die Beine.*
- *Volle Streckung, ganz aggressiv!*
- *Lange Züge, ganz kräftige Beinbewegungen!*

Die letzten 12 Meter:

- *Nicht mehr atmen!*
- *Los!*
- *Ich bin der Beste.*
- *Das ist mein Sport.*

Vorschläge zur Wettkampfvorbereitung

- Entwickeln Sie eine Grundeinstellung der Liebe zum Spiel (Sport) und zur Herausforderung. Konzentrieren Sie sich auf die Freude daran, es zu versuchen, die Herausforderung anzunehmen, anstatt sich damit zu beschäftigen, Fehler und Irrtümer zu vermeiden, was schließlich nur Fehler und Irrtümer entstehen läßt.
- Genießen Sie die Freude, völlig frei von Furcht spielen zu können.
- Vergessen Sie nicht, daß Ihr Leben und Ihre sportlichen Leistungen zu einem großen Teil von Ihren Denkmustern

beeinflußt werden. Daher müssen Sie gute Gedanken hegen und diese auch installieren.

- Machen Sie sich keine Sorgen mehr, lassen Sie Vergangenes und Zukünftiges fahren. Halten Sie sich nicht mit Fehlern oder einem schlechten Spiel, einer mißlungenen Aktion auf, weil dies das gesamte Spiel beeinträchtigen wird. Konzentrieren Sie sich vielmehr auf das gerade anstehende Spiel und gehen Sie darin auf.
- Bereiten Sie sich auf den Wettkampf nicht nur körperlich, sondern auch mental vor.
- Legen Sie sich einen mentalen Renn- oder Leistungsplan zurecht. Das wird ihnen helfen, sich auf die anstehende Aufgabe zu konzentrieren.
- Immer nur ein Spiel, ein Schuß, ein Treffer zugleich! Bleiben Sie in der Gegenwart, meiden Sie es, sich in vergangenen und zukünftigen Ereignissen zu verlieren. Halten Sie sich nicht mit Ihren Fehlern oder Irrtümern auf.
- Bleiben Sie innerlich ruhig. Werden Sie nicht wütend auf sich selbst, hegen Sie nur positive Gedanken.
- Bleiben Sie entspannt; körperliche Verspannung beginnt im Geist. Kontrollieren Sie Ihre Gedanken.
- Glauben Sie an sich selbst, dann werden Sie auch ruhiger sein.
- Bewahren Sie stets eine positive Einstellung, sagen Sie nie: «Das kann ich nicht.»
- Wenn Sie im Geist siegen können, können Sie auch im Wettkampf siegen. Denken Sie nie an Niederlage.
- Vertrauen Sie auf sich selbst. Wenn Sie furchtsam und verunsichert sind, wird der Gegner das spüren. Sie beeinflussen auch Ihren Gegner. Schätzen Sie Ihre Chancen reali-

stisch ein, aber addieren Sie auf der positiven Seite noch einmal 15 Prozent hinzu. Glauben Sie an sich selbst, aber seien Sie nicht allzu siegessicher.

- Bewahren Sie sich eine gute Stimmung. Positive Emotionen verbessern die Leistung und bewirken physiologische Veränderungen im Körper.
- Seien Sie glücklich. Ihr Geist, Ihre Stimmung beeinflussen Ihren Körper. Denken Sie an angenehme Dinge, an angenehme Ergebnisse.

Hinweise zur Entwicklung einer eigenen Asana-Reihe

Nun, da Sie wissen, wie man die gewöhnlichen Asanas ins sportliche Training integrieren und sie miteinander kombinieren kann, sollen Ihnen die folgenden Hinweise eine Hilfe sein, bevor Sie mit der eigentlichen Praxis beginnen.

- Der Atem ist das Bindeglied zwischen Körper und Geist. Der Zustand der Atmung spiegelt den Zustand des Geistes wider. Sie ist das primäre Vehikel, um dem Körper Energie (Prana) zuzuführen. Benutzen Sie die Atmung, um die Interaktion zwischen Körper und Geist auszubalancieren und die emotionale Energie zu stabilisieren. Durch Bewußtheit und Kontrolle der Atmung und der inneren Energie (Prana) können Sie die bewußte Kontrolle über die physiologischen Systeme des Körpers herstellen.
- Atmen Sie vor schwierigen Situationen langsam und tief ein und aus, wobei Sie die Spannung aus Ihrem Körper weichen lassen.
- Wenn Sie einen Fehler machen oder verwirrt sein sollten, nehmen Sie sich einen Augenblick Zeit, um sich wieder zu

sammeln und Ihre Konzentration wiederherzustellen. Erden Sie sich durch Atembewußtsein. Konzentrieren Sie sich auf die Geschmeidigkeit und Gleichmäßigkeit Ihres Atems, merzen Sie alles Ruckartige und alle Pausen aus. Schon wenige Minuten ruhigen Atmens werden Ihnen helfen, intensive Emotionen zu überwinden. Üben Sie täglich, bis Sie es beherrschen, Ihre Atmung auf Wunsch ruhigzustellen.

- Wenn der Druck beim Wettkampf steigt, nutzen Sie die Atmung, um auf die anstehende Aufgabe konzentriert zu bleiben. Brustatmung vermehrt automatisch die Aktivität des Nervensystems. Sobald Sie Verspannungen bemerken, vertreiben Sie diese durch ruhige Zwerchfellatmung. Überwachen Sie ständig Ihr Atemmuster, um sicherzustellen, daß Sie aus dem Zwerchfell herausatmen.
- Ist Ihr Erregungspegel zu hoch, versuchen Sie es mit verlängertem Ausatmen. Atmen Sie immer langsamer aus, bis diese Phase doppelt so lang wie das Einatmen dauert. Indem Sie den Unterbauch einziehen, unterstützen Sie das verlängerte Ausatmen. Versuchen Sie nicht, die Lungen vollständig zu füllen oder zu leeren – ändern Sie einfach nur den Atemrhythmus. Visualisieren Sie, wie die Luft durch die Nasenlöcher einströmt und den Körper durch diese wieder verläßt. Konzentrieren Sie sich auf Geschmeidigkeit und Gleichmäßigkeit Ihres Atems. Schon wenige Augenblicke ruhigen Atmens helfen Ihnen, hochgradige Erregung und aufgewühlte Emotionen zu überwinden.
- Ist Ihr Erregungspegel zu niedrig, fühlen Sie sich «flach», so können Sie sich mobilisieren, indem Sie einige Male kurz durchatmen. Das belebt auf der Stelle Körper und Geist.
- Verwenden Sie die Technik des abwechselnden Nasenlochatmens, um die Energie auf körperlicher wie feinstofflicher

Ebene zu beruhigen, auszubalancieren und zu regulieren. Das alternierende Nasenlochatmen beseitigt Abfallstoffe und stärkt die Nerven, was zu Stabilität, Ruhe und Gelassenheit des Geistes führt. Jedes Nasenloch wirkt sich dabei unterschiedlich auf Körper und Geist aus. Das rechte Nasenloch aktiviert und erwärmt. Es intensiviert die Aktivität von Körper und Geist. Deshalb sollte es beim Essen bevorzugt werden, bei der Ausführung von Geschäften oder der Teilnahme am Sport. Das linke Nasenloch übt einen empfänglichen, kühlenden Einfluß aus und wird daher vorzugsweise beim Zuhören, beim Studium, beim Ausruhen und zur Erneuerung von Körper und Geist aktiviert.

- Verwenden Sie den «Doppel-R-Atem», um sich wieder zu sammeln und zu konzentrieren.
- Bleiben Sie sich bewußt, daß die Asanas trotz Ihrer zahlreichen positiven physiologischen Auswirkungen letztlich doch nur ein Mittel zur Erlangung des Hauptziels sind – die Erleichterung der Meditation und die Ruhigstellung des turbulenten Geistes. Die Yoga Sutras enthalten 200 Aphorismen. Nur drei davon befassen sich mit Asanas, beim Rest geht es um Meditation.
- Sind Sie müde und erschöpft, praktizieren Sie einige Yoga Asanas (YRÜ). Diese werden Ihnen dabei helfen, den Erholungsprozeß zu beschleunigen und die verspannten Muskeln zu lockern.
- Wenn Sie Ihr tägliches Training oder den Wettkampf mit einer Yoga-Reihe beginnen, wie in den vorangegangenen Kapiteln beschrieben, verhilft Ihnen das zu einem klaren Geist und fördert die Konzentration.
- Vergessen Sie nicht, daß Yoga-Übungen von einer gesunden Diät begleitet werden müssen. Ohne eine solche nützen

sie nichts. Nahrung kann den Körper vernichten oder erhalten.

- Praktizieren Sie TM. Die Meditation reinigt den Geist, stärkt das Nervensystem und sorgt für klares Denken. Ein klarer Verstand weiß, was zu sagen ist, welche Begriffe benutzt werden müssen, findet den richtigen Ton und die richtige Körpersprache.
- Gelassenheit ist der beste Anfang, um Probleme zu bewältigen.
- Vergessen Sie nie, daß es einen ruhigen, sicheren Ort gibt, an den Sie sich zurückziehen können, ohne dafür auch nur einen Pfennig bezahlen zu müssen: Dieser Ort befindet sich in Ihrem Innern! Sie können ihn dazu nutzen, um sich zurückzuziehen und Ihre Energie aufzutanken, das aufgewühlte Denken zu beruhigen und Stille zu erfahren.
- Nehmen Sie eine bequeme Sitzhaltung ein. Entspannen Sie den ganzen Körper.
- Werden Sie sich Ihrer Atmung bewußt. Verändern Sie sie nicht. Lassen Sie sie ganz natürlich in Ihrem eigenen Rhythmus fließen. Konzentrieren Sie sich auf die Stelle, wo die Luft durch die Nasenlöcher ein- und ausströmt. Lauschen Sie Ihrer Atmung.
- Richten Sie die Aufmerksamkeit auf das Sonnengeflecht.
- Schwingen Sie sich auf das Sonnengeflecht ein, ebenso auf die Atmung.
- Verharren Sie einige Minuten lang in dieser Stellung, indem Sie sich auf das Sonnengeflecht und die Stille einstimmen.
- Üben Sie dies täglich, um ruhig zu werden und sich wieder aufzuladen. Das können Sie beim Wettkampf auch während der Pausen tun.

- Denken Sie daran –: Suggestion und Glaube ist die Essenz aller Heilung! Glauben Sie! Der Glaube ist eine mächtige Kraft. Glauben Sie an sich selbst, an Ihre Ziele und Ideen.
- Konzentration! Was immer Sie tun, werfen Sie dabei alles in die Waagschale!
- Vergessen Sie nicht, daß Ihre sportlichen Leistungen und Ihr Leben zu einem großen Teil von Ihren Gedanken beeinflußt werden. Sie müssen positive Gedanken hegen und diese auch installieren.
- Die Fähigkeit, konzentriert bei positiven Gedanken zu bleiben, unterscheidet den erfolgreichen Sportler vom erfolglosen.
- Der Schlüssel zur geistigen Kontrolle beim Wettkampf besteht in der Fähigkeit, sich wieder zu konzentrieren, die negativen Gedanken auszumerzen. Dringt beispielsweise ein negativer Gedanke durch, konzentrieren Sie sich statt dessen einfach erneut auf etwas Positives, dessen Sie sich während Ihrer Bestleistungen bedienen.
- Es ist wichtig, sich von einem schlechten Spiel, einer schlechten sportlichen Leistung, einem mißlungenen Schuß, usw. zu distanzieren. Halten Sie sich nicht lange mit Fehlerbetrachtung auf. Lassen Sie den negativen Gedanken fahren und konzentrieren Sie sich wieder. Verbinden Sie dies mit Entspannung und positivem Selbstgespräch.
- Um sich erneut zu konzentrieren, lassen Sie den negativen Gedanken einfach fallen. Entspannen Sie sich, verwenden Sie die «Doppel-R-Atmung» und konzentrieren Sie sich sofort wieder auf die anstehende Aufgabe sowie auf positive Gedanken. Gleichzeitig sollten Sie die vorbereiteten autogenen Formeln (s. Kapitel 15) benutzen. Das hilft Ihnen

dabei, Nervosität abzubauen und sich nicht ständig in der Vergangenheit oder der Zukunft zu verlieren.

- Konzentrieren Sie sich auf Ihren Spielplan und gehen Sie voll in dem auf, was Sie gerade tun. Spielen Sie stets nur ein Spiel auf einmal. Seien Sie in der Gegenwart, verharren Sie nicht bei Fehlern. Das einzige Spiel, das zählt, ist dasjenige, an dem Sie gerade teilnehmen. Es ist kontraproduktiv und führt zum Versagen, wenn man an Spiele, die in der Zukunft liegen, denkt.
- Seien Sie entspannt. Körperliche Verspannheit beginnt im Geist. Beherrschen Sie die Gedanken. Wenn Sie mental ruhig und gelassen sind, werden Sie auch körperlich entspannt bleiben. Glauben Sie an sich selbst, dann werden Sie auch ruhiger.
- Schalten Sie im Wettkampf alles um Sie herum einfach aus. Einer meiner Fechter erinnerte sich an sein Selbstgespräch während seiner Bestleistung: *«Ich sehe nur den Streifen, den Gegner und mich.»* Ein Golfspieler könnte vielleicht sagen: *«Das Green, der Ball und mein Schläger.»*
- Vergessen Sie nicht, daß der Wettkampf nicht nur körperlich, sondern auch mental vorbereitet werden will.
- Pflegen Sie eine freie, natürliche und zuversichtliche Grundhaltung. Fühlen Sie sich gut. Konzentrieren Sie sich auf die Freude, daß es losgeht, daß Ihnen eine Herausforderung bevorsteht, anstatt nur daran zu denken, irgendwelche Fehler und Fehltritte vermeiden zu wollen, was letztlich doch nur zu Fehlern und Fehltritten führt.
- Glauben Sie an sich selbst und hegen Sie Selbstvertrauen. Seien Sie zielstrebig. Genießen Sie die Herausforderung.
- Bleiben Sie stets positiv. Sagen Sie niemals: «Das kann ich nicht.» Erinnern Sie sich daran, daß Druck stets nur selbst-

auferlegt, selbstinduziert ist. Druck ist etwas, mit dem man sich selbst belastet. Die äußeren Reize, Bedingungen und Geschehnisse sind unwichtig. Wichtig ist vielmehr, wie wir darauf reagieren und damit umgehen.

- Streß tritt auf, wenn Sie glauben sollten, ein Problem nicht lösen zu können.
- Bewußtheit ist der erste Schritt zum Streßmanagement. Erstellen Sie eine Liste der Dinge, die Ihnen Sorgen machen und Streß bereiten. Das ist der Ausgangspunkt, um der Sache Herr zu werden, um die Fertigkeiten zu entwickeln, die eigene Streßschwelle in den Griff zu bekommen.
- Zu Ihren Bewältigungsstrategien gehören auch Atemübungen und Entspannungstechniken, um den somatischen Aspekt des Streß und des Selbstgesprächs unter Kontrolle zu bringen, sowie positive Affirmationen, mit denen der kognitive Aspekt des Streß bezwungen wird.
- Konzentrieren Sie sich auf das, was Sie beherrschen können, und vergessen Sie alles, was außerhalb Ihrer Kontrolle liegt.
- Erinnern Sie sich daran, daß sich erfolgreiche Menschen von erfolglosen unterscheiden: Der Erfolgsmensch ist gescheitert und hat es noch einmal versucht, während der Erfolglose einfach nur gescheitert ist.
- Genießen Sie stets das, was Sie gerade tun, ob es das Studium ist, der Sport, das Spiel mit den eigenen Kindern oder der Wettkampf um die olympische Goldmedaille. Wenn Sie Ihre Erlebnisse und Ihr Engagement genießen, bleiben Sie frei und behalten die Kontrolle über das, was Sie tun. Wenn der größte Lohn die Freude ist, die Erfahrung des Engagements, der Aktivität, des Sports, werden Sie zu einem freien und glücklichen Menschen, während Sie zugleich Ihre

Leistungskraft steigern und schlußendlich auch Ihr Leben allgemein verbessern.

- Freude ist der Prozeß der Verbesserung, und Glück ist der Prozeß der Selbsterkundung, der Selbsterfahrung – das eigene innere Selbst zu erkennen, das göttlichen Wesens ist.

Anhang A

Ericksons AT-Nutzungsansatz

Zum traditionellen AT gehört ein Psychologe, der dem Subjekt Suggestionen gibt, wie es sich zu fühlen hat. Der Psychologe weist das Subjekt unmittelbar an, was es erfahren soll. Zum Beispiel: «Deine Arme sind schwer, ganz schwer. Im Gegensatz dazu lassen sich die aus den Arbeiten des verstorbenen Milton Erickson M.D. entwickelten Techniken eher als anthropologischer denn «missionarischer» Ansatz beschreiben, wie er für das traditionelle AT charakteristisch ist (Feldman, 1985). Anstatt das Individuum mit einem Satz vorgegebener Instruktionen zu steuern, verbindet sich der Psychologe mit der Person, paßt sich an die gerade stattfindende Erfahrung derselben an und führt diese zur Verwendung. Dabei wird jeder Mensch als einzigartig betrachtet, und man geht davon aus, daß er den autogenen Zustand auch auf ganz eigene Art und Weise erleben wird.

Zur Erickson-Technik gehört es, Wahlmöglichkeiten zu bieten. Zum Beispiel:

«Deine Arme können sich jetzt schwer oder leicht anfühlen.»

oder:

«Du hast jetzt vielleicht ein warmes oder angenehmes Gefühl oder du verspürst ein Prickeln.»

Diese Methode berücksichtigt Inhalt und Tempo der Reaktionen des Betroffenen, und er wird dabei noch an weitere Alternativen herangeführt. Das wesentliche Merkmal dieses Prozesses der Tempoanpassung und des Anleitens setzt die Akzeptanz und Nutzung der jeweiligen autogenen Erfahrung des Individuums voraus, weshalb man die Methode nach Erickson auch den Nutzungsansatz nennt.

Wenn ein Psychologe AT praktiziert, kann er dieses individualisieren und an die Bedürfnisse und Stärken des Sportlers anpassen. Außerdem kann er Optionen und Alternativen aufzeigen, indem er die Entspannungserfahrung des Athleten selbst zur Verwendung führt und ihn zu einer individuellen Bildlichkeit ermuntert, anstatt ihm Anweisungen zur Entspannung zu liefern. Wenn der Athlet beispielsweise bei der ersten AT-Grundübung das Gefühl der Leichtigkeit während der Entspannung erfährt, ist die Verbalsuggestion *«Die Arme sind schwer»* unangebracht und führt nur zur Verwirrung. Statt dessen lautet die Anweisung des Nutzungsansatzes:

«Vielleicht achtest du einmal auf die veränderte Empfindung in den Armen, während du dich entspannst und es dir bequem machst.»

Und dann:

«Die Arme können sich schwer oder leicht anfühlen.»

Nicht nur, daß bei diesem Ansatz die Entspannung und Bequemlichkeit indirekt suggeriert wird, er gestattet es dem Psychologen und dem Subjekt außerdem, das ganze Erlebnis gemeinsam auf eine Weise zu erschaffen, die die individuelle Wahrnehmung der mit dem veränderten Bewußtseinszustand einhergehenden Empfindungen noch verstärkt. Und weil die Suggestionen in eine längere Satzstruktur verpackt werden, die dazu geeignet ist, Neugier zu wecken und herauszufordern, wird das Individuum sich der Suggestionen des Psychologen, nämlich sich zu entspannen und es sich bequem zu machen, nicht so sehr bewußt wie bei der klassischen Methode.

Weitere alternative Formulierungen zum Einleiten der Entspannung beim AT:

«Ich frage mich, ob du dir vielleicht bewußt werden könntest, wie deine Atmung immer tiefer, unbeschwerter und gleichmässiger wird, je mehr sich dein Zwerchfellmuskel entspannt.»

«Es könnte interessant sein festzustellen, welche Empfindungen du in den Armen wahrnimmst, ob sie sich schwer anfühlen, so wie manche Leute das Gefühl haben, einfach im Sessel zu versinken, oder ob sie immer leichter und leichter zu werden scheinen.»

«Das ist richtig, je mehr sich die Muskeln entspannen, um so stärker wird der Blutkreislauf, wodurch sich die Arme warm anfühlen.»

Diese Formulierungen zeigen, daß man mit dieser Methode Optionen und Alternativen anbietet. Hier bedient man sich also der eigenen Entspannungerfahrung des Athleten und seiner individuellen, kreativen Bildlichkeit anstatt ihn einfach nur anzuweisen, sich zu entspannen. Dieser Ansatz vertieft die Entspannung und verstärkt die damit einhergehenden Empfindungen.

Anhang B

Trainingsplan für das AT

Halten Sie täglich jede AT-Übung schriftlich fest. Schildern Sie Ihre Gefühle dabei und erwähnen Sie auch etwaige Überraschungen. Bewerten Sie außerdem jede Übungssitzung mit Hilfe der folgenden Skala.

Bewertungsskala: + 2 = sehr gut; + 1 = überwiegend gut; 0 = weder gut noch schlecht; – 1 = überwiegend schlecht; – 2 = sehr schlecht

Übungsdatum	Übungsnr.	Gefühle/Erfahrungen	Einschätzung

Anhang C

AT für Blitzentspannung und -erholung

Manchmal verlangen die Umstände vom Athleten, daß er blitzartig und vollständig abschalten kann. Es folgt nun ein weiteres Beispiel für eine Blitzentspannung und -erholung, wie sie einer der Schüler des Autors bei den olympischen Spielen in Seoul während kurzer Wettkampfpausen einlegte.

- Jeder Muskel ist entspannt.
- Ich bin völlig ruhig.
- Jeder Muskel ist entspannt.
- Ich bin völlig ruhig.
- Jeder Muskel ist entspannt.
- Ich bin völlig ruhig.
- Jeder Muskel ist entspannt.
- Ich bin völlig ruhig.
- Mein ganzer Körper ist schwer, sehr schwer.
- Meine Gliedmaßen sind schwer wie Blei.
- Ich bin völlig ruhig, habe völlig abgeschaltet.
- Mein Atem geht ruhig und gleichmäßig.
- Und mein Herzschlag ist sehr kräftig.
- Mein Atem ist ruhig und gleichmäßig, und mein Herzschlag ist kräftig.
- Ich fühle mich stark, ausgeruht, und mein ganzer Körper ist erfrischt.
- Kraft strömt wieder in meine Glieder.

- Ich bin wieder bereit für den Wettkampf.
- Tief durchatmen!
- Augen auf!
- Strecken!

Anhang D

AT zum Abbau von Streß vor dem Wettkampf

Die folgende Übungsreihe für das Autogene Training wurde von A.V. Aleksejew entwickelt und bei den olympischen Spielen in Montreal, Moskau und Seoul von tschechoslowakischen und US-Athleten erfolgreich praktiziert.

- Ich bin ruhig. Langsam fühle ich mich entspannt. Ich bin frei von allen inneren Spannungen. Alle Sorgen sind mir gleichgültig, alles, was mich bedrückt, ist weit entfernt. Ich spüre meine Tiefenentspannung. Ich bin völlig ruhig.
- Nun konzentriere ich meine Aufmerksamkeit aufs Gesicht. Ich visualisiere es. Mein Gesicht ist glatt und ruhig. Mein ganzer Körper ist ruhig. Meine Aufmerksamkeit ist völlig aufs Gesicht konzentriert. Mein Gesicht ist ruhig, glatt und bewegungslos (der Athlet sollte all dies auch visualisieren und spüren, wie es geschieht, sollte es zugleich auch geschehen lassen.)
- Ich richte meine Aufmerksamkeit auf Arme und Hände. Ich visualisiere sie. Meine Arme und Hände fühlen sich entspannt und warm an. Meine Hände und Finger sind entspannt und warm. Meine Unterarme und Ellenbogen entspannen sich und werden warm. Schultern und Nacken entspannen sich und werden warm. Beide Arme sind entspannt und warm. Ich spüre, wie die Wärme als Welle von meinen Schultern bis hinab in die Finger strömt.
- Ich richte meine Aufmerksamkeit aufs Gesicht, Mein Gesicht ist ruhig und bewegungslos. Mein ganzer Körper ist ruhig und bewegungslos.

- Ich richte meine Aufmerksamkeit auf die Beine. Ich visualisiere sie. Meine Beine fangen an, sich zu entspannen, und werden warm. Meine Füße, Unterschenkel, Knie entspannen sich und werden warm. Meine Oberschenkel und Hüften entspannen sich und werden warm. Beide Beine sind entspannt und warm. Ich spüre, wie die Wärme bis in meine Zehen strömt. (Der Athlet sollte all dies visualisieren und spüren, wie es geschieht.)
- Ich richte die Aufmerksamkeit auf mein Gesicht. Mein Gesicht ist ruhig und bewegungslos. Ich richte die Aufmerksamkeit auf den Rumpf. Ich visualisiere ihn. Der Rumpf ist völlig entspannt und warm.
- Ich richte die Aufmerksamkeit auf den Brustkorb. Meine Atmung ist ruhig und locker.
- Ich richte die Aufmerksamkeit auf mein Herz. Mein Herzschlag ist kräftig und gleichmäßig. Mein Herz ruht sich aus.
- Ich richte die Aufmerksamkeit aufs Gesicht. Mein Gesicht ist ruhig und bewegungslos. Mein ganzer Körper ist ruhig und bewegungslos. Ich bin ausgeruht. Ich habe mich ausgeruht, ich bin ruhig geworden, und mein ganzer Körper hat sich erholt. Ich habe meine Kraft zurückgewonnen. Ich habe meinen Körper wieder gestärkt. Ich fühle mich stark.

Anhang E

AT-Beispiel zur erneuten Kräftigung und zur Entwicklung einer positiven Grundhaltung

Die folgenden von A.V. Aleksejew entwickelten Formeln haben sich als sehr förderlich für die Erholung nach hartem Training erwiesen. Sie sind auch nützlich zur Steigerung der Selbstsicherheit, der Befriedigung und zur Entwicklung einer positiven Einstellung in Phasen intensiven Trainings.

- *Ruhe:* Ich bin ruhig. Ich beginne mich zu entspannen. Ich bin frei von allen inneren Spannungen. Ich bin völlig ruhig. Ich fühle mich tief entspannt.
- *Entspannung:* Nun atme ich dreimal tief durch und lasse los. Mit jedem tiefen Atemzug entspanne ich mich mehr und mehr. Meine Atmung ist ruhig und locker. Mein ganzer Körper ist ruhig und entspannt. Meine Atmung ist ruhig und gleichmäßig.
- *Arme:* Nun richte ich die Aufmerksamkeit auf meine Arme. Ich visualisiere sie. Meine Arme beginnen, sich zu entspannen und werden warm. Meine Unterarme und Ellenbogen sind entspannt und angenehm warm. Schultern und Nacken sind entspannt und werden warm. Die Muskeln beider Arme sind entspannt, schlaff und weich. Ich spüre eine Wärmewelle, die von meinen Schultern bis in die Finger strömt. (Der Athlet sollte all dies visualisieren und spüren, wie es geschieht.)
- *Atmung:* Nun richte ich die Aufmerksamkeit auf meine Atmung. Meine Atmung ist locker und gleichmäßig.

- *Beine:* Ich richte die Aufmerksamkeit auf die Beine. Ich visualisiere sie. Meine Beine beginnen, sich zu entspannen und werden warm. Füße, Unterschenkel und Knie sind entspannt und angenehm warm. Oberschenkel und Knie sind entspannt und angenehm warm. Oberschenkel und Hüfte sind entspannt und warm. Die Muskeln beider Beine sind entspannt, schlaff und weich. Ich spüre Wärme, die bis in meine Zehen strömt.

- *Atmung und Ruhe:* Ich richte die Aufmerksamkeit auf meine Atmung. Meine Atmung ist gleichmäßig und ruhig. Mein ganzer Körper ist ruhig. Ich ruhe mich aus.

- *Hüften/Brustkorb/Unterleib:* Ich richte die Aufmerksamkeit auf Hüften, Brustkorb und Unterleib. Ich visualisiere sie. Hüften, Brustkorb und Unterleib sind völlig entspannt und warm. Die Rückenmuskeln, die Muskeln meines ganzen Rumpfs sind entspannt und warm. (Der Athlet sollte all dies visualisieren und spüren, wie es geschieht.) Meine Aufmerksamkeit ist auf meinen Brustkorb konzentriert. Meine Atmung ist ruhig und locker.

- *Herz:* Meine Aufmerksamkeit richtet sich auf mein Herz. Mein Herzschlag ist kräftig und gleichmäßig. Mein Herz ruht sich aus. Mein ganzer Körper ruht sich aus.

- *Gesicht:* Ich richte die Aufmerksamkeit aufs Gesicht. Die Gesichtsmuskeln sind glatt und ruhig. Mein ganzer Körper ist ruhig.

- *Erholung:* Mein ganzer Körper ist ruhig, bequem und ausgeruht. Ich fühle mich erfrischt.

- *Motivation:* Ich habe hart trainiert. Ich fühle mich gut. Ich bin bereit, in jedem Training zu tun, was sein muß, um mein Ziel zu erreichen. Ich bin bereit, meine Grenze mit jedem Training weiterzutreiben.

- *Zuversicht:* Ich glaube an mich selbst. Ich glaube an meine Fähigkeit, mein Ziel zu erreichen. Ich bin zuversichtlich.
- *Positive Grundeinstellung:* Mein Ziel zu erreichen, verlangt tägliche Anstrengung, Ich bin dazu bereit. Ich bin in ausgezeichneter Stimmung. Ich bin bereit, wieder zu trainieren.
- *Aktivierung/Bereitschaft:* Ich fühle mich gut. Ich bin ausgeruht und schöpfe neue Kraft. Das Gefühl der Schwere verschwindet aus Armen und Beinen und aus meinem ganzen Körper. Alle Muskeln werden leicht und biegsam. Meine Schläfrigkeit ist verschwunden. Ich fühle mich immer frischer. Ich atme tief durch. Mein Kopf ist klar. Meine Stimmung ist gut und frisch. Ich bin voll bei Kräften. Ich bin bereit zu handeln. Aufstehen! Arme bewegen! Ich fühle mich erfrischt, erneuert und zuversichtlich. Ich bin wieder bereit zu trainieren.

Anhang F

Beispiel für ein Trainingsprogramm

In den Kapiteln 14 und 15 haben Sie AT gelernt. AT ist eine besonders wirksame Methode, weil man dabei gleichzeitig drei mentale Fertigkeiten übt: Entspannung, Konzentration und Imagination. Die Entspannung wird im AT durch Konzentration erreicht. AT fördert aber auch das bildliche Vorstellungsvermögen (Imagination) und das Bündeln der Aufmerksamkeit. Nachdem Sie erst einmal AT erlernt haben, entwickeln meine Schüler ihr eigenes, individuelles AT und/oder benutzen die Grundform des AT zur Entspannung.

Der Vorteil des AT liegt darin, daß es nicht nur Muskeln und Knochen einbezieht, sondern auch das willkürliche Nervensystem und den kognitiven Prozeß. Darüber hinaus fördert AT auch eine bestimmte Form der Autarkie. Es bietet dem Athleten von Anfang an eine klare und einfache Prozedur, die er jederzeit ganz für sich anwenden kann. Beim AT geht es schon vom Prinzip her um Selbstkontrolle. Es zeichnet sich dadurch aus, daß es die Verantwortung für Entwicklung und Leistung des Sportlers nicht dem Trainer, dem Psychologen oder einem Techniker aufbürdet, sondern den Athleten eigenverantwortlich macht.

Durch tägliche AT-Praxis übt der Sportler also zugleich seine Konzentration und verbessert diese nachhaltig.

Während der NCAA-Meisterschaften im Jahre 1993 absolvierten meine Schüler ein Aufwärmtraining, das sich von dem anderer Fechter deutlich unterschied. Auch während der Kampfpausen verhielten sie sich anders, indem sie nämlich AT praktizierten und Regenerierungsübungen aus dem Yoga ausführten. Ben Atkins, seines Zeichens NCAA Degenmeister des Jahres 1993 (sowie 1991 NCAA Florettmeister), und sein NCAA Mannschaftskamerad Mark Pavese beginnen jede Trainingsstunde und jeden Wettkampf mit «Stillsitzen» und «Atemkonzentration», jeweils 2-3 Minuten. Diese kurze Übung dient ihnen zur mentalen Einstimmung.

Als nächstes benutzen sie zwei einfache Yoga-Stellungen als Konzentrationsübungen beim Aufwärmen: die Rumpfbeuge und die Rumpfbeuge im Sitzen. Beide Yoga-Stellungen betonen die Kniesehnen und die Rückenmuskulatur, dienen zugleich aber auch zur mentalen wie körperlichen Einstimmung.

Obwohl diese Yoga-Übungen täglich nur wenige Minuten in Anspruch nehmen, finden Mark und Ben sie äußerst nützlich, um sich aus dem Alltagsbewußtsein in einen konzentrierteren, «einspitzigeren» Bewußtseinszustand zu versetzen. Sie dienen ihnen als Übergang zur Konzentration, die ja beim Wettkampf wie im Training eine große Rolle spielt. Nachdem sie die Übungen absolviert haben, sind sie bereit, sich voll und ganz aufs Fechten zu konzentrieren. Nach Abschluß der Konzentrationsübungen setzen sie ihr normales Aufwärmtraining fort.

Unmittelbar nach dem Training oder Wettkampf führen meine Schüler außerdem drei oder vier Regenerationsübungen aus dem Yoga durch, was den Erholungsprozeß beschleunigt und zugleich Verletzungen verhindert. Schwerpunkt dieser Übungen ist die Deaktivierung und Entspannung, es handelt sich also um eine psychologische Wirkung. Schließlich wird das ganze Training mit AT beendet.

Michael Gostigian, der US-Fünfkampfmeister und Olympia-Fünfkämpfer der Jahre 1988 und 1992, verwendet dieselben Yoga-Stellungen als Konzentrationsübung und um sich aufzuwärmen, wie es Ben und Mark tun. Anders bei den Regenerationsübungen: Da sein Sport ihm andere Belastungen abverlangt als Ben und Mark, benutzt er auch dementsprechend andere Yoga-Übungen.

Genau wie das AT sind auch die Yoga-Übungen außerordentlich effizient. Mit ihrer Hilfe lassen sich binnen kürzester Zeit gleich mehrere Trainingsaufgaben auf einmal bewältigen. Eine beim Aufwärmtraining verwendete Yoga-Übung erfüllt gleich zwei Funktionen: Sie schult Aufmerksamkeit und Konzentration und wärmt zugleich den Körper auf. So kann man gleichzeitig Geschmeidigkeit, Körperbewußtsein, Selbstkontrolle und Entspannung fördern. Darüber hinaus beschleunigen Yoga-Übungen auch den Erholungsprozeß.

Zudem stellen die Konzentrationsübungen des Yoga einen Übergang zur Konzentration selbst her, wie man sie bei Training und Wettkampf benötigt. So gewöhnt sich der Sportler daran, sich bereits im Zuge der körperlichen Aufwärmung zu konzentrieren, und außerdem hält die Motivation bei Yoga-Übungen länger vor als bei anderen, konventionellen Konzentrationspraktiken,

Yoga macht die volle Konzentration auf das aktuelle Tun und Geschehen zur Gewohnheit. So wird die Yoga-Konzentration buchstäblich zu einem festen Bestandteil des Lebens wie die täglichen Streckübungen. Wer Konzentration regelmäßig und systematisch übt und diese mit dem körperlichen Training verbindet, dem wird die Konzentration zur zweiten Natur.

Nachdem Sie die vier Grundstufen gemeistert haben, praktizieren meine Schüler täglich Meditation, mindestens aber Atembewußtsein.

Glossar

ABWECHSELNDE NASENLOCHATMUNG: abwechselndes Ein- und Ausatmen durch das jeweils andere Nasenloch

ASANA: Körperhaltung

AUTOGENE FORMELN: «Selbstgespräche»; im Geist wiederholte Sätze

AUTOGENE GRUNDÜBUNGEN (FORMELN): Schwere, Wärme, ruhige Atmung, Herzschlag, Sonnengeflecht, kühle Stirn

AUTOGENES TRAINING (AT): selbstregulierendes System der Entspannung und Konzentration; Trainingssystem für Körper und Geist

BAUCHATMUNG: Zwerchfellatmung

DHARANA: Konzentration auf einen Gegenstand, auf eine Idee

DHYANA: Meditation, beständige Konzentration auf einen Gegenstand oder eine Idee

ENTSPANNUNG: «Nicht-Tun»; Verminderung der Muskelspannung

GESCHWINDIGKEITSSPANNUNG: tritt vor allem bei Schnellstbewegungen auf, unter Bedingungen, in denen Muskeln sich nicht vollständig entspannen können

HATHA YOGA: Körperübungen bestehend aus Asanas, Pranayama, Entspannungs-und Reinigungstechniken

IDEOMOTORISCHES SETUP: psychologischer Faktor, bewegungsbezogen; eines der maßgeblichen Elemente zur Bestimmung von Form und Struktur einer Bewegung

IDEOMOTORISCHES TRAINING: osteuropäischer Ausdruck für die Nutzung des bildhaften Vorstellungsvermögens im Sport; wörtlich genommen die Imagination bestimmter Bewegungen, Fähigkeiten oder Handlungen, um diese zu verbessern

INDIVIDUELLE, SPEZIFISCHE AUTOGENE FORMELN: vergleichbar den posthypnotischen Suggestionen bei der Hypnose

INDIVIDUELL ZUGESCHNITTENES AT: auf die spezifischen Bedürfnisse des Individuums ausgerichtetes und entwickeltes AT

KINAESTHETISCHES TRAINING: das Trainieren von Körperbewußtsein und Muskelspannung; isometrische Kontraktion bestimmter Muskelgruppen auf unterschiedlichem Niveau (Anstrengungsgrad), danach Vollentspannung der Muskulatur

KLASSISCHES AT NACH SCHULTZ: besteht aus sechs Übungskategorien für Muskulatur, Blutgefäße, Herz, Atmung, Unterleibsorgane und Stirn

KONZENTRATION: Richten der Aufmerksamkeit auf die gerade anstehende Aufgabe

KONZENTRATIVE ANALYSE: im Trancezustand hergestellte lebhafte Erinnerung an die beste und schlechteste sportliche Leistung

KOORDINATIONSSPANNUNG: tritt auf beim Erlernen neuer Bewegungsfolgen oder Fertigkeiten; Auftreten ungewünschter Verspannung

PASSIVE KONZENTRATION: Aufmerksamkeitsbündelung ohne Anstrengung oder Mühe, ohne bewußtes Streben nach Erfolg; «Geschehenlassen»; Schnittstelle zur Herstellung der Kontrolle über die autonomen, unwillkürlichen Körperfunktionen

PRANAYAMA: Atemübungen

PRATYAHARA: Beherrschung der Sinne; Sinnesentzug; letzte Vorbereitung auf die Meditation

SAMADHI: Zustand des Überbewußtseins; das individuelle Selbst vereint sich mit dem universalen

SELBSTSTUDIUM, SELBSTERZIEHUNG: lebenslanger Prozeß der Entwicklung körperlicher, mentaler, intellektueller und moralischer Qualitäten

AUF SPORT ZUGESCHNITTENES AT: AT für Sport und Sportler

TONISCHE SPANNUNG: verstärkte Muskulaturspannung im Ruhezustand aufgrund von Streß und Nervosität

TRAININGSTAGEBUCH: Werkzeug des Selbststudiums

YAMA UND NNIYAMA: moralische, ethische und Gesundheitsregeln

YOGA AUSGLEICHSÜBUNGEN (YAÜ): Übungen zur Korrektur und Kompensation muskulären Ungleichgewichts aufgrund von «einseitigem» Training und/oder Überlastung bestimmter Muskelgruppen

YOGA ERGÄNZUNGSÜBUNGEN (YEÜ): Sport und andere Aktivitäten, die nicht mit dem eigenen Sport in Zusammenhang stehen und der Förderung der Gesamtfitness dienen

YOGA REGENERATIONSÜBUNGEN (YRÜ): durch den Sportler geförderter biologischer Prozeß zur Rückgewinnung von Kraft und zur Verhinderung von Verletzungen; Mittel zur Beschleunigung des Erholungsprozesses

YOGA SUTRAS: erste schriftlich überlieferte Synthese des Yoga aus dem 2. Jahrhundert

Abbildungen

Index

Bibliographie

Baktay, E. *A Diadalmas Jóga.* Budapest: Pantheon, 1942.

Ben-Menachem, M. *A Ben-Menachem Szugesztio*, Budapest Courier, Reszveenytarsasag, 1992.

Boytov, V.G. and A.D. Movsovitch. *The Willpower of young Fencers as a Prerequisite of Their Successful Fencing.* Toria and Practica Fyzkult, 1976.

Bytechnina, Tysler, Pashkevitch. *The Psychological Aspekt of Offensive Actions of Fencers.* Teoria and Practica Fyzkult, 1976.

Carr, Rachel. *The Yoga Way to Release Tension.* New York: Barnes and Noble Books, 1974.

Chopra, Deepak, M.D. *Ageless Body Timeless Mind.* New York: Harmony Books, 1993.

– *Quantum Healing.* New York: Bantam Books, 1989.

Christensen, Alice. *The American Yoga Association Beginner's Manual.* New York: Simon and Schuster, 1987.

Dely, K. *Joga Gyakorlatak.* Budapest: Sport, 1973.

Fair, P. *Biofeedback Principles and Pracitce for Clinicians.* Edited by J. Basmajian, M.D. Williams and Williams, 1983.

Gach, Michael Reed, with Carolyn Marco. *Acu-Yoga.* Japan Publications, 1981.

Jesuidan, Selva Raja. *Sport és Joga.* Budapest: Pantheon, 1942.

Kabat-Zinn, Jon. *Full Catastrophe Living.* New York: Dell Publishing Group, 1990.

Kogler, A. *Clearing the Path to Victory: A Self-Guided Mental Training Program for Athletes.* Lansdowne, Pennsylvania: Counterparry Press, 1994

– «Ideomotor Training.» 1968.

– *Joga,* Telesne Cvicenia, Dychanie, Autodenny Training. Bratislava: Sport, Slovenske Telovy-Chovne Vydavatelstvo, 1971.

– *Joga.* Bratislava: Sport, Slovenske Telovy-Chovne Vydavatelstvo, 1978.

– «The Effect of Ideomotor Training in Learning and Remembering Gymnastic Skill.» Acta Facultatis Educationis Physicaw Universistatis Comenianae, SPN Bratislava, 1971.

– «The Influence of a Combined Method of Ideomotor and Practical Training on the Speed of a Direct Thrust with Lunge and Advance-Lunge, and on the Acquisition of Fundamentals in Fencing.» Theor. Praxe Tel. Vych. 24, 1976, 9.

– «The Influence of Combined Method of Ideomotor and Practical Training in Learning Applied to Diving.» Teor Praxe Tel. Vych. 23, 1975.

– «The Effect of Combined Method of Ideomotor and Practical Training in Learning Gymnastic Motor Skill with 16-18-year-old Boys.» Teor Praxe Tel. Vych. 16, 1968.

– *Preparing the Mind.* Lansdowne, Pennsylvania: Counterparry Press, 1993.

Orme-Johnsons, D.W. and J.T. Farrow. *Scientific Research on the Transcendental Meditation Program, Collected Papers.* Vol. 1. Meru Press, 1976.

Peper, E., M. Guinn, and S. Ancoli. *Mind-Body Integration.* New York: Plenum Press, 1979.

Pribram, K. *Neuropsychology of Achievement.* Sybervision System, 1985.

Puni, A.C. «Psychologie Sportu.» Lectures of the Institute of Physical Education and Sport. Prague, 1957.

Roth, Robert. *Maharishi Mahesh Yogi's TM.* New York: Donald I. Fine, 1987.

Schultz, J.H. *Das Autogene Training.* Stuttgart, Thieme, 1966.

Swami Rama. *Inspired Thoughts of Swami Rama.* Homesdale, Pennsylvania: The Himalayan International Institute of Yoga Science and Philosophy of the U.S.A., 1983.

– *Lectures on Yoga.* Homesdale, Pennsylvania: The Himalayan International Institute of Yoga Science and Philosophy of the U.S.A., 1988.

– *Living with the Himalayan Masters.* Homesdale, Pennsylvania: The Himalayan International Institute of Yoga Science and Philosophy of the U.S.A., 1978.

– *Meditation and Its Practice.* Homesdale, Pennsylvania: The Himalayan International Institute of Yoga Science and Philosophy of the U.S.A., 1992.

Swami Rama. *Science of Breath.* Homesdale, Pennsylvania: The Himalayan International Institute of Yoga Science and Philosophy of the U.S.A., 1979.

Swami Sivananda Radha. *Hatha Yoga, The Hidden Language.* Boston: Shambhala Publications, Inc., 1987.

Thomas, K. *Praxis der Selbsthypnose des Autogenen Trainings.* Stuttgart: Georg Thieme, 1976.

Vigh, B. *A Joga És Az Idegrendszer.* Budapest: Gondolat Kiadó, 1980.

– *Joga Es Tudomany.* Budapest:Gondolat, 1972.

Weninger, A. *A Keleti Joga.* Budapest: Vörösvari, 1943.

Über den Autor

Aladar Kogler Ph.D. ist Co-Cheftrainer der Herren- und Damen-Fechtmannschaft der Columbia University in New York City. Darüber hinaus leitet er das Sportpsychologische Laboratorium an der Columbia University, das im Jahre 1984 in Zusammenarbeit zwischen dem Olympischen Kommitee der Vereinigten Staaten von Amerika und der Columbia University im Rahmen des Sportmedizinischen Programms des Fechterverbands der Vereinigten Staaten gegründet wurde.

Kogler, ein gebürtiger Ungar, hat an der ungarischen Hochschule für Höhere Leibeserziehung zu Budapest den Titel eines Meisterfechters erworben und hält einen zusätzlichen Meister- sowie einen Doktorgrad zweier tschechoslowakischer Universitäten inne: der Comenius Universität zu Breslau und der Carl Universität in Prag. Ferner erwarb er in Osteuropa den postdoktoralen Grad eines Kandidaten der Wissenschaft (CSc.). Im Jahre 1974 wurde er in Anerkennung seiner Arbeit als Trainer mit der höchsten Staatsauszeichnung der tschechoslowakischen Regierung belohnt. Er lehrte als Professor an der Comenius Universität und war Cheftrainer der tschechoslowakischen Fechterriege, bis er 1981 in die Vereinigten Staaten auswanderte. Dort führte er die Herrenmannschaft der Wayne State University 1982-83 zum Meistertitel der NCAA und die Damenmannschaft zur Vizemeisterschaft. Er wurde zum technischen Mitdirektor des U.S. Olympischen Sportmedizinischen Programms im Fachbereich Fechten ernannt und war Berater des U.S. Sportwissenschaftlichen Kommitees. Außerdem ist er Waffenmeister der Herrendegenfechter in der USFA.

Seit 1983 ist er an der Columbia University tätig. Seit dieser Zeit hat seine Fechtmannschaft fünf NCAA Meisterschaften gewonnen, davon drei männliche Titel und zwei gemischte. Kogler hat 14 NCAA Meister in verschiedenen Waffen trainiert, 18 nationale Meister, panamerikanische Meister, Weltcup- und Welthochschulspiel-Finalisten. Er war U.S. olympischer Trainer sowohl für die Fechtmannschaft von Seoul als auch von Barcelona sowie dreimal U.S. panamerikanischer Trainer.